Die Buffett-Methode

Buffetts Anlagestrategien
Schritt für Schritt

Für Rebecca,
die mir den Anstoß gab.

Die Buffett-Methode

Buffetts Anlagestrategien
Schritt für Schritt

Titel der Originalausgabe:
Richard Simmons
Buffett Step-By-Step – An Investor's Workbook
© 1999 by Richard Simmons
All Rights Reserved. Authorized translation from the
Financial Times Pitman Publishing

Deutsche Bibliothek – CIP-Einheitsaufnahme

Simmons Richard:
Die Buffett-Methode : Buffetts Anlage-Strategien Schritt für Schritt /
Richard Simmons. – 1. Aufl. – Rosenheim – TM Börsenverl., 1999
Einheitssacht.: Buffett step by step <dt.>
ISBN 3-930851-31-8

© 1999 by
TM BÖRSENVERLAG AG
Salinstraße 1, 83022 Rosenheim
Telefon: 0 80 31/20 33-0
Telefax: 0 80 31/20 33 30
Internet: www.boersenverlag.de

1. Auflage 1999
Printed in Austria

ISBN 3-930851-31-8

Übersetzung aus dem Amerikanischen
von Petra Pyka, Rednitzhembach/Germany
DTP: Christine Kraut, Hallbergmoos/Germany
Druck und Bindung: Wiener Verlag, Himberg/Wien/Austria

Alle Rechte vorbehalten.
Auch die fotomechanische Vervielfältigung des Werkes oder von
Teilen daraus bedarf der vorherigen Zustimmung des Verlages.

INHALTSVERZEICHNIS

Danksagung   11

TEIL I: DER EINSTIEG   13

Die Arbeit mit diesem Buch   15
Aufbau   15
Einsatz der Fallstudien   15
Bearbeitung der Übungen   16
Anwendung der Methoden   16

TEIL II: HINTERGRUND   19

I Die Warren Buffett-Story   21
Buffett Partnership Ltd   23
Charlie Munger   23
Psychologie   24
Vom Sinn des Geldes   25

II Die Berkshire Hathaway-Story   27
Unternehmensgeschichte   28
Anlagen in Stammaktien   31
Die Fusion mit General Re   32
Hundertprozentige Töchter   32
Liquidität   33
Die Magie des Leverage-Effekts   34
Wie viel ist Berkshire wert?   36

III Intellektuelle Vorbilder und Einflüsse   39
Ben Graham – 50 Cent für einen Dollar   40
Ben Grahams Leitsätze   42
Marktfluktuationen   42
Philip Fisher – der unternehmerische Ansatz   43
Philip Fishers Leitsätze   44

Noch einmal zum inneren Wert ... 45
Michael Porter – ein ähnlicher Ansatz ... 46
Andere Investment-Ansätze – konträre Philosophien ... 48
   Trader und Investment-Fonds ... 48
   Kapitalmarkttheorie und EVA ... 49
Buffetts Entwicklungsstadien ... 50

TEIL III: WIE MAN INVESTIERT   53

IV Das Wertbewusstsein – die drei Wertfragen   55
Die drei Wertfragen ... 57
   1. Steigert das Unternehmen seinen Wert für seine Kunden? ... 57
   2. Steigert das Management den Unternehmenswert? ... 59
   3. Steigert das Unternehmen seinen Wert für seine Aktionäre? ... 61

V Informationsquellen   63
Beobachtung ... 64
Öffentlich zugängliche Informationen ... 65
Schlüsselfaktoren für den Wert ... 65
   Buffetts Schlüsselfaktoren – zwei Beispiele ... 66
Andere Insidertricks ... 68

VI Verlassen Sie sich auf Ihr Wissen und auf Ihr Gefühl   71
Erkennen Sie Ihre Grenzen... ... 72
...und nutzen Sie Ihre Stärken ... 72
   Die Schlüsselfrage zum Verständnis ... 73
Verlassen Sie sich auf Ihr Gefühl ... 74
   1. Sie sind von den Produkten und Märkten überzeugt? ... 74
   2. Sind Sie vom Management überzeugt? ... 75
   Die Schlüsselfrage zur Integrität ... 75

VII Der Firmenwert   77
Fremdmittel – Kapitalquellen ... 78
Gewinn ist nicht gleich Gewinn ... 82
Steuern und Inflation ... 83
Aktien als Rentenpapiere ... 84

VIII Kapitalverwendung — 87
Diversifikation und Kauf von Unternehmensanteilen — 88
Ausschüttung und Einbehaltung von Dividenden — 89
Verschuldung — 91

IX Eigenkapitalrentabilität — 93
Zur Berechnung der Eigenkapitalrentabilität — 96
Andere Unternehmensarten — 98

X Das Zuwachsprinzip IP (Incremental Principle) — 101
Über das Zuwachsprinzip hinaus — 104

XI Bestimmung des Wertes — 107
Der Diskontsatz — 108
Der innere Wert — 109
Die Sicherheitsmarge — 110
Der richtige Zeitpunkt zum Verkauf — 112

TEIL IV: FALLSTUDIEN — 115

XII Die American Express Company — 117
Geschichte — 118
American Express 1991 — 120
Informationsquellen — 122
   Die Investitionsentscheidung von 1991 — 123
   Die Investitionsentscheidung von 1994 — 123
Testfragen zum Verständnis — 125
Finanzanalyse — 128
   Konsolidierte Bilanz 1993 — 128
   Konsolidierte Gewinn- und Verlustrechnung 1993 — 130
   Kapitalquellen — 131
   Eigenkapitalrentabilität — 132
   Was war American Express wert? — 132
Was Buffett unternahm — 133
Was danach geschah — 134
Übungen — 135

INHALTSVERZEICHNIS

XIII Die Coca-Cola Company — **139**
Geschichte — 140
Coca-Cola 1988 — 141
Informationsquellen — 143
Testfragen zum Verständnis — 145
Finanzanalyse — 147
    Konsolidierte Bilanzen — 149
    Konsolidierte Gewinn- und Verlustrechnungen — 150
    Cashflow — 152
    „Owner Earnings" — 153
    Kapitalquellen — 153
    Eigenkapitalrentabilität — 155
    Was war Coca-Cola wert? — 156
Was Buffett unternahm — 157
Was danach geschah — 158
    Bilanzen 1987–1995 — 159
Übungen — 162

XIV GEICO — **165**
Geschichte — 166
GEICO 1976 — 167
Informationsquellen — 169
Testfragen zum Verständnis — 171
Finanzanalyse — 173
    Bilanz 1976 — 174
    Kapitalquellen — 174
    Eigenkapitalrentabilität — 174
    Was war GEICO wert? — 175
Was Buffett unternahm — 177
GEICO 1979 und 1980 — 178
GEICO 1996 — 182
    Was war GEICO 1995 wert? — 183
Übungen — 186

INHALTSVERZEICHNIS

XV Die Gillette Company — **189**
Geschichte — 190
Gillette 1989 — 191
Informationsquellen — 192
Testfragen zum Verständnis — 194
Finanzanalyse — 197
   Konsolidierte Bilanz 1988 — 198
   Cashflow 1986–1988 — 199
   Konsolidierte Gewinn- und Verlustrechnung 1986–1988 — 200
   „Owner Earnings" — 201
Kapitalquellen — 201
   Eigenkapitalrentabilität — 203
   Was war Gillette wert? — 205
Was Buffett unternahm — 206
Was danach geschah — 207
   Die zweite Investitionsentscheidung — 209
   Gillette 1991–1997 — 210
Übungen — 212

XVI Die Walt Disney Company — **215**
Geschichte — 216
   American Broadcasting Companies (ABC) — 216
   Capital Cities — 216
   Walt Disney — 217
Capital Cities 1986 — 219
Disney 1995 — 221
Informationsquellen — 225
Testfragen zum Verständnis — 226
Finanzanalyse — 227
   Konsolidierte Bilanzen 1994 und 1995 — 227
   Kapitalquellen — 228
   Eigenkapitalrentabilität — 229
   Die Fusion — 229
Was danach geschah — 232
Übungen — 233

INHALTSVERZEICHNIS

XVII Die Washington Post Company — **235**
Geschichte — 236
Die WPC 1973 — 237
Informationsquellen — 239
Testfragen zum Verständnis — 243
Finanzanalyse — 245
   Rekonstruierte Bilanz für 1972 — 246
   Kapitalquellen — 246
   Eigenkapitalrentabilität — 247
   Was war die WPC wert? — 248
Was Buffett unternahm — 249
Was danach geschah — 249
Übungen — 251

XVIII Wells Fargo & Company — **253**
Geschichte — 254
Wells Fargo 1989 und 1990 — 255
Informationsquellen — 257
Testfragen zum Verständnis — 259
Finanzanalyse — 261
   Bilanzen 1988 und 1989 — 261
   Gewinn- und Verlustrechnungen 1988 und 1989 — 263
   Kapitalquellen — 264
   Eigenkapitalrentabilität — 264
   Was war Wells Fargo wert? — 265
Was Buffett unternahm — 266
Was danach geschah — 268
Übungen — 272

Schlüssel zu den Übungen — **275**

Index — **280**

DANKSAGUNG

Ich bedanke mich für ihre Unterstützung bei: Richard Stagg, Verleger; Heather, Justine, Anita und Lillian, die mir stets die Hand gehalten haben; Rebecca, Daniel, Melissa, Claire, Michael und Paul, die an mich geglaubt haben; meinen Eltern und Joanne, die da waren, wenn sie gebraucht wurden; und bei der Geschäftsleitung von Henry Ansbacher & Co. Limited, die mich freigestellt hat.
Forbes Greatest Business Stories Of All Time von Daniel Gross (www.hoovers.com) und *Buffett* von Roger Lowenstein waren nützliche, gut geschriebene Quellen, die ich nicht unerwähnt lassen möchte. Warren Buffett weist auf die Kapitel 8 und 20 von *The Intelligent Investor* von Ben Graham hin. Auch Kapitel 3 ist durchaus empfehlenswert.
Der intelligenteste und kreativste Autor zum Thema Geldanlage ist aber Warren Buffett selbst. Seine klassischen *Chairman's Letters* finden Sie im Internet unter www.berkshirehathaway.com. Die Briefe von 1977 bis 1995, zweibändig in Buchform herausgegeben, sind für $30 zu beziehen bei:
Berkshire Hathaway Inc.,
3555 Farnam Street,
Suite 1440,
Omaha, NE 68131, USA.

Teil I

– Der Einstieg –

DIE ARBEIT MIT DIESEM BUCH

Aufbau

Dieses Buch hat zwei Zielsetzungen: die Suche nach den Wurzeln und die Rechtfertigung bestimmter Investment-Methoden sowie die Darstellung ihrer Entwicklung und Umsetzung durch den größten Investor unserer Zeit. Wenn Sie es gelesen haben, sollten Sie in der Lage sein, bei Ihren Anlageentscheidungen nach derselben Methode vorzugehen.
Der erste Teil des Buches erzählt die Geschichte von Berkshire Hathaway Inc. und ihrem Hauptaktionär Warren Buffett, wobei der Schwerpunkt auf dessen Anlageentscheidungen liegt. Es folgt eine kurze Darstellung der Methoden der Anleger und Autoren, die Buffett in seiner Denkweise beeinflusst haben. Im zweiten Teil wird der theoretische Unterbau seiner Investment-Strategie beleuchtet. Hier geht es um drei Schlüsselkonzepte – *Vertrautheit mit dem Produkt, innerer Wert* und *Sicherheitsmarge*. In diesem Zusammenhang werden die zentralen Finanztheorien moderner Unternehmensführung untersucht und für unzureichend befunden.
Anschließend folgt der wichtigste Teil des Buches. In detaillierten Fallstudien werden die öffentlich zugänglichen Informationen dargestellt, die Buffett bei seinen Anlageentscheidungen zur Verfügung standen. Diese Fakten werden analysiert und dann anhand der an anderer Stelle bereits erläuterten Methoden bewertet. Am Ende jeder Fallstudie stehen die Abschnitte ‚Was Buffett unternahm' und ‚Was danach geschah'. Im Anschluss an jedes Fallbeispiel können Sie Ihr neu erworbenes Wissen anhand von Übungsaufgaben testen.

> *Nach der Lektüre sollten Sie in der Lage sein, bei Ihren Anlageentscheidungen nach derselben Methode vorzugehen.*

Einsatz der Fallstudien

Jede Fallstudie illustriert mehrere oder alle der in den vorausgegangenen Kapiteln entwickelten und erläuterten Methoden. Die meisten dieser Analysen sind einfach zu verstehen. Ein paar tiefer gehende Erklärungen setzen zwar die Kenntnis der Grundbegriffe der Unternehmensbilanzierung voraus, doch die meisten Erläuterungen sind auch für den Laien verständlich oder werden von Grund auf erklärt. Die vollständigen Daten zu den in den Beispielen angeführten Unternehmen, ein Glossar sowie ein einfaches Bewertungsmodell finden Sie auf einer ergänzenden 3,5 Zoll Diskette. Diese erhalten Sie gegen Einsendung eines Schecks oder einer Postanweisung über £15/$27 an:

Richard Simmons
91 Odhams Walk
London WC2H 9SE
United Kingdom

Im Anschluss an jedes Fallbeispiel können Sie Ihr neu erworbenes Wissen anhand von Übungsaufgaben testen.

Bearbeitung der Übungen

Jedes Fallbeispiel endet mit ein paar Fragen zur Prüfung, ob Sie das im vorausgegangenen Kapitel enthaltene Daten- und Analysematerial verstanden haben. Lösungsvorschläge finden Sie im Schlüssel am Ende des Buches, weitere Testfragen auf der Gratis-Diskette. Bedenken Sie dabei, dass es nie eine Ideallösung gibt – je tiefer Ihr Verständnis, desto komplexer wird Ihre Antwort ausfallen.

Anwendung der Methoden

Noch besser nutzen Sie das Potenzial dieses Buches, wenn Sie das Gelernte auf Ihre aktuellen oder geplanten Geldanlagen anwenden. Insbesondere die folgenden Fragen sollten Sie zu Ihrer Zufriedenheit beantworten können:

- *Wissen Sie, warum gerade dieses Produkt dieses Unternehmens gekauft wird?*
- *Kann dieses Unternehmen seine Preise und Umsätze langfristig steigern?*

- *Ist das Management fähig, ehrlich und setzt es Kapital richtig ein?*
- *Wie sieht mittelfristig der kontinuierliche Ertrag aus dem Eigenkapitalzuwachs aus?*
- *Wie hoch ist der Unternehmenswert?*
- *Ist die Spanne zwischen Wert und Preis interessant?*

Sie wissen ja: Niemand zwingt Sie, Ihr Geld zu investieren. Wenn Sie diese Fragen nicht eindeutig beantworten können, lassen Sie die Finger von der Sache.

Teil II

– Hintergrund –

I

– Die Warren Buffett-Story –

DIE BUFFETT-METHODE

Warren Edward Buffett wurde im August 1930 in Omaha, Nebraska, geboren. Sein Vater war Börsenmakler und Kongressabgeordneter. Dadurch entdeckte Buffett früh sein Interesse am Aktienmarkt und wurde auch ein Stück weit konservativ geprägt. Im Alter von 11 Jahren kaufte er seine ersten Aktien. Da war er bereits ein gestandener Geschäftsmann: Als er 1936 mit seiner Familie im Urlaub gewesen war, hatte er Cola im Sechserpack besorgt und die einzelnen Flaschen mit Gewinn weiterverkauft. Coca-Cola sollte im Laufe seines Lebens noch eine größere Rolle spielen: Gewinn bei sechs Flaschen – fünf Cent, Gewinn bisher mit Aktien – $12 Milliarden. Es ist auffallend, wie oft Buffett an frühere Erfolge anknüpft. Als Zeitungsjunge bewältigte er das ungeheure Pensum von beinah 500 Exemplaren täglich (was ihm bis zu seinem 16. Lebensjahr $5000 eingebracht hatte), später kaufte er die *Washington Post*. Auch American Express und Disney, auf die er in den 90er Jahren verstärkt zurückkam, hatte er bereits Anfang der 60er Jahre erfolgreich ge- und wieder verkauft.

> *Buffett war im Hinblick auf einzelne Aktien mal der gleichen, aber auch mal anderer Meinung als Graham, und eiferte seinem Lehrmeister nach, bis er ihn schließlich übertraf.*

Nach einem kurzen Zwischenspiel an der Wharton School in Pennsylvania besuchte Buffett die Columbia Business School und begegnete dort seinem Schicksal in Gestalt von Benjamin Graham. Grahams prägender Einfluss auf den jungen Buffett wird in Kapitel 3 beschrieben. Buffett arbeitete zunächst mehrere Jahre für das Maklerhaus seines Vaters, bevor er zu Grahams Investment-Gesellschaft Graham-Newman an die Wall Street wechselte. Buffett war im Hinblick auf einzelne Aktien mal der gleichen, aber auch mal anderer Meinung als Graham, und eiferte seinem Lehrmeister nach, bis er ihn schließlich übertraf. In den sechs Jahren bis 1956 machte er aus $10 000 $140 000 und ließ dabei sowohl Graham-Newman als auch die durchschnittliche Aktienrendite weit hinter sich. Untersucht man, welche Aktien er damals gekauft hat, entsteht der Eindruck, er habe sich im Wesentlichen an Graham orientiert. Er hat oft billig nach Reinvermögen oder Nettoumlaufvermögen gekauft, dabei jedoch aufwendige Recherchen betrieben in einer Zeit, als die Informationspolitik der Unternehmen mehr als restriktiv war. Graham selbst ging 1956 in den Ruhestand und ernannte einzig und allein den 26-jährigen Buffett zu seinem intellektuellen Nachfolger. Graham-Newman wurde aufgelöst und Buffett ging zurück nach Omaha, um zusammen mit Partnern eine eigene Firma zu gründen.

BUFFETT PARTNERSHIP LTD

Buffetts Ruf, sein Geschick im Umgang mit Zahlen, sein legendäres Gedächtnis und sein selbstbewusstes Auftreten lockten bald Kapital an. Verwandte, Graham-Anhänger, Nachbarn, Schulfreunde und Börsenprofis setzten auf das junge Investmenttalent. Die damals eingegangenen Investment-Partnerschaften zeichneten sich durch ein, zwei ungewöhnliche Bedingungen aus. Zum einen stellten die Anleger ihr Kapital blind zur Verfügung – nur Buffett wusste, was ge- oder verkauft wurde; zum anderen wurde zunächst den Partnern ihr Ertrag ausbezahlt – normalerweise 4 Prozent im Jahr –, bevor Buffett etwas bekam. Von dem, was nach Abzug dieser 4 Prozent übrig war, erhielten die Partner 75 Prozent, Buffett 25 Prozent. Hätte das Portfolio an Wert verloren oder nur geringen Gewinn abgeworfen, wäre Buffett leer ausgegangen.
In den ersten Jahren richtete sich das Unternehmen streng nach den klassischen Graham-Prinzipien und kaufte Vermögenswerte möglichst billig auf.

Buffetts Ruf, sein Geschick im Umgang mit Zahlen, sein legendäres Gedächtnis und sein selbstbewusstes Auftreten lockten bald Kapital an. Verwandte, Graham-Anhänger, Nachbarn, Schulfreunde und Börsenprofis setzten auf das junge Investment-Talent.

CHARLIE MUNGER

Munger ist Buffetts Stellvertreter und Partner bei Berkshire Hathaway. Er hatte als Junge im Lebensmittelladen von Warrens Großvater in Omaha gearbeitet. Meiner Meinung nach war es dieses Stück gemeinsame Vergangenheit, das Buffett ansprach. Auch Munger wollte reich werden. Er betrieb eine Anwaltskanzlei, als sich die beiden als Erwachsene wieder über den Weg liefen. Munger gelangte zu der Überzeugung, dass Buffetts Weg sicherer zum Reichtum führte als die Jurisprudenz, und gründete 1962 seine eigene Investment-Firma. In den acht Jahren, die als Vergleichszeit-

raum herangezogen werden können, schlug Mungers Gesellschaft nicht nur die Indizes, sondern stellte sogar Buffetts Ergebnis in den Schatten. Die beiden Männer erkannten viele Gemeinsamkeiten und kamen sich zunehmend in die Quere, da sie ähnliche Investitionsobjekte bevorzugten. In den 70er Jahren arbeiteten sie verstärkt zusammen und manifestierten ihre gemeinsamen Interessen schließlich in der Fusion zu Berkshire.
Munger ist nun seit 40 Jahren Buffetts Sprachrohr. Nur wenige Außenstehende können nachvollziehen, wie tief sich die beiden gegenseitig respektieren – wobei Munger von seiner Persönlichkeit her ein ganz anderer Typ ist als Buffett. Allen Berichten nach hochintelligent (wie Buffett), ist er zugänglicher und freigiebiger, insbesondere zu wohltätigen Zwecken. (Buffett gilt allerdings als großzügiger anonymer Spender.) Möglicherweise hat es symbolische Bedeutung, dass die 80-prozentige Berkshire-Tochter Wesco, die Munger leitet, im Gegensatz zu Berkshire Dividenden ausschüttet.
Am deutlichsten zeigte sich Mungers Einfluss allerdings in Buffetts Abkehr von der klassischen Graham-Strategie. Näheres dazu finden Sie in Kapitel 3.

PSYCHOLOGIE

Buffetts Rückkehr zu seinen Wurzeln zieht sich wie ein roter Faden durch seine Karriere – von der Firmengründung in seiner Heimatstadt bis hin zu seinen Investments. Bei sechs der sieben Fallstudien in Teil 4 gibt es eine oft Jahrzehnte währende persönliche und geschäftliche Beziehung zu den Gesellschaften, an denen er Anteile erwarb. Er ist konservativ orientiert und versteht es, daraus Vorteile zu ziehen. Er investiert nie aus sentimentalen Gründen, doch er nutzt Vertrautheit und Vorwissen aus der Vergangenheit, um Investment-Gelegenheiten zu ergreifen. Sein wichtigster Charakterzug als Investor ist ohne Zweifel seine Selbstdisziplin: Kennt er sich nicht aus – wie etwa bei Technologie-Aktien –, so steht er dazu. Um so gründlicher befasst er sich mit den Unternehmen, von denen er etwas versteht. Er investiert sein Geld erst, wenn er sicher sein kann, dass der Angebotspreis deutlich unter dem inneren Wert liegt. Die meisten Anleger versagen aus Gründen ihrer Persönlichkeitsstruktur in einem dieser drei Bereiche – etwa, weil sie auf einen Tipp hin investieren oder mit Panikverkäufen auf Kursverluste reagieren. Wer die Geldanlage als Beruf auf Lebenszeit betrachtet, wo jede Entscheidung auf Jahre hinaus Konsequenzen haben kann, sollte bei der Entscheidungsfindung bedächtiger und verantwortungsbewusster vorgehen. Dies alles führt uns zu einer Grundsatzfrage.

VOM SINN DES GELDES

Obwohl Buffett einer der reichsten Männer der Welt ist, lebt er bescheiden. Er bewohnt noch dasselbe Haus, das er vor 40 Jahren gekauft hat, und isst noch in denselben Restaurants. Da Berkshire seit 30 Jahren keine Dividenden ausbezahlt und Buffett keine Aktien veräußert hat (und dies auch in Zukunft nicht beabsichtigt), besteht sein Vermögen zu 99 Prozent aus Werten, die er nicht ausgeben kann. (Auf Mungers Drängen fließt ein kleiner Prozentsatz des Gewinns von Berkshire wohltätigen Zwecken zu.) Buffett lebt von einem bescheidenen Gehalt und privaten Ersparnissen. Für den Fall seines Todes hat er seine Familie mit einer kleinen Erbschaft bedacht, der Löwenanteil seines Vermögens geht an gemeinnützige Trusts. Damit will er in erster Linie den Fortbestand von Berkshire in gewohnter Form sichern.
Persönlich glaube ich, Buffett wurde von dem Ehrgeiz getrieben, es aus eigener Kraft zum reichsten Mann der Welt zu bringen. Dass dazu persönlicher Verzicht und die Besinnung auf Vertrautes erforderlich war, kam ihm durchaus entgegen.
Die meisten Menschen haben andere, weniger materialistische Träume. Ich wünsche Ihnen, dass Sie durch die Erträge Ihrer Investitionen Ihren Träumen ein wenig näher kommen, statt im Geld selbst Erfüllung zu finden.

> *Er investiert nie aus sentimentalen Gründen, doch er nutzt Vertrautheit und Vorwissen aus der Vergangenheit, um Investment-Gelegenheiten zu ergreifen. Sein wichtigster Charakterzug als Investor ist ohne Zweifel seine Selbstdisziplin: Kennt er sich nicht aus – wie etwa bei Technologie-Aktien –, so steht er dazu. Um so gründlicher befasst er sich mit den Unternehmen, von denen er etwas versteht. Er investiert sein Geld erst, wenn er sicher sein kann, dass der Angebotspreis deutlich unter dem inneren Wert liegt.*

II

– Die
Berkshire Hathaway-Story –

DIE BUFFETT-METHODE

UNTERNEHMENSGESCHICHTE

Berkshire Hathaway, heute eines der finanzstärksten Unternehmen der Welt, hat seine Wurzeln im 19. Jahrhundert in den Baumwollspinnereien von Massachusetts. Die Firmen Berkshire und Hathaway existierten bis ins 20. Jahrhundert hinein und fusionierten 1955 angesichts des übermächtigen Konkurrenzdrucks. Doch die erhofften Einsparungen reichten nicht, um das Unternehmen wieder in die Gewinnzone zu bringen. So häuften sich von 1955 bis 1964 bei einem Umsatz von $530 Millionen Verluste von $10,1 Millionen an. Die Bilanz sah damals so aus:

$ Millionen			
Barmittel	0,9	langfristige Verbindlichkeiten	2,5
Forderungen und Bestände	19,1	kurzfristige Verbindlichkeiten	3,2
Sachanlagen	7,8	Eigenkapital	22,1

Es waren 1,1 Millionen Aktien mit einem Buchwert von $19 je Aktie im Umlauf.
Die Buffett Partnership begann 1962 Aktien zu $8 zu kaufen, ganz im Einklang mit den Prinzipien Grahams. Das Umlaufvermögen abzüglich aller Verbindlichkeiten betrug ca. $13 je Aktie, was eine Sicherheitsmarge von 38 Prozent ergab. (Diese Berechnungen werden in Kapitel 11 noch näher erläutert.) Je mehr Anteile Buffett kaufte, desto stärker fühlte er sich dem Unternehmen verbunden. 1965 besaß er schließlich 49 Prozent der Aktien und wurde zum Direktor ernannt. Sein Anteil hatte ihn im Durchschnitt $15 je Aktie gekostet, ein Paradebeispiel für Grahams „Netto-Umlaufvermögen"-Richtlinie, doch lagen immer noch beachtliche 21 Prozent unter dem Buchwert. Was Buffett dabei wohl am meisten reizte, war die Aussicht, Liquidität durch Verringerung des Umlaufvermögens abzuschöpfen und die so gewonnenen Mittel in lukrativere Bereiche umzuleiten. Der Zufall wollte es, dass 1965 und 1966 für die Textilindustrie ausnehmend gute Jahre waren, doch so gut wie jeder Vorstoß der Unternehmensleitung in Richtung Reinvestition scheiterte am Veto des neuen Direktors. Da Bargeld nur durch Gewinne oder durch die Auflösung von Umlaufvermögen hereinkam, befasste sich Buffett mit dem Thema Investitionen.

Was Buffett dabei wohl am meisten reizte, war die Aussicht, Liquidität durch Verringerung des Umlaufvermögens abzuschöpfen und die so gewonnenen Mittel in lukrativere Bereiche umzuleiten.

Seine erste und in mehr als einer Hinsicht wichtigste Transaktion war der Kauf einer Versicherungsgesellschaft. Das Fallbeispiel GEICO geht detailliert auf die Versicherungssparte ein. An dieser Stelle geht es primär um die Gründe für Buffetts Interesse an diesem Industriezweig. Die meisten Versicherungsgesellschaften verdienen ihr Geld auf zweierlei Art: Zum einen erheben sie Prämien von den Kunden für die Absicherung gegen bestimmte Risiken. Zieht man die tatsächlich erfolgten Leistungen für anerkannte Versicherungsfälle sowie die Gemeinkosten ab, bleibt der technische Gewinn. Manche Versicherungen machen unterm Strich technische Verluste und stützen sich ganz auf die zweite Einnahmequelle: Im Zeitraum zwischen Prämieneinnahme und Leistung investiert das Unternehmen die Mittel und erzielt damit Gewinn. Die Versicherungstöchter von Berkshire Hathaway profitieren in dreifacher Hinsicht:

1 Sie arbeiten hart auf einen technischen Gewinn hin. Die als erste von Berkshire Hathaway übernommene Gesellschaft, National Indemnity Co., hatte sich auf außergewöhnliche Risiken spezialisiert. So hat Berkshire auch heute einen Schwerpunkt in der Rückversicherungsbranche, die kleineren Versicherungsunternehmen für den Fall von Erdbeben, Stürmen, etc. Versicherungsschutz für übermäßige Risiken bietet. Weil Berkshire exakt kalkuliert, sorgfältig selektiert (es werden nur Verträge geschlossen, für die sich Berkshire einen technischen Gewinn ausrechnet) und inzwischen groß genug ist, um große Policen zu verkraften, sind genügend Gewinn bringende Faktoren vorhanden. Was das Geschäft von GEICO anbelangt, wo es mehr um Routineversicherungen im KFZ-Bereich geht, ist Kostensenkung oberstes Gebot. Das heißt, bei konkurrenzfähigen Preisen muss noch Gewinn möglich sein.

2 In vielen Geschäftsbereichen von Berkshire ist der Zeitraum zwischen der Ausstellung der Police und der Auszahlung der Versicherungssumme sehr lang. Gemessen an den Einnahmen aus den Policen ist der Float-Profit ungewöhnlich hoch. Unter „Float-Profit" versteht man das Geld, das der Versicherer einnimmt und auf eigene Rechnung anlegen kann, bis die Auszahlung fällig wird. Der Float-Profit in Berkshires neuer Versicherungssparte betrug 1967 $17 Millionen. Durch weitere Aufkäufe und positive Entwicklungen waren es 30 Jahre später $7,5 Milliarden.

3 Da Berkshires Versicherungsunternehmen im Allgemeinen technische Gewinne verbuchen, ist der Float-Profit im Grunde nichts anderes als ein zinsloses Darlehen der Versicherungsnehmer. Am stärksten hat sich das Versicherungsgeschäft aufs Gesamtergebnis durch die spektakulären Erträge aus dem investierten Float-Profit ausgewirkt. Wer Berkshire hört, denkt an phantastische Investments – Gillette, Coca-Cola, Disney. Das alles wäre nicht möglich gewesen ohne das Investitionskapital aus dem Versicherungsgeschäft.

> *Unter „Float-Profit" versteht man das Geld, das der Versicherer einnimmt und auf eigene Rechnung anlegen kann, bis die Auszahlung fällig wird.*

Berkshire kaufte National Indemnity für $8,6 Millionen. Da Berkshire seit 1967 keine Dividenden mehr ausbezahlt hat, waren die nicht ausgeschütteten Gewinne eine weitere Kapitalquelle. Die so generierten Mittel und der Float-Profit wurden zum Aufkauf kompletter Unternehmen verwendet, darunter Illinois National Bank & Trust sowie Sun Newspapers in Omaha.

1970 wurde die Buffett Partnership aufgelöst und die Gesellschafter konnten zwischen Anteilen an Berkshire Hathaway oder einem anderen Unternehmen, Diversified Retailing, wählen oder sich auszahlen lassen. Buffett entschied sich für Berkshire und brachte es dort zu einem Anteil von 29 Prozent und zum Chairman. Nach dem Börsencrash von 1973/74 stockte Buffett seinen Anteil noch auf – zu Kursen um die $40. Der Buchwert der Berkshire-Aktien lag damals um die $70, also kaufte er rund 40 Prozent unter Preis.

Anteile der Direktoren an Berkshire Hathaway, 1997

Name	Anzahl d. Aktien	Stimmrecht (%)
Warren Buffett	478232	39,7
Susan Buffett	37007	3,1
Malcolm Chace	14239	1,1
Charles Munger	18790	1,6

Hinweis: Susan Buffett ist Warren Buffetts Frau. Möglicherweise sind in den Angaben für sie und ihn Anteile doppelt berücksichtigt. Malcolm Chace stammt aus der Familie der ursprünglichen Eigentümer von Berkshire Hathaway.

Die Mittel, die Berkshire durch Betriebsergebnis und Float-Profit aus dem Versicherungsgeschäft erwirtschaftete, wurden im Grunde auf dreierlei Art angelegt:

Anlagen in Stammaktien

An der Börse (mit wenigen Ausnahmen an der New York Stock Exchange) wurden maßgebliche Minderheitsbeteiligungen an großen Firmen begründet. Manche davon wurden später wieder abgestoßen, darunter insbesondere Anteile an Werbeagenturen und Verlagen, doch viele der in den 70er und 80er Jahren erworbenen Aktien hält Berkshire Hathaway bis heute.

Aktie	erster Kauf	Kosten in Mio. Dollar	Marktwert in Mio. Dollar Dezember 1997
American Express	1991	1393	4414
Coca-Cola	1988	1299	13338
Walt Disney	1977	381	2135
Freddie Mac	1988	329	2683
Gillette	1989	600	4821
Washington Post	1973	11	841
Wells Fargo	1989	413	2271

Zu jeder der aufgeführten Beteiligungen gibt es eine Fallstudie, mit Ausnahme von Freddie Mac. Die Besonderheiten dieser Investition werden durch die Fallbeispiele Wells Fargo und American Express hinreichend abgedeckt. Die Anteile an der *Washington Post* Company wurden am Tiefpunkt des Crashs von 1973/74 erworben. Buffett hatte schon immer eine Vorliebe für Medienunternehmen, die ihm Zugang zu Leserkreisen verschafften. Wer in der Werbebranche war und Leser einer Stadt erreichen wollte, deren meistgelesene Zeitung die *Washington Post* ist, der musste wohl oder übel dort Werbefläche bezahlen. Walt Disney wurde vor allem durch Trickfilme und Vergnügungsparks berühmt, doch Berkshire kaufte sich erst nach dem Zusammenschluss mit Capital Cities/ABC dort ein – einem Unternehmen der Fernseh- und Produktionsbranche. Capital Cities zeichnete sich nicht nur durch solides Management aus, sondern genoss als Unternehmensgruppe quasi eine Monopolstellung und war als Sprachrohr – über verschiedene Fernseh- und einen Rundfunksender – für Werbekunden entsprechend interessant. Wie die *Washington Post* wurde auch Wells Fargo aufgekauft, als die Börse die Erträge sehr gering bewertete. Bankwerte zählten zwar nicht unbedingt zu Buffetts Favoriten, doch im Falle von Wells Fargo war das betriebswirtschaftliche Ergebnis im Vergleich zur Konkurrenz durch Kostenvorteile überlegen und die Anteile waren – wie bei der *Washington Post* – sehr günstig zu haben. Bei GEICO, heute eine hundertprozentige Berkshire Hathaway-Tochter, war es ganz ähnlich. American Express, ein weiteres Unternehmen aus dem Finanzdienstleistungssektor, dominiert in bestimmten Bereichen, bei denen die Einstiegshürden für potenzielle Konkurrenten sehr hoch sind. Zwei Unternehmen der Konsumgüterindustrie, Coca-Cola und Gillette, sind jeweils marktführend in ihrer Sparte und verfügen global gesehen über beträchtliches Wachstumspotenzial.

Die Fusion mit General Re

Vor kurzem hat Berkshire der Fusion mit General Re zugestimmt. Das war mit Abstand die größte Transaktion des Unternehmens, verbunden mit der Ausgabe von 277 200 neuen Berkshire-Aktien, was einer Erhöhung um 22 Prozent entspricht. General Re ist – was ins Bild passt – eine Rückversicherungsgesellschaft, entstammt also einer Branche, in der Berkshire mehr als zu Hause ist. Sie wurde 1921 gegründet und hat gegenwärtig ein Prämienvolumen von stolzen $6,5 Milliarden im Jahr bei 61 Niederlassungen weltweit. Der kombinierte Maßstab liegt bei 100, so dass wir die Bewertung anhand von liquiden Mitteln, Beteiligungen, Verbindlichkeiten und Vorzugsaktien durchführen können – was ca. $24,5 Milliarden ergibt. Berkshire gibt als Gegenwert 277 200 neue Aktien aus, und Buffett hält stur daran fest, bei einer Fusion nicht mehr zu leisten, als er erhält. Daraus lässt sich schließen, dass er Berkshire augenblicklich mit $88 400 je Aktie für gut bewertet hält. Sollte der aktuelle Wert von Berkshire dagegen tatsächlich im Bereich von $46 000 liegen (siehe unten), so machen die Berkshire-Aktionäre ein gutes Geschäft.

Hundertprozentige Töchter

Neben Minderheitsbeteiligungen kauft Berkshire gelegentlich auch 90 bis 100 Prozent aller Anteile einer Firma, normalerweise von Mitgliedern der

Gründerfamilien. In zwei Fällen, nämlich bei GEICO und FlightSafety, waren die Unternehmen zum Teil an der Börse und es gab ein öffentliches Zeichnungsangebot. Neben diesen beiden hat Berkshire eine ganze Reihe kleiner Privatunternehmen aufgekauft. Die hundertprozentigen Töchter sind zwar lange nicht so bedeutend wie das Versicherungsgeschäft, doch sie leisten durchaus ihren Beitrag mit einem Reingewinn von insgesamt $252 Millionen für das Jahr 1997.

Liquidität

Wenn Berkshire Hathaway gerade keine Minderheits- oder Mehrheits-Kapitalbeteiligungen erwirbt, wird überschüssige Liquidität in Barguthaben und Anleihen gebunden – wie bei vielen anderen Investoren auch. Gelegentlich werden auch Kredite aufgenommen – *insbesondere dann, wenn dazu an sich keine Notwendigkeit besteht.* So sichert sich das Unternehmen günstige Konditionen für den Fall, dass sich eine unwiderstehliche Gelegenheit ergibt. Das nötige Kapital ist dann bereits vorhanden. Die Verschuldung ist jedoch selten hoch. Buffett hat nicht gerne Schulden, und er glaubt nicht daran, dass der potenzielle Ertrag die zusätzlichen Risiken rechtfertigt. Ende der 80er Jahre beschloss Berkshire die Beteiligung an einem Pool wandelbarer Vorzugsaktien. Die Salomon- und USAir-Papiere erregten viel Aufsehen. Nüchtern zeigte Buffett, wie seine Sicherheitsmarge-Doktrin auf jede Art von Wertpapier anwendbar ist, nicht nur auf Stammaktien. Das Fallbeispiel Gillette zeigt, wie er in solchen Fällen vorzugehen pflegt.

> *Wenn Berkshire Hathaway gerade keine Minderheits- oder Mehrheits-Kapitalbeteiligungen erwirbt, wird überschüssige Liquidität in Barguthaben und Anleihen gebunden – wie bei vielen anderen Investoren auch. Gelegentlich werden auch Kredite aufgenommen – insbesondere dann, wenn dazu an sich keine Notwendigkeit besteht. So sichert sich das Unternehmen günstige Konditionen für den Fall, dass sich eine unwiderstehliche Gelegenheit ergibt. Das nötige Kapital ist dann bereits vorhanden.*

Berkshire hat auch von Zeit zu Zeit gewagtere Investments riskiert: ins Arbitragegeschäft, in Silber oder Öl-Derivate. Solche Transaktionen werden in diesem Buch nicht näher behandelt, doch wir wissen, dass Buffett die Attraktivität und die Kosten der Anlage auch hier nach dem gleichen Schema bewertete, insbesondere nach der Sicherheitsmarge.

DIE MAGIE DES LEVERAGE-EFFEKTS

Wie stark Berkshire vom Float-Profit aus dem Versicherungsgeschäft profitiert, haben wir bereits festgestellt. Eine ebenso wichtige Kapitalquelle sind aufgeschobene Steuerverbindlichkeiten. Buffett kam zu dem logischen Schluss, dass für einen Anleger in erster Linie der Gewinn nach Steuern zählt. Buffetts langfristige Anlagestrategie zielt dementsprechend darauf ab, möglichst wenig Steuern abzuführen. Ein Beispiel: Zwei Anleger haben jeweils $100. Investor A kauft und hält Aktien eines Unternehmens, das keine Dividenden ausschüttet. Der Kursgewinn beträgt 10 Prozent pro Jahr. Nach 20 Jahren werden beim Verkauf der Aktien 35 Prozent Kapitalertragssteuer fällig. Anleger A bleiben $1099. Anleger B hat ebenfalls $100 und kauft und verkauft jedes Jahr verschiedene Aktien, die um 10 Prozent steigen. Selbst ohne Berücksichtigung der Maklergebühren, die im Ernstfall ordentlich zu Buche schlagen würden, muss B außerdem noch jedes Jahr 35 Prozent seines Gewinns abführen und steht nach 20 Jahren mit nur $643 da. Anleger A hat damit eine Rendite von 12,7 Prozent im Jahr, Anleger B lediglich 9,8 Prozent. Bei einem jährlichen Kapitalzuwachs eines Unternehmens wie Berkshire macht sich das natürlich noch viel stärker bemerkbar. Wie beim Float-Profit aus dem Versicherungsgeschäft bekommt Berkshire wieder ein zinsloses Darlehen, nur diesmal von Vater Staat, der bestimmte Steuern erst zu einem späteren Zeitpunkt erhebt. 1997 machte das $10,4 Milliarden aus. So lange das Geschäft weiterläuft wie gehabt, kann Berkshire seine Steuerschulden und den Float-Profit investieren und daran verdienen.

Betrachten wir die Sache doch einmal anders herum: Was hätte es für Auswirkungen, wenn Berkshire weder vom Float-Profit, noch von aufgeschobenen Steuerzahlungen profitieren könnte? Die Kapitalmittel von $23,4 Milliarden für 1996 hätten um weitere $14,3 Milliarden aufgestockt werden müssen. Das Eigenkapital hätte dann $37,7 Milliarden betragen. Der Buchwert der Berkshire-Aktien ist die letzten 32 Jahre im Schnitt um 23,8 Prozent im Jahr gestiegen. Die Aktiva von $43,4 Milliarden im Jahr

1996 hätten bei ansonsten gleichen Voraussetzungen 1997 um $5,6 Milliarden anwachsen müssen, um eine Steigerung von 23,8 Prozent bei $23,4 Milliarden Kapitalmitteln erzielen zu können. Der Vermögenszuwachs bei $37,7 Milliarden Eigenkapital beträgt aber nur 14,9 Prozent:

Buffetts langfristige Anlagestrategie zielt dementsprechend darauf ab, möglichst wenig Steuern abzuführen.

1 (i) Berkshire 1996 (in Milliarden Dollar)

		Float-Profit und aufgeschobene Steuern	14,3
		sonstige Verbindlichkeiten	5,7
Summe der Aktiva	43,4	Eigenkapital	23,4

1 (ii) Ein-Jahres-Prognose

		Float-Profit und aufgeschobene Steuern	14,3
		sonstige Verbindlichkeiten	5,7
Summe der Aktiva	49,0	Eigenkapital	29,0
Substanzzuwachs =	12,9%	Eigenkapitalzuwachs = 23,8%	

2 (i) Berkshire ohne Float-Profit oder aufgeschobene Steuern

		Float-Profit und aufgeschobene Steuern	0
		sonstige Verbindlichkeiten	5,7
Summe der Aktiva	43,4	Eigenkapital	37,7

2 (ii) Ein-Jahres-Prognose

		Float-Profit und aufgeschobene Steuern	0
		sonstige Verbindlichkeiten	5,7
Summe der Aktiva	49,0	Eigenkapital	43,3
Substanzzuwachs =	12,9%	Eigenkapitalzuwachs = 14,9%	

Drei den Wert des Unternehmens steigernde Elemente haben demnach das Wachstum von Berkshire bestimmt. An erster Stelle wären hier das Versicherungsgeschäft und die hundertprozentigen Töchter zu nennen, die teilweise nur erworben wurden, weil sie Bargeld abwarfen – als ewige Motoren des Kapitalismus. Der zweite Schritt war dann die langfristige, erfolgreiche Investition der so generierten Mittel an der Börse durch Aufkauf von Unternehmen oder in andere Wertpapiere. Beides trug zur Steigerung des Buchwerts von Berkshire bei. Schließlich hat dann die Börse den unaufhaltsamen Höhenflug honoriert: Die Berkshire-Aktien notierten deutlich über dem Buchwert. Infolgedessen ist der Kurs seit 1962 um insgesamt 28,7 Prozent pro Jahr gestiegen. Buffetts Anteil hat damit einen Wert von $34 Milliarden. Ohne die Magie der Hebelwirkung hätten Buchwert und Aktienkurs vielleicht nur um 15 Prozent im Jahr zugelegt. Buffetts Anteil wäre dann lediglich $635 Millionen wert, und sein Name sicher weitgehend unbekannt geblieben.

WIE VIEL IST BERKSHIRE WERT?

Die Steigerung des Buchwerts von Berkshire ist zweifelsohne beeindruckend, um so mehr, wenn man berücksichtigt, dass die Anzahl der emittierten Aktien seit 1965 lediglich um 8 Prozent gestiegen ist. Bis zur Fusion mit General Re lag der Marktwert dabei noch ein gutes Stück höher. Wie bereits erwähnt war die Aktie nach dem Crash von 1973/74 unter dem Buchwert zu haben. Das Papier stieg dann kontinuierlich und notiert seit 1983 stets über dem Buchwert. Anfang 1998 betrug die Differenz zum Buchwert bei einem Kurs von ca. $70 000 je Aktie 175 Prozent. In Kapitel 11 wird das zentrale Thema der Beurteilung des inneren Wertes näher erläutert. Der innere Wert von Berkshire ist schwerer zu schätzen als bei den meisten anderen Unternehmen, da die Gewinne hier zum Großteil aus periodischen, unberechenbaren Kapitalgewinnen bestehen. Aber betrachten wir die Angelegenheit doch einmal ganz simpel. 1997 erzielte das Unternehmen aus seinen hundertprozentigen Töchtern einen Gewinn von $627 Millionen nach Steuern, darunter $298 Millionen technischer Gewinn aus dem Versicherungsgeschäft. Würden diese Töchter verkauft oder gingen unter eigenem Namen an die Börse, betrüge ihr Wert schätzungsweise $12 Milliarden. Die Beteiligungen der verbleibenden Unternehmensteile abzüglich der Verbindlichkeiten schlügen mit $45 Milliarden zu Buche – also insgesamt $57 Milliarden. Nehmen wir einmal an, dass die langfristigen Verbindlichkeiten, Float-Profit und aufgeschobene Steuerzahlungen, effektiv frei verfügbar sind (zumindest so lange der Status quo aufrechterhalten wird, denn sie sind ja nicht fällig und werden irgendwann von der Inflation gefressen), so errechnet sich ein innerer Wert von $46 000 je Aktie. Beherzigt man also den von den Herren Graham, Munger und

Buffett propagierten ersten Grundsatz, nur Aktien deutlich unterhalb ihres Buchwertes zu kaufen, ist Berkshire Hathaway zum aktuellen Kurs ein ausgesprochen unattraktives Anlageinstrument.

Die Steigerung des Buchwerts von Berkshire ist zweifelsohne beeindruckend, um so mehr, wenn man berücksichtigt, dass die Anzahl der ausgegebenen Aktien seit 1965 lediglich um 8 Prozent gestiegen ist. Der Marktwert lag dabei noch ein gutes Stück höher.

III

– Intellektuelle Vorbilder
und Einflüsse –

Buffett hat einmal gesagt, seine Vorgehensweise sei zu 85 Prozent Graham und zu 15 Prozent Fisher. Es wird sich noch zeigen, dass er bei dieser Selbsteinschätzung in der für ihn typischen Bescheidenheit seinen eigenen Beitrag viel zu gering bewertete, doch Graham und Fisher – wie auch die anderen in diesem Kapitel erwähnten Vordenker – lieferten zweifellos das Fundament für Buffetts Leistungen.

BEN GRAHAM – 50 CENT FÜR EINEN DOLLAR

Zwar war auch Buffetts Vater, der ihm sicher nahestand, im Aktiengeschäft, doch es war in erster Linie Ben Graham, der die intellektuelle Entwicklung des jungen Investment-Talents am stärksten geprägt hat.
Graham, 1894 in London geboren, war in New York aufgewachsen. Wie Buffett zeigte auch Graham zeitig große Begabung, hatte einen angeborenen Sinn fürs Finanzielle und war ein guter Pädagoge. Graham ging Buffett in vielem voran. Bereits vor dem Ersten Weltkrieg arbeitete er an der Wall Street. Damals steckte die Börse noch in ihren Kinderschuhen, und der Aktienmarkt bestand hauptsächlich aus den Emissionen von Eisenbahngesellschaften und anderen Versorgungsunternehmen. Anleihen beherrschten die Märkte, und Stammaktien galten als zu spekulativ, um sie ins Portefeuille aufzunehmen. Die an der Börse gehandelten Unternehmen veröffentlichten nur wenige Informationen, doch Graham hatte eine natürliche Begabung für die Beschaffung von Daten, insbesondere aus den wenig beachteten Papieren, die den Aufsichtsbehörden vorgelegt wurden. Er war einer der Pioniere der heutigen Wertpapieranalyse, wobei er sich hauptsächlich auf die Bilanzdaten stützte. Ein typisches Beispiel wäre ein Versorgungsunternehmen, das einen bescheidenen Gewinn abwirft und wenig oder keine Dividenden ausschüttet, dabei aber über umfangreiche Wertpapier- und Bargeldbestände verfügt. Durch die geringe Rendite und den Mangel an Informationen wurden die Aktien oft zu Kursen gehandelt, die weit unter dem Wert des Portfolios lagen. Graham fuhr zweigleisig. Zunächst machte er diese Unternehmen auf der Basis einer sorgfältigen Analyse ausfindig und bestimmte ihren *inneren Wert*. Aktien kaufte er nur zu einem Kurs, der unterhalb dieses Wertes lag, wobei er eine *Sicherheitsmarge* einhielt. Dann – als zweiten Schritt – wartete er, bis die Börse den inneren Wert erkannte, oder er drängte das Management zu

Maßnahmen zur Steigerung des Shareholder Value – etwa durch Verkauf des angesammelten Portfolios oder durch Anhebung der Dividende. Stieg der Kurs dann auf oder über den inneren Wert der Aktie, stieß er sie ab. 1923 hatte Graham bereits einen so guten Ruf, dass ihm Freunde, Bekannte und Verwandte Investitionskapital anvertrauten. Mit einem Partner gründete er die Graham-Newman Corporation. Diese Investment-Partnerschaft war in verschiedener Hinsicht sein Lebensinhalt, bis er sich 1956 aus dem Geschäftsleben zurückzog. Er hat den Crash von 1929 miterlebt und die Börse in jeder Stimmung gesehen. Graham-Newman investierte in nach den eben beschriebenen Kriterien eindeutig unterbewertete Papiere, aber auch in Arbitrage, Konkurs-Aktien (nach Chapter 8 des US-Konkursrechtes), Hedge-Geschäfte und andere außergewöhnliche Transaktionen. Grahams Spezialität war es, Unternehmen zu finden, die unter dem Wert ihres Netto-Umlaufvermögens gehandelt wurden – Umlaufvermögen (Barmittel und Wertpapiere plus Lagerbestände und Forderungen) abzüglich aller Verbindlichkeiten.

Besonders hervorgetan hat sich Graham allerdings als Lehrer. Der Pionier der Wertpapieranalyse hat sein Wissen stets bereitwillig weitergegeben. So lehrte er lange Jahre an der Columbia-Universität (Buffett hatte sich dort eingeschrieben, nur um Graham zu hören) und war Ko-Autor zweier Investment-Klassiker: *Security Analysis und The Intelligent Investor* [dt. *Intelligent Investieren*, Finanzbuch, 1998 – A.d.Ü.]. Buffett hielt sich anfangs – verständlicherweise, denn er arbeitete ja für Graham – akribisch an die mathematischen Vorgaben seines Mentors. Aktien bestanden entweder den Netto-Umlaufvermögens-Test und andere solche Tests, oder sie fielen durch. Als Buffett später seine eigenen Methoden entwickelte, ist er Grahams Prinzipien im Kern stets treu geblieben.

Die an der Börse gehandelten Unternehmen veröffentlichten nur wenige Informationen, doch Graham hatte eine natürliche Begabung für die Beschaffung von Daten, insbesondere aus den wenig beachteten Papieren, die den Aufsichtsbehörden vorgelegt wurden. Er war einer der Pioniere der heutigen Wertpapieranalyse, wobei er sich hauptsächlich auf die Bilanzdaten stützte.

Ben Grahams Leitsätze

Innerer Wert und Sicherheitsmarge

Es ist die Aufgabe eines Investors, den wahren, objektiven Wert eines Wertpapiers zu ermitteln und wesentlich weniger dafür zu bezahlen. Aus dieser einfachen Feststellung lassen sich mehrere Grundregeln ableiten:

- Investieren Sie nur, wenn ausreichend Informationen zu einer realistischen Beurteilung des inneren Wertes zur Verfügung stehen.
- Investieren Sie nur, wenn eine Sicherheitsmarge gegeben ist.
- Investieren Sie nur, wenn Sie so lange warten können, bis der Markt den inneren Wert anerkennt.

Erfolgreiche Geldanlage hat sehr viel zu tun mit klugem Urteilsvermögen, gepaart mit Geduld.

Marktfluktuationen

Graham unterscheidet zwischen Anlegern und Spekulanten. Spekulanten versuchen, kurzfristige Bewegungen vorherzusagen und dementsprechend zu kaufen bzw. zu verkaufen. Heute zählen in diese Kategorie die technischen Analysten (die ausschließlich auf Grundlage von Charts historischer Kursdaten agieren), gewinndynamikorientierte Marktteilnehmer (die nach dem Grundsatz kaufen, dass sich ein gegenwärtiger Anstieg fortsetzen wird) und Hedge Fund Manager (die versuchen, vorwegzunehmen, was der Markt vorhat). Anleger dagegen kaufen, weil sie vom Wert des zu Grunde liegenden Objektes überzeugt sind, und halten ihre Anteile, bis der Markt diesen Wert honoriert.

Graham war der Überzeugung, dass Anleger wie er den Spekulanten haushoch überlegen seien. In der berühmten „Parabel" in *The Intelligent Investor* macht er uns mit Mr. Market bekannt. Mr. Market ist unser Geschäftspartner. Er sagt uns jeden Tag, welchen Preis er für unsere Unternehmensanteile zu zahlen bereit ist und welchen Preis er für seine Anteile fordert. Leider ist Mr. Market jedoch manisch-depressiv veranlagt. An manchen Tagen ist er in Hochstimmung und bereit, unsere Anteile weit über ihrem tatsächlichen Wert zu kaufen. An anderen Tagen bildet er sich ein, unser Unternehmen stünde vor dem Ruin, und legt eine Notierung weit unter seinem wirklichen Wert fest. Haben diese Kursschwankungen nun irgendeinen Einfluss auf den inneren Wert des betreffenden Unternehmens? Nein. Genauso wenig geben uns die Fluktuationen bei den Aktienkursen Informationen über den Wert der Unternehmen, in die wir investieren. Zwar kommt es vor, dass andere Anleger über wichtige Informationen verfügen, die uns nicht zugänglich sind. Meistenteils spiegeln die Kursveränderungen aber nur die sprunghaften Gemütsbewegungen von Mr. Market wider. Graham sieht in Mr. Market einen Freund, denn durch diese irrationalen Kursschwankungen haben wir regelmäßig Gelegenheit, Anteile unter ihrem inneren Wert zu kaufen und darüber zu verkaufen. Und wenn wir dabei eine ausreichend große Sicherheitsmarge zwischen Kurs und Wert einhalten, können wir es uns leisten, darauf zu warten, bis die Börse (bzw. Mr. Market) den wirklichen Wert erkennt und uns einen entsprechenden Kurs bietet.

Mr. Market ist unser Geschäftspartner. Er sagt uns jeden Tag, welchen Preis er für unsere Unternehmensanteile zu zahlen bereit ist und welchen Preis er für seine Anteile fordert.

PHILIP FISHER – DER UNTERNEHMERISCHE ANSATZ

Graham löste ein Grundproblem der Geldanlage – nämlich die Frage, wie man klug investiert –, indem er eine ebenso schwierige Frage stellte: Wie ermittelt man den inneren Wert? Ohne seine Leistung schmälern zu wollen, war diese Aufgabe zu Grahams Zeiten einfacher. Da in der ersten Hälfte dieses Jahrhunderts die Nachfrage nach Aktien gering war, wurden Unternehmensanteile nicht selten unter dem Wert ihres Nettoumlaufvermögens gehandelt. Buffett bezeichnete solche Unternehmen als „Zigarrenstummel" – einst hoch geschätzte Firmen, die in einer Krise steckten und vermutlich rote Zahlen schrieben. Auch Berkshire Hathaway hat dazu gehört. Nicht

zuletzt dem Vorbild und den Lehren Grahams und seiner Anhänger ist es zu verdanken, dass solche Gelegenheiten immer seltener werden.
Philip Fisher verfolgte einen vollkommen anderen Wertansatz. Zunächst 1928 als Wertpapieranalyst einer Bank in San Francisco und von 1931 an als Leiter seiner eigenen Investment-Firma in Kalifornien, hat er sich darauf verlegt, Aktien von Unternehmen zu kaufen und zu halten, die langfristig Wachstum versprachen: Der Löwenanteil seines eigenen Kapitals steckte zum Beispiel über 20 Jahre lang in Motorola-Aktien. Er wendete auf die Börse die gleichen Grundsätze an, die man beim privaten Kauf eines Unternehmens beachten würde. Viele der von ihm praktizierten Prinzipien deckten sich mit denen Buffetts. In Kapitel 5 werden wir genauer untersuchen, wie man Insider-Informationen nutzt. Hier noch ein paar Leitsätze der Philosophie Fishers.

Da in der ersten Hälfte dieses Jahrhunderts die Nachfrage nach Aktien gering war, wurden Unternehmensanteile nicht selten unter dem Wert ihres Nettoumlaufvermögens gehandelt. Buffett bezeichnete solche Unternehmen als „Zigarrenstummel" – einst hoch geschätzte Firmen, die in einer Krise steckten und vermutlich rote Zahlen schrieben.

Philip Fishers Leitsätze

Es ist die Aufgabe eines Investors, das langfristige Wachstumspotenzial von Branchen und Unternehmen zu prognostizieren und entsprechend zu investieren. Daraus lassen sich die folgenden Regeln ableiten:

- **Investieren Sie nur in Branchen, von denen Sie etwas verstehen.**
- **Recherchieren Sie sorgfältig über das fragliche Unternehmen, seine Konkurrenten, Lieferanten und Kunden – bevorzugt durch persönliche Kontaktaufnahme.**
- **Achten Sie auf kompetentes Management.**

Diese Prinzipien hat Fisher in mehreren Büchern anschaulich dargestellt, darunter insbesondere in *Common Stocks and*

Uncommon Profits und *Developing an Investment Philosophy* (beide auf Deutsch im TM Börsenverlag unter dem Titel „Ihr Geld *richtig* anlegen"). Sein größter Beitrag besteht darin, dass er Investoren auf die Bedeutung der Fundamentals hingewiesen hat. Daneben hat er sich gegen zu große Diversifikation und die „efficient market theory" ausgesprochen, Themen, die an anderer Stelle noch näher beleuchtet werden.

In zwei Punkten sind Fisher und Buffett allerdings unterschiedlicher Ansicht. Fisher war fasziniert von innovativen High-Tech-Unternehmen. Er sah (zu Recht) immenses Investitionspotenzial in Branchen, die durch aggressive Forschung und Entwicklung im ständigen Wandel begriffen waren, wie z. B. Elektronik, chemische Industrie und Maschinenbau. Buffett dagegen hat solche Unternehmen gemieden – nicht nur, weil er davon zu wenig verstand, sondern weil der Ertrag aus dem investierten Kapital eher gering war. Der mehr fundamental orientierte Fisher hat zum Thema Kurs wenig zu sagen. Er will zwar nicht gern zuviel bezahlen, glaubt jedoch offensichtlich, dass echte Wachstumsunternehmen einen Aufschlag wert sind. Damit hat er sich vom klassischen Graham weit entfernt.

NOCH EINMAL ZUM INNEREN WERT

Unter dem Einfluss von Charlie Munger verschmolz Buffett Grahams und Fishers Vorstellungen vom inneren Wert. Buffett definierte den inneren Wert einer jeden Investition als diskontierten aktuellen Wert ihres zukünftigen Cashflows. Das passt auf die „Zigarrenstummel" Grahams, bei denen die realisierbaren Mittel eine Funktion der liquidierten Vermögenswerte abzüglich aller Verbindlichkeiten darstellen, und ebenso auf die Wachstumsaktien Fishers, bei denen durch zukünftige Gewinne Mittel generiert werden. Buffett und Munger war klar, dass im zweiten Fall der Unsicherheitsfaktor größer war. Sie versuchten, die Risiken durch zwei signifikante Maßnahmen zu verringern. Zum einen bestanden sie weiterhin auf der Einhaltung einer Sicherheitsmarge: Die künftigen Cashflows von Coca-Cola sind möglicherweise schwerer einzuschätzen als der liquidierte Bilanzwert, doch wenn man weit genug unter dem Schätzwert kauft, ist das immer noch eine sichere Sache. Außerdem musste das Management der Unternehmen, in die investiert werden sollte, ebenso ehrlich wie kompetent sein. Es musste in der Lage sein, künftige Cashflows zu maximieren *und* überschüssige Mittel Gewinn bringend zu investieren oder an die Aktionäre auszuschütten.

MICHAEL PORTER – EIN ÄHNLICHER ANSATZ

Wie Sie feststellen werden, investiert Buffett gern in Unternehmen, die über Franchise verfügten. Das mag an seinen positiven Erfahrungen mit See's Candies und verschiedenen Zeitungskonzernen liegen. Dabei hat er nachweislich wenig Interesse an den akademischen Abhandlungen der Wirtschaftstheoretiker zu diesem – oder anderen – Themen gezeigt. Er hält nicht viel von Versuchen, die Zinszyklen, allgemeine Aktienmarktniveaus oder viele andere makroökonomische Variablen zu prognostizieren, womit sich heute viele Analysten beschäftigen. Die mikroökonomischen Faktoren dagegen faszinieren ihn. Zwar mischt er sich gemeinhin nicht in die Unternehmensführung ein, doch ist er stets bestens informiert über die „key value drivers" – die Schlüsselfaktoren für den Unternehmenswert. Seine Jahresberichte sind voll von Einzelheiten darüber, wie viel Raum (in Prozent) bei der *Buffalo News* der Nachrichtenberichterstattung gewidmet wurde, oder wie hoch der Umsatz pro Quadratmeter beim Nebraska Furniture Mart war.

Strategisch gesehen zeigten die von Buffett bevorzugten Unternehmen oft Merkmale, die von Michael Porter als Faktoren für langfristigen Erfolg beschrieben wurden. Porter lehrt an der Harvard Business School und ist bekannt geworden durch mehrere Bücher, in denen er dieses Thema konsequent und praxisorientiert aufgreift (seltene Eigenschaften bei einem Wirtschaftswissenschaftler.) Vor allem in *Competitive Strategy* [Michael Porter, Wettbewerbsstrategie *(Competitive Strategy)* – *Methode zur Analyse von Branchen und Konkurrenten*, Campus, 10. durchgesehene und erweiterte Auflage 1999 – A.d.Ü.] vermittelt er den analytischen Rahmen für die Analyse von Branchen und Konkurrenten. Seiner Ansicht nach sind es fünf Triebkräfte, die die Konkurrenzsituation in einer Branche bestimmen:

TEIL II HINTERGRUND

- die Bedrohung durch Branchenneulinge
- die relative Stärke der Kunden
- die Fähigkeit, andere Produkte zu ersetzen
- die relative Stärke der Zulieferer
- der Grad der Rivalität mit der vorhandenen Konkurrenz

Buffett hat sich gern an Unternehmen gehalten, die nach diesen Gesichtspunkten positiv abgeschnitten haben. Eine Zeitung, die an ihrem Erscheinungsort die meisten Leser hat, wird Neugründer abschrecken (für zwei Blätter ist der Markt zu eng) und kann daher unpopuläre Maßnahmen wie Kaufpreis- oder Anzeigenpreiserhöhungen beim Publikum leichter durchsetzen. Des Weiteren ist ein solches Blatt kaum zu ersetzen (was immer weniger zutrifft, wenn man die Entwicklung bei regionalen Fernsehsendern und überregionalen Zeitungen berücksichtigt). Es kann günstige Konditionen mit Lieferanten aushandeln (Bezugspreise für Papier und andere Waren) und hat keine direkte Konkurrenz am Ort. Meiner Ansicht nach ist es vor allem der erste Punkt – die Abschreckung neuer Konkurrenten –, der Buffett besonders anspricht. Viele seiner wichtigsten Investitionsobjekte nehmen in ihrer Branche eine solch dominierende Stellung ein, dass neue Konkurrenten gar keine Chance haben oder sich mit marginalen Gewinnen bescheiden müssen.

Es ist vor allem der erste Punkt – die Abschreckung neuer Konkurrenten –, der Buffett besonders anspricht. Viele seiner wichtigsten Investitionsobjekte nehmen in ihrer Branche eine solch dominierende Stellung ein, dass neue Konkurrenten gar keine Chance haben oder sich mit marginalen Gewinnen bescheiden müssen.

Porter schreibt auch über drei Strategien, die eine Firma einsetzen kann, um Rivalen aus dem Feld zu schlagen:

- maximale Kostenvorteile
- Differenzierung
- Konzentration

GEICO, Berkshire Hathaways Versicherungsflaggschiff, ist im Hinblick auf die Gesamtkosten seit Jahren marktführend. Gillette setzt sich von der Konkurrenz durch starke Marken und neue Produktentwicklungen ab.

Nebraska Furniture Mart hat sich darauf konzentriert, so gut wie möglich bestimmte Produkte in einer bestimmten Region zu verkaufen. Im Grunde genommen erfüllen die meisten Berkshire-Investitionen zumindest teilweise alle drei dieser Kriterien. Ob sie nun mit einem besonders starken Markennamen aufwarten können oder mit maßgeblichen Kostenvorteilen, fast alle Unternehmen, bei denen Warren Buffett die Finger im Spiel hat, schrecken potenzielle Konkurrenten ab.

ANDERE INVESTMENT-ANSÄTZE – KONTRÄRE PHILOSOPHIEN

Ein Überblick über andere Investment-Methoden und Buffetts Gegenargumente vervollständigt das Gesamtbild.

Trader und Investment-Fonds

Chart-Analysten, Spekulanten und Hedge Fund Manager bilden für Buffett den unteren Rand des Spektrums. Sie sind für ihn mehr Spieler als Anleger. Erstaunlicherweise war es jedoch gerade diese Gruppe, die in den letzten dreißig Jahren viel Unterstützung durch akademische Theoretiker erfahren hat. Verfechter der sogenannten „efficient market theory", die bislang die Wirtschaftstheorie beherrschen, vertreten die Ansicht, dass alle Informationen über ein Unternehmen und seine zukünftige Entwicklung im Börsenkurs enthalten sind. Folglich kann nur derjenige den Markt schlagen, der über Insider-Informationen verfügt. Diese These hat Investoren dazu getrieben, entweder nach „versteckten" Mustern in historischen Kursdaten zu suchen oder sich damit zu begnügen, dem Markt mit einem möglichst breit gestreuten Portfolio zu begegnen. Letzteres hat Buffett als Ansatz für den Gelegenheitsinvestor nie ausdrücklich abgelehnt. Ja, er hat sich kürzlich sogar für die Investition in Index-Fonds ausgesprochen. Der versierte Investor jedoch, so beharrt Buffett, kann den Markt langfristig schlagen durch die Anwendung seiner Grundsätze, wobei die Sicherheitsmarge und die Vertrautheit mit den grundlegenden wirtschaftlichen Strukturen eines Unternehmens am wichtigsten sind.

Kapitalmarkttheorie und EVA

In ihrem Bemühen um die wissenschaftliche Untermauerung der Investment-Theorie haben Akademiker und Wertpapieranalysten eine Theorie entwickelt, die auf der Identifizierung verschiedener Risikoarten beruht. Der Grundgedanke ist dabei, dass der Investor Marktrisiken und individuellen Unternehmensrisiken ausgesetzt ist und sich der jeweiligen Risikostruktur bewusst sein sollte. Das individuelle Unternehmensrisiko lässt sich aus der historischen Volatilität des Aktienkurses im Vergleich zur Marktbewegung ableiten. Mit Hilfe dieser Maßstäbe und unter Berücksichtigung der Unternehmensverschuldung kann man seine tatsächlichen Kapitalkosten ermitteln. So steigt das Unternehmensrisiko in demselben Maße wie die relative Volatilität seiner Aktien. Ein potenzieller Investor wird also einen entsprechend höheren Abschlag verlangen, bevor er sich engagiert. Dabei sagt die historische Volatilität der Aktienkurse wenig über ein Unternehmen. Nach dem Prinzip der Sicherheitsmarge ist Volatilität sogar zu begrüßen, da sie es uns ermöglicht, uns zu günstigem Kurs einzukaufen. Denken Sie an Mr. Market!

Unternehmensberatungen wie Stern Stewart oder McKinsey haben ein Prinzip der Wertschöpfung [Economic Value Added (EVA)] entwickelt und wirtschaftliche Gewinnmodelle, mit deren Hilfe die Kapitalkostentheorie an reale Investment-Praxis herangetragen werden sollte. Wie wir in Teil 3 sehen werden, legt Buffett extrem viel Wert auf die Eigenkapitalrentabilität. An der Entwicklung exakter Maßstäbe für Kapitalkosten ist er weniger interessiert. EVA läuft letztendlich auf MVA (market value added) hinaus, auf einen bereinigten Maßstab zur Aktienbewertung, während Investoren wie Buffett den inneren Wert eines Unternehmens beurteilen – unabhängig von aktuellen oder vergangenen Kursentwicklungen.

Dabei sagt die historische Volatilität der Aktienkurse wenig über ein Unternehmen. Nach dem Prinzip der Sicherheitsmarge ist Volatilität sogar zu begrüßen, da sie es uns ermöglicht, uns zu günstigem Kurs einzukaufen.

BUFFETTS ENTWICKLUNGSSTADIEN

Wir haben festgestellt, dass sich Buffett bei der Beurteilung des Unternehmenswertes zunächst an Bilanzdaten orientiert hat, die auf Unterbewertung hindeuteten. Das wurde zunehmend schwieriger, als andere Anleger die Methode übernahmen und sich in der Investorenwelt die Vorstellung durchsetzte, dass Unternehmen mit einem Aufschlag auf den Buchwert gehandelt werden sollten. Auf der Suche nach neuen Ansätzen bemerkten Buffett und Munger, dass der künftige Cashflow bei manchen Unternehmen verlässlichere Aussagen über den Wert zuließ als der Preis, den die Vermögenswerte in einem Konkursverfahren erzielen würden.

Die in diesem Kapitel dargestellten Leitmotive waren es, die Buffetts Karriere bestimmten. Ob man nun in Aktien oder Anleihen investieren oder ein ganzes Unternehmen kaufen will, in jedem Fall muss man eine klare Vorstellung vom wahren, vom inneren Wert haben. Der innere Wert ist eine Funktion der Mittel, die die Investition während ihrer Lebensdauer abwirft, diskontiert auf den aktuellen Zeitpunkt. Dieser Wert kann lediglich den Buchwert des Reinvermögens ausmachen (manchmal sogar noch weniger) oder – bei einem Unternehmen mit guten Zukunftschancen – wesentlich höher liegen. Ihre Aufgabe ist es, diesen Wert zu schätzen. Nicht weniger wichtig ist dabei, konsequent darauf zu achten, dass der Kaufpreis in sicherem Abstand unter dem ermittelten Wert liegt. Im Laufe der Zeit wird der Markt den wahren Wert schon anerkennen. Andernfalls sollten die auf diese Weise generierten Mittel den bezahlten Kaufpreis auf jeden Fall deutlich übersteigen.

Die Beurteilung künftiger Cashflows ist eine knifflige Geschichte. Als Nächstes wollen wir uns damit befassen, wie der *innere Wert* und der *Kaufpreis* in der Praxis zu ermitteln sind.

> *Der innere Wert ist eine Funktion der Mittel, die die Investition während ihrer Lebensdauer abwirft, diskontiert auf den aktuellen Zeitpunkt.*

Teil III

— Wie man investiert —

IV

– Das Wertbewusstsein –
– die drei Wertfragen –

Bevor wir den inneren Wert ermitteln können, müssen wir eine Vorstellung vom künftigen Cashflow haben. Bei einem Wirtschaftsunternehmen ist dafür der Gewinn als wahrscheinliche Hauptquelle von Mitteln der logische Ausgangspunkt. (Später werden wir sehen, dass Gewinn nicht gleich Gewinn ist.) Warum machen manche Firmen mehr Gewinn als andere, selbst innerhalb derselben Branche?
Ein Unternehmen zu gründen, ist einfach. Ersparnisse, Darlehen und Handelskredite reichen zur Finanzierung der meisten kleineren Geschäfte. Selbst große Unternehmen mit angestammter Marktposition ziehen Konkurrenten in Form von finanzstarken Neugründungen oder Firmen mit Diversifikationsambitionen an. Nichtsdestoweniger schaffen es manche Unternehmen, ihre Rentabilität zu steigern und für ihre Aktionäre über Jahrzehnte hinweg hohe Erträge zu gewährleisten. Aus dem Blickwinkel Warren Buffetts und manchmal auch Michael Porters erkennen wir, wie sie das machen. Denken Sie noch einmal an den Buchwert eines Unternehmens – seine Produktionsanlagen, sein Nettoumlaufvermögen, seine Liquidität. American Express etwa hat einen Buchwert von $8,5 Milliarden und wirft $1,9 Milliarden Gewinn ab. Warum kommt nicht General Electric oder irgendeine große Bank daher, tätigt dieselben Investitionen und steckt den Gewinn in die eigene Tasche? Immerhin sprechen wir hier von einer Kapitalrendite von 22,4 Prozent – mehr als dreimal soviel, als wenn man sein Geld steuerfrei in Emissionen des US-Schatzamts investiert. Natürlich hat American Express bereits Konkurrenten, doch die können bei dieser Rendite nicht mithalten. Grund dafür ist, dass American Express Wertschöpfung in einer Weise erreicht, die für existierende und potenzielle Konkurrenten sehr schwer nachzuvollziehen ist. Wie hebelt man sich in eine derart starke Position? Bei der Suche nach Unternehmen, die ihre Gewinne im Laufe der Zeit maximieren werden, muss man die folgenden drei Wertfragen beantworten können.

DIE DREI WERTFRAGEN

1. Steigert das Unternehmen seinen Wert für seine Kunden?

Der Gewinn eines Unternehmens ist die Differenz zwischen den Kosten der Inputs, einschließlich Kapital, und den Preisen, die es für seine Produkte oder Dienstleistungen erzielt. Gewinne langfristig maximieren kann ein Unternehmen aller Wahrscheinlichkeit nach dann, wenn es auf Dauer billiger produziert oder teurer verkauft als tatsächliche oder potenzielle Konkurrenten. In der Praxis sind Kostenvorteile sehr schwer zu erreichen. Für jeden Laden, der seine Preise um 50 Prozent senkt, gibt es einen, der 60 Prozent nachlässt. Verlagert der eine die Produktion nach Mexiko, geht der andere nach Peru. Einigen wenigen Unternehmen ist es gelungen, langfristig kostentechnisch in Führung zu gehen, doch in den meisten Branchen gibt es keine dauerhaften Spitzenreiter bei den Kostenvorteilen. Ein verlässlicherer Weg zu wachsenden Gewinnen ist, etwas zu liefern, das der Kunde schätzt und nur schwer anderweitig beziehen kann. Dies sind unterschiedliche, aber verwandte Konzepte. An einem heißen Tag weiß der Verbraucher Eiskrem zu schätzen und ist möglicherweise bereit, einen Preis zu bezahlen, der weit mehr als kostendeckend ist. Doch die vorhandene Konkurrenz (viele Eiswagen und -dielen) und die Bedrohung durch potenzielle Konkurrenz (bei höheren Preisen würden noch mehr Menschen Eiskrem verkaufen) halten die Preise niedrig. In vielen Branchen gibt es attraktive Produkte, für die jedoch niemand mehr bezahlen würde. Sehen wir uns also an, was Porter über die Beziehung zwischen Produzent und Verbraucher und über die Abschreckung potenzieller Konkurrenten zu sagen hat.

Porter über die Kunden
Ein Unternehmen hat dann Macht über seine Kunden, wenn mindestens eine der folgenden Voraussetzungen gegeben ist:

- Bedrohung durch Ersatzprodukte gering
- Umsatz nicht von Einzelkunden abhängig
- Das Unternehmen deckt nur einen kleinen Anteil am Gesamtbedarf des Kunden.

DIE BUFFETT-METHODE

- Das Produkt hebt sich von Konkurrenzprodukten ab.
- Ein Lieferantenwechsel ist für den Kunden mit erheblichen Kosten verbunden.

Der Gewinn eines Unternehmens ist die Differenz zwischen den Kosten der Inputs, einschließlich Kapital, und den Preisen, die es für seine Produkte oder Dienstleistungen erzielt. Gewinne langfristig maximieren kann ein Unternehmen aller Wahrscheinlichkeit nach dann, wenn es auf Dauer billiger produziert oder teurer verkauft als tatsächliche oder potenzielle Konkurrenten.

Viele der aktuellen, großen Investitionen Buffetts erfüllen diese Kriterien. Gillette und Coca-Cola erzeugen Massenverbrauchsgüter, die per definitionem nur einen geringen Teil des Gesamtbedarfs ihrer Kunden decken. Im Großen und Ganzen sind (von Großhändlern einmal abgesehen) die Kunden klein und schließen sich nicht zusammen, um Sonderpreise auszuhandeln. Die Produkte unterscheiden sich hinreichend von der Konkurrenz (Pepsi) und Ersatzprodukten (Wasser/Orangensaft).

Porter über die Abschreckung potenzieller Konkurrenten
Ein Unternehmen verfügt also über ein Produkt, das die Kunden nachfragen und auch teurer bezahlen. Was hält nun Neueinsteiger davon ab, auf den Markt zu drängen und den Preis zu drücken?

- Sind in der entsprechenden Branche Größenvorteile im Spiel, kann es teuer – und daher riskant – werden, die Kostenstruktur eines etablierten Produzenten schlagen zu wollen.
- Es erfordert Zeit und Geld, einen Markennamen zu etablieren und Kunden an sich zu binden.
- Branchen, in denen viel Startkapital erforderlich ist, wie etwa bei der Massenproduktion von Autos, schrecken jeden ab, der dieses Kapital aufbringen und einen Risikozuschlag einkalkulieren muss.
- Die Umstellung auf einen neuen Lieferanten kann Kosten verursachen: tatsächliche Kosten (etwa für die Anschaffung neuer Gefriertruhen für eine neue Eiskremmarke im Einzelhandel) oder psychologische Probleme (etwa dabei, Verbraucher zu überzeugen, eine neue Eiskrem auszuprobieren, wenn sie mit ihrer bisherigen Marke zufrieden sind).

- Bestehende Vertriebswege können so eng mit dem vorhandenen Produkt verwoben sein, dass erst neue erschlossen werden müssen.
- An Erfahrung, Patente oder exklusive Lieferverträge ist schwer heranzukommen.
- Möglicherweise wird der Zugang zu einem Markt (wie bei vielen Radio- und Fernsehsendern) staatlich reguliert oder lizenziert.

Daraus könnte man schließen, dass ein Unternehmen idealerweise eine Monopolstellung anstreben müsste wie etwa Versorgungsunternehmen oder Brücken, doch in der Praxis unterliegen solche Unternehmen meist strengen staatlichen Bestimmungen, dürfen gar keinen Gewinn machen oder sind in ihrer Preispolitik stark eingeschränkt.

Branchenumfeld
Es ist möglich, in einem rückläufigen Industriezweig Gewinn zu machen. So hat etwa die Tabakindustrie trotz sinkender Nachfrage über Jahre ihre Gewinne gesteigert. (Hier ist die Markentreue/Abhängigkeit ein so starker Faktor, dass zum Ausgleich die Preise entsprechend erhöht werden konnten.) Viel einfacher ist es jedoch, in einer Wachstumsbranche Gewinne zu maximieren. Fisher unterscheidet hier zwischen glücklichem und fähigem Management und einem Management, das glücklich ist, weil es fähig ist. Im ersten Fall ist das Management glücklich, weil die Branche sich vielversprechend entwickelt, die Konkurrenz gering und der Marktzugang wirkungsvoll beschränkt ist. Im letzteren Fall muss das Management aus eigener Kraft Erfolg haben. Das Thema Management bringt uns zur zweiten Wertfrage.

2. Steigert das Management den Unternehmenswert?

In Wirklichkeit sind es zwei Fragen, die man sich zum Management eines Unternehmens stellen sollte, in das man investieren will: Ist es fähig und ist es ehrlich?
Kompetenz ist natürlich ein Schlüsselfaktor für jedes Geschäft. In diesem Fall gilt es, Belege dafür zu finden, dass das Unternehmen stetige, langfristige Vorteile vor seinen Konkurrenten verbuchen konnte, die vom gegenwärtigen Management ausgebaut wurden. Die Faktoren, die ein Unternehmen gewinntechnisch von einem anderen unterscheiden – eben die, die wir gerade angesprochen haben –, sollten vorhanden und fest ver-

ankert sein. Auch die Kosten sind hier zu berücksichtigen. Bemüht sich das Management um maximale Kostenvorteile oder deren Erhaltung? Führungskräfte, die die Kosten wuchern lassen und dann in regelmäßigen Abständen Rationalisierungsprogramme mit den damit verbundenen „Sonderkosten" durchführen, sind selten so fähig wie Manager, die routinemäßig Mechanismen zur optimalen Kostensenkung einbauen. Dann kann man noch einen Blick werfen auf Marktanteile, Umsatzentwicklung, Produktentwicklung, relative Gewinnspannen, Kapitalumschlag und Eigenkapitalrentabilität des Unternehmens und seiner Konkurrenten. Wie haben sich diese Indikatoren im Laufe der Zeit und seit Übernahme durch das gegenwärtige Top-Management entwickelt? Eine der wichtigsten Aufgaben der Führungsetage ist für Buffett der richtige Einsatz des Kapitals (warum, werden wir noch sehen), was bei der Beurteilung eine entsprechende Rolle spielt.

> *Bemüht sich das Management um maximale Kostenvorteile oder deren Erhaltung? Führungskräfte, die die Kosten wuchern lassen und dann in regelmäßigen Abständen Rationalisierungsprogramme mit den damit verbundenen „Sonderkosten" durchführen, sind selten so fähig wie Manager, die routinemäßig Mechanismen zur maximalen Kostensenkung einbauen.*

Ebenso hoch ist jedoch die Integrität zu bewerten. Schließlich sind Sie Anleger und kein Manager – oder Buchhalter oder Privatdetektiv (was uns nicht von einem gesunden Maß an Skepsis entbindet). Die Manager eines Unternehmens sind in gewissem Sinne Ihre Partner. Sie stellen Kapital zur Verfügung, von dem das Management lebt und für das Sie im Gegenzug mit einem annehmbaren Ertrag rechnen dürfen. Verschiebt sich das Gleichgewicht hier zu sehr zu Gunsten des Managements, ist das ungesund – egal, ob Betrug oder überhöhte Bezüge der Grund dafür sind. Ebenso haben Sie Anspruch auf vollständige, rückhaltlose Informationen zu auftauchenden Problemen, deren vermutlichen Folgen und den geplanten Gegenmaßnahmen. Die Jahresberichte von Vorständen sind nur allzu oft optimistisch für die Zukunft und uneinsichtig, was Fehler in der wenig rühmlichen Vergangenheit anbelangt. Wird jemand, der seinen Investoren Probleme nicht offen eingestehen kann, die Kompetenz und die Courage haben, diese Probleme zu lösen? Eine empfehlenswerte Frage, die man sich in diesem Zusammenhang stellen sollte, ist: Würden Sie diesen Menschen Ihr Geld unter anderen Umständen anvertrauen – würden Sie sich von ihnen in finanziellen Dingen beraten lassen oder ihnen als Freund ein kleines betriebliches Darlehen gewähren?

3. Steigert das Unternehmen seinen Wert für seine Aktionäre?

Wie vielversprechend die Branche, wie exzellent das Management auch sein mag, der Härtetest für einen Investor ist sein Ertrag, der sich im Allgemeinen aus ausgeschütteten Dividenden und Kapitalzuwachs zusammensetzt. Wir wollen ein Modell schaffen, mit dem wir den inneren Wert beurteilen können, unabhängig vom aktuellen Börsenkurs, seiner Entwicklung in der Vergangenheit oder seiner Volatilität. Zur Beurteilung der unternehmerischen Kompetenz ziehen wir daher nicht die Entwicklung der Kurse heran, sondern das zu Grunde liegende Geschäftsergebnis. Ist der Gewinn auch unter Berücksichtigung der Inflation nennenswert gestiegen? Ist dieser Zuwachs dem Umstand zu verdanken, dass einfach Kapital zurückgehalten wurde?

> *Wir wollen ein Modell schaffen, mit dem wir den inneren Wert beurteilen können, unabhängig vom aktuellen Börsenkurs, seiner Entwicklung in der Vergangenheit oder seiner Volatilität. Zur Beurteilung der unternehmerischen Kompetenz ziehen wir daher nicht die Entwicklung der Kurse heran, sondern das zu Grunde liegende Geschäftsergebnis.*

V

– INFORMATIONSQUELLEN –

BEOBACHTUNG

Wie findet man nun das perfekte Unternehmen mit gutem Management in einer Wachstumsbranche bei wenig Konkurrenz? An jeder größeren Börse notieren tausende von Wertpapieren. Dies ist eine Chance – schließlich zwingt Sie ja niemand, Ihr Geld zu investieren, und selbst wenn Sie nur ein paar geeignete Unternehmen finden, so reicht das schon, um ein Portfolio zusammenzustellen, das Sie für den Rest Ihres Lebens halten können. Hinweise finden Sie überall. Graham sagte einmal, dass unternehmerisches Denken Voraussetzung ist für kluge Investitionsentscheidungen. Sie müssen sich mit den betriebswirtschaftlichen Grundlagen vertraut machen, mit Prinzipien wie der Wertschöpfung, die im Vorkapitel diskutiert wurden. Sie müssen über Grundkenntnisse in Buchführung und Steuerfragen verfügen und Fachbegriffe verstehen. Ebenso wichtig sind jedoch gesunder Menschenverstand und Beobachtungsgabe. Wird das Produkt gekauft? Warum? Warum gerade dieses Produkt und kein anderes? Könnte eine andere Firma dasselbe auf den Markt bringen? Besser? Billiger? Bringt Ihre Investition in dieses Unternehmen einen vernünftigen – besser noch, guten – Ertrag?
Ich will Ihnen ein Beispiel geben. Während der Vorarbeiten zu diesem Buch habe ich verschiedene Länder bereist. Buffetts diesbezügliches Engagement im Hinterkopf, fiel mir auf, wie allgegenwärtig doch Coca-Cola ist. Es wird quasi an jeder Straßenecke bis in den letzten Winkel der Welt verkauft. Viel später wurde mir klar, dass es noch ein anderes Produkt von ähnlicher Verbreitung gibt – Kaugummi. Die meisten Kaugummimarken gehören ein und demselben Unternehmen, William Wrigley, und dieses Unternehmen hat die Marktführerstellung offensichtlich abonniert. Beschaffen Sie sich Unterlagen über die Firma und Sie werden feststellen, dass sie viele der in diesem Buch angesprochenen Tests besteht. Warum also ist Berkshire Hathaway nicht Wrigley-Aktionär? Meiner Ansicht nach liegt das am Kurs der Aktie – er ist so hoch, dass kein Spielraum bleibt für eine Sicherheitsmarge.

ÖFFENTLICH ZUGÄNGLICHE INFORMATIONEN

Hat man ein Unternehmen ins Auge gefasst, gibt es mehrere Möglichkeiten zu prüfen, ob das Interesse berechtigt ist. An erster Stelle ist hier der Jahresbericht zu nennen, möglichst die Ausgaben für mehrere Jahre. Die meisten Unternehmen versenden ihre Jahresberichte auf Anfrage oder veröffentlichen sie im Internet. Worauf sollten Sie beim Lesen achten? Suchen Sie nach Anzeichen für Kompetenz und Integrität. Wie ist das Unternehmen mit Rückschlägen fertig geworden? Wird im Groß- und Kleingedruckten deutlich, wie das Unternehmen sein Geld verdient? Welche Länder oder Produkte sind besonders wachstumsintensiv? Werden Neuinvestitionen dorthin geleitet? Schauen Sie sich dann die Zahlen an. Welche grundlegenden Informationen erhalten Sie über Wachstum, Rentabilität und Investitionen? Vermutlich existieren auch Prospekte, die das Unternehmen ebenfalls gratis verschickt. Daraus erfahren Sie mehr über die Produktpalette und mögliche Kunden. Research von Maklerhäusern ist generell mit Vorsicht zu genießen: die Nachforschungen sind oft oberflächlich, die Prognosen sehr kurzfristig. Top-Analysten liefern meist nur Informationen über bedeutende Investment-Institutionen und selbst dann beschränken sie sich üblicherweise auf die Prognose weniger wichtiger Zahlen für die nächsten paar Jahre.

Man kann ohne Übertreibung sagen, dass zum erfolgreichen Investieren lediglich Folgendes notwendig ist: Jahresberichte, eine seriöse Zeitung wie die *Financial Times* oder das *Wall Street Journal,* und Geduld.

SCHLÜSSELFAKTOREN FÜR DEN WERT

Unternehmen handeln nicht mit Geld. Sie verkaufen Waren und Dienstleistungen an Kunden. Welche Anzeichen gibt es dafür, dass ein bestimmtes Unternehmen besser als andere seiner Branche ist? Da gibt es konventionelle Kennzahlen wie Bruttospannen und Umsatzrendite, die jedoch häufig irreführend sein können auf Grund von Unterschieden in der Buchführung oder bei den Kapitalkosten. Oft ist es besser, eigene Richtlinien für die Schlüsselfaktoren einer Branche zu entwickeln. Nehmen wir an, Sie liebäugeln mit einer Investition in ein Einzelhandelsunternehmen der Konfektionsbranche. Natürlich interessieren Sie sich für Bruttospannen und Umsatzrendite, doch auch für den Umsatz pro Quadratmeter Verkaufsfläche, für den Lagerumschlag, für die Modalitäten der Fremdkapitalpositionen, für den Wachstumsanteil, der von bestehenden Filialen im Verhältnis zu neuen Niederlassungen generiert wird, und dergleichen mehr. Diese Zahlen möchten Sie vermutlich für einen längeren Zeitraum verfolgen und mit den Ergebnissen der Konkurrenz vergleichen. Dann sollten Sie die Zahlen mit Distanz betrachten: Was sagen sie Ihnen? Stimmt das mit Ihren Beobachtungen überein? Wirken die Filialen des Unternehmens gut geführt? Ist dort mehr los als bei der Konkurrenz? Ist die Lage der Geschäfte strategisch günstig (Hauptstraße, Nebenstraße, Stadtrand)? Welche Bedrohungen gibt es? Könnten Konkurrenten die charakteristischen Merkmale des fraglichen Unternehmens leicht kopieren? Gibt es Wachstumshemmnisse? Besteht direkte Konkurrenz durch Direktwerbung per Post/Kataloge/Online-Anbieter?

Analysen von Maklerhäusern sind generell mit Vorsicht zu genießen: die Nachforschungen sind oft oberflächlich, die Prognosen sehr kurzfristig.

Buffetts Schlüsselfaktoren – zwei Beispiele

Einzelhandel

Zwar hat Buffett auch in diesen Sektor investiert, doch der Einzelhandel zählt an sich nicht zu seinen Favoriten. Die größten Anteile hält er an der hundertprozentigen Tochter Nebraska Furniture Mart (NFM) und an See's Candies. Sein Haupteinwand gegen diese Branche besteht darin, dass es für Konkurrenten verhältnismäßig einfach ist, den Marktführer zu kopieren. Lieferanten sind normalerweise nicht an einen Vertriebskanal gebunden, einzigartige Lage hat Seltenheitswert und Neuerungen beim Kundendienst können nachgeahmt werden.

Wie in anderen Branchen, bei denen Produktdifferenzierung für Buffett nebensächlich ist, hat er auch hier nach Möglichkeit in denjenigen Wettbewerber investiert, der am kostengünstigsten arbeitet. NFM verkauft bei seinen Hauptproduktlinien pro Quadratmeter mehr als jeder andere Konkurrent am amerikanischen Markt. Das Geheimnis? Niedrige Preise. Zwar ist die Umsatzrendite geringer als bei der Konkurrenz, doch der Lagerumschlag ist höher. Geringe Investitionen in Fracht- und Lagerraum plus hohe Umsätze ergeben eine hohe Investitionsrentabilität. Munger ist einer der Direktoren einer ähnlichen, börsennotierten Firma, Costco.

Da gibt es konventionelle Kennzahlen wie Bruttospannen und Umsatzrendite, die jedoch häufig irreführend sein können auf Grund von Unterschieden in der Buchführung oder bei den Kapitalkosten. Oft ist es besser, eigene Richtlinien für die Schlüsselfaktoren einer Branche zu entwickeln.

Bei See's liegt die Sache ein wenig anders. Hier machen die Qualität der Produkte sowie der ausgezeichnete Service den Unterschied. (Ich war neulich in einer See's-Filiale und litt gerade an einer Erkältung. Man kümmerte sich rührend um mich und versorgte mich mit Gratisproben.) Das sind immaterielle Werte, die jedoch wesentlich stärker ins Gewicht fallen als geografische Lage oder Personalkosten. Dennoch hat Buffett einen Maßstab entwickelt, der auf dem Umsatz pro Quadratmeter Verkaufsfläche beruht, um exakt den Erfolg von See's zu quantifizieren. See's erreicht nicht nur eine Steigerung der jährlichen Verkaufsmenge pro Filiale, sondern kann regelmäßig Preiserhöhungen durchsetzen – sowohl effektiv als auch in Relation zur Konkurrenz. Angesichts der eingesetzten Rohstoffe wie Zucker machen sich diese Umsatz- und Preissteigerungen meist direkt beim Gewinn bemerkbar. Buffett setzt wirkungsvoll konventionelle quantitative Maßstäbe wie Umsatz pro Quadratmeter Verkaufsfläche ein, um qualitative Vorteile wie im Falle von See's oder Kostenvorteile wie bei NFM festzustellen.

Banken
Erstaunlicherweise wirft Buffett zuweilen Banken mit dem Einzelhandel in einen Topf – haben sie doch meistens Filialen, in denen Waren in Konkurrenz mit anderen Anbietern verkauft werden. Im Laufe der Jahre hat er ein paar kleinere und eine große Beteiligung in dieser Branche erworben, Wells Fargo nämlich. Diese Investition finden Sie in der Fallstudie (siehe Kapitel 18) detailliert erläutert.
Auf konventionelle Weise sind Banken aber nicht so leicht zu analysieren. Die meisten Filialbanken verdienen ihr Geld mit Geschäften, wie Banken sie seit Jahrhunderten tätigen – sie nehmen Einlagen von Kunden entgegen und vergeben Kredite. Doch nicht jede Einlage ist gleich. Geld zu hohen Zinssätzen zu verleihen ist lange nicht so rentabel wie die Verwal-

tung von Einlagen, für die nur minimale Zinsen gezahlt werden. Doch wie steht es mit den immensen Kosten, die durch das Dienstleistungsangebot an tausende von Kleinanlegern in hunderten von teuren Standorten entstehen? Die Rentabilität von Krediten ist noch schwieriger zu schätzen, da man nicht weiß, ob ein Einzelkredit schon länger Ertrag gebracht hat. Wird ein Kredit nicht zurückgezahlt, führt das zu Ausfällen. Wird er zurückgezahlt, verliert man eine Einnahmequelle.

Nach dem bekannten Schema hat Buffett – da die meisten Banken sich ähneln – in solche investiert, die nachweislich bereits seit längerer Zeit Kostenvorteile aufweisen.

Sein wichtigster Schlüsselfaktor ist und bleibt aber die Gesamtkapitalrentabilität (der Nettogewinn geteilt durch das durchschnittliche Gesamtkapital). Dieser Wert soll deutlich über 1 Prozent liegen. (Betrachten Sie einmal die längerfristige Kapitalentwicklung bei Ihrer Hausbank – deren Kapitalrentabilität im Normalfall 1 Prozent nicht übersteigen dürfte.)

ANDERE INSIDERTRICKS

Sie müssen sich angewöhnen, wettbewerbsorientiert zu denken: Wer sind die Konkurrenten, was sind ihre Motive, wer könnte noch auf den Plan gelockt werden? Studieren Sie die Berichte und Prospekte der Konkurrenz und, wenn es geht, auch deren Produkte. Nur keine Skrupel! Als Buffetts Interesse an Disney-Anteilen erwachte, ging er ins Kino und sah sich Disney-Filme an. Erst spät fiel ihm auf, dass ein Mann im Anzug in einem Kino voller Kinder etwas fehl am Platz wirkte. Und als American Express in den 60er Jahren vom Skandal geschüttelt wurde, stellte er sich in Restaurants und Supermärkten an die Kasse und beobachtete, ob die Kunden die Karten und Reiseschecks nach wie vor benutzten.

Diese Art bodenständige Wettbewerbsanalyse lässt sich noch weiter treiben. Philip Fisher etwa war stets auf der Suche nach Insiderinformationen. Dazu fühlte er schonungslos den Managern des potenziellen Anlageobjektes, seinen Konkurrenten, Kunden und Lieferanten auf den Zahn und verschaffte sich so einen klaren Eindruck von den jeweiligen Stärken. Was für ihn wichtig war, fasste er in 15 Fragen zusammen, die Sie in seinem Buch *Common Stocks and Uncommon Profits* (deutsch im TM Börsenverlag unter dem Titel „Die Profi-Investment-Strategie".) finden. Dabei geht es meist um die Fähigkeit eines Unternehmens, seine Umsätze kontinuierlich zu steigern und zum Teil auch um die Offenheit und Integrität der Geschäftsführung.

Auch Buffett prüft seine Investitionen auf Herz und Nieren. Er tut das aber meist vom Schreibtisch aus, indem er Jahresberichte liest und sich dazu seine Gedanken macht.

Als Buffetts Interesse an Disney-Anteilen erwachte, ging er ins Kino und sah sich Disney-Filme an. Erst spät fiel ihm auf, dass ein Mann im Anzug in einem Kino voller Kinder etwas fehl am Platz wirkte.

VI

– Verlassen Sie sich auf Ihr Wissen und auf Ihr Gefühl –

ERKENNEN SIE IHRE GRENZEN...

Niemand zwingt Sie dazu, Ihr Geld zu investieren. Ein heißer Tipp beruht meist nur auf der Intuition eines anderen. Sie sollten ruhig lesen, wie berühmte langfristig orientierte Investoren wie Buffett oder Peter Lynch vorgehen. Wenn Sie sie kopieren, werden Sie möglicherweise gutes Geld damit verdienen, doch Sie werden nie genau wissen, wann sie kaufen oder verkaufen, denn Sie erhalten Ihre Informationen mit Verspätung. Und Sie werden dabei nichts lernen (und auch keinen Spaß haben). Entwickeln Sie also lieber einen eigenen Ansatz. Um vernünftig zu investieren, müssen Sie sich nach dem richten, was Sie wissen – und nicht Ihr Broker oder gar Warren Buffett. Doch bevor Sie noch darüber nachdenken, was Sie wissen, muss Ihnen klar sein, was Sie nicht wissen. Fisher hatte Ahnung von der Halbleiter- und der chemischen Industrie. Buffett nicht. Er investiert noch nicht einmal in Pharmaziewerte, bei denen leicht nachzuvollziehen ist, warum ein Produkt sich gut verkauft, doch für den Laien schwer zu beurteilen, wo der langfristige Wettbewerbsvorteil liegt. Doch vielleicht sind Sie ja kein Laie. Bedenken Sie jedoch stets, dass es schnelllebige Branchen gibt, für die man nur schwer Prognosen stellen kann. So hat Microsoft ein Vermögen verdient, indem es den Markt für PC-Betriebssysteme und -anwendungen beherrschte, doch vor 20 Jahren gab es noch gar keine PCs. Ob es sie in 20 Jahren noch geben wird? Diese Frage kann im Grunde niemand beantworten. Wer Microsoft-Aktien kauft, geht davon aus, dass das Unternehmen auch in den kommenden 20 Jahren weiterhin genauso viel Gewinn oder mehr erwirtschaften wird. Das ist eher Spekulation als Geldanlage. Dagegen ist offensichtlich, dass Disney oder Gillette noch lange im Geschäft bleiben wird – vermutlich sogar als Marktführer.

...UND NUTZEN SIE IHRE STÄRKEN

Von Peter Lynch bis zu den Beardstown Ladies haben schon viele darüber geschrieben, dass Investitionsobjekte vor der eigenen Haustür zu finden sind. Das soll nicht heißen, Sie sollten Ihr Geld in ein Restaurant stecken, weil dort mehr los ist als ein paar Türen weiter, oder in ein Waschpulver, weil es weißer wäscht als ein anderes, doch es ist immerhin ein Anhaltspunkt. Ich bin schon einmal auf eine lohnende Anlage gestoßen, als ich aus dem Fenster schaute. Dabei fiel mir auf, dass ein Paketdienst täglich das gegenüberliegende Gebäude belieferte. Ich fing an, über Paketdienste, die zukünftige Nachfrage danach und die wirtschaftlichen Rahmenbedingungen der Branche nachzugrübeln. Den Romantikern unter Ihnen wird gefallen, dass ich letztendlich in die Firma investierte, zu der der bewusste Lieferwagen gehörte. (Ich habe allerdings sechs Monate gebraucht, um mich zu dieser Investition durchzuringen.)

Wie bereits an anderer Stelle erwähnt, waren Buffetts beste Anlageobjekte Unternehmen, deren Produkte ihm seit seiner Kindheit vertraut waren – Coca-Cola als Konsument, die *Washington Post* als Zeitungsjunge. Schon damals war er von diesen Produkten überzeugt. Als er Jahrzehnte später die Bilanzen studierte, stellte er fest, dass auch die dahinter stehenden Unternehmen erstklassig waren. Dann hat er nur noch gewartet, bis der Preis stimmte.

> *Mir ist aufgefallen, dass ein Paketdienst täglich das gegenüberliegende Gebäude belieferte. Ich fing an, über Paketdienste, die zukünftige Nachfrage danach und die wirtschaftlichen Rahmenbedingungen der Branche nachzugrübeln. Den Romantikern unter Ihnen wird gefallen, dass ich letztendlich in die Firma investierte, zu der der bewusste Lieferwagen gehörte. (Ich habe allerdings sechs Monate gebraucht, um mich zu dieser Investition durchzuringen.)*

Die Schlüsselfrage zum Verständnis

Wo wird das Unternehmen in zehn Jahren stehen?
Um diese Frage zu beantworten, müssen nicht die Cashflows der nächsten zehn Jahre auf dem Tisch liegen. Es genügt, wenn Sie der Überzeugung sind, dass der Gewinn deutlich höher sein wird. Voraussetzung dafür sind Vorsprung vor der tatsächlichen und potenziellen Konkurrenz, Umsatzsteigerung und Kostenkontrolle. Wenn Sie diese Frage nicht beantworten können, sollten Sie nicht investieren.

VERLASSEN SIE SICH AUF IHR GEFÜHL

Meistern Sie die Zahlen, verstehen Sie das Produkt, seine Absatzmärkte und die Konkurrenz. Lehnen Sie sich dann zurück und beantworten Sie sich ehrlich die folgenden Fragen: Wie viel verstehen Sie wirklich von diesem Geschäft? Wissen Sie, warum das Produkt gekauft wird? Wie sieht der Markt aus? Grob gesagt, wer hält welche Marktanteile? Was für neue Produkte oder Verbesserungen des aktuellen Angebots wird es in einem Jahr geben? Und in fünf Jahren? Was würden Sie tun, um Umsatz oder Gewinnspanne zu steigern? Diese Fragen sollten Sie überzeugend beantworten können. Außerdem sollten Sie daran glauben, dass das Management des Unternehmens, in das Sie Ihr Geld stecken wollen, ebenso weit voraus gedacht hat.
Durch den Erwerb von Unternehmensanteilen werden Sie zum Partner des Managements und zum Bestandteil gewachsener wirtschaftlicher Beziehungen. Hier kommen zwei emotionale Fragen ins Spiel.

1. Sind Sie von den Produkten und Märkten überzeugt?

Die Frage, ob Sie wirklich am Umsatz bestimmter Produkte verdienen wollen, hat meiner Ansicht nach durchaus ihre Berechtigung. Waffen und Tabak können tödliche Folgen haben, Alkohol und Hamburger haben unerwünschte Nebenwirkungen. Als Investor haben Sie mit dem Tagesgeschäft nichts zu tun, doch indem Sie vom Umsatz profitieren, tragen Sie eine moralische Verantwortung. Selbst Disney ist in die Kritik geraten, weil angeblich Gewalt verherrlicht und den Rechten von Homosexuellen sowie der Ausbeutung von Arbeitnehmern Vorschub geleistet wird. Man wird Sie über viele Jahre, vielleicht sogar Jahrzehnte, mit Ihren Investitionen in Verbindung bringen. Sind Sie überzeugt, dass Sie damit leben können, woran Sie da verdienen? Vielleicht sollte ich noch anmerken, dass Buffett in all die angesprochenen Sparten investiert hat, bis auf – Tabak, von geringfügigen Ausnahmen abgesehen.

> *Man wird Sie über viele Jahre, vielleicht sogar Jahrzehnte, mit Ihren Investitionen in Verbindung bringen. Sind Sie überzeugt, dass Sie damit leben können, woran Sie da verdienen?*

2. Sind Sie vom Management überzeugt?

Über die Kompetenz und den Weitblick des Managements haben wir bereits gesprochen. Doch wie sieht es mit der Integrität aus? Geht die Unternehmensspitze offen mit Problemen und Fehlern um? Sichert sie ihre Nachfolge oder werden potenzielle Rivalen ausmanövriert?
Ähnlich gelagert ist die Frage, ob jüngere Mitarbeiter gefördert werden, die vielleicht die schwierige Aufgabe übernehmen, neue Produkte zu entwickeln und zu verkaufen. Wie steht es mit den Bezügen? Wird der Gewinn fair zwischen Belegschaft, Management und Aktionären aufgeteilt? Buffett ist kein Befürworter von Belegschaftsaktienprogrammen. Damit wird kurzfristige Planung gefördert, und der Wert je Aktie kann leicht dadurch maximiert werden, dass keine oder nur geringe Dividenden ausgeschüttet werden.

Die Schlüsselfrage zur Integrität

Würden Sie diesem Management guten Gewissens für zehn Jahre Ihr Geld anvertrauen?
Sie geben Ihr Geld aus der Hand. Andere werden darüber bestimmen. Fühlen Sie sich wohl bei diesem Gedanken? Trauen Sie gerade diesen Leuten zu, Ihr Geld gut zu verwalten? Stellen Sie sich vor, Sie seien der einzige Aktionär und müssten für zehn Jahre auf eine einsame Insel. Werden diese Menschen das Unternehmen so führen, dass Sie genauso davon profitieren wie das Management selbst?

VII

– Der Firmenwert –

Wenn der innere Wert eines bestimmten Unternehmens das Reinvermögen nach testierter Bilanz übersteigt, so müssen da noch andere Werte sein, die den Buchprüfern entgangen sind. Die Differenz zwischen dem inneren Wert und dem Buchwert nennt man auch „Goodwill" – Firmenwert. Das ist ein häufig verwendeter Begriff, dem man in verschiedensten Zusammenhängen begegnet. Alternativ wird meist der Unterschied zwischen dem Kaufpreis für ein Unternehmen und seinem Buchwert herangezogen. Für ersteres – und darum geht es in diesem Kapitel – verwenden wir den Begriff *originärer Firmenwert,* für letzteres *derivativer Firmenwert.*

Jedes Unternehmen braucht materielle Vermögenswerte, die sich in den Büchern wiederfinden. Die Faktoren jedoch, die unseren bisherigen Darstellungen nach zu ungewöhnlich hoher Rentabilität führen – dynamisches Management, außergewöhnliche Beziehungen zu Kunden oder Lieferanten, Freiheit in der Preisgestaltung – tauchen in den Büchern nicht auf. Sozusagen als Quintessenz der Erkenntnisse Buffetts, Fishers und Porters kommen wir zu dem Schluss, dass der originäre Unternehmenswert sich vor allem dort positiv entwickelt, wo gutes Management und ein günstiges Branchenumfeld zusammenkommen. Zu einem günstigen Umfeld zählen etwa steigende Nachfrage oder andere förderliche Bedingungen (Buffett nennt das „Rückenwind") und Einschränkungen beim Wettbewerb, die sich aus Hindernissen beim Marktzugang, einer starken, etablierten Marktposition und dauerhaften Kostenvorteilen ergeben können. Welche rein finanzwirtschaftlichen Anhaltspunkte gibt es – neben den in den Vorkapiteln angesprochenen Schlüsselfaktoren zu Wertschöpfung und Hintergrund – für das Vorhandensein von originärem Firmenwert?

Die Differenz zwischen dem inneren Wert und dem Buchwert nennt man auch „Goodwill" – Firmenwert.

FREMDMITTEL – KAPITALQUELLEN

Um Geschäfte zu machen, braucht ein Unternehmen Betriebsgebäude und Vorräte. Das Geld dafür kann es sich aus verschiedenen Quellen beschaffen, in erster Linie von Aktionären, Kreditgebern und Lieferanten.

TEIL III WIE MAN INVESTIERT

Wenige glückliche Firmen werden von ihren Kunden finanziert – Zeitschriften etwa durch ihre Abonnenten. Im vergangenen Jahrhundert waren lange Zeit diejenigen Unternehmen an der Börse besonders gefragt, die im Vergleich zum Ertrag über besonders hohe Vermögenswerte verfügten – insbesondere Eisenbahngesellschaften, Banken, Automobilhersteller, Unternehmen der Stahlindustrie und Textilfabriken. Quasi als Kehrseite der Graham-Medaille galten Firmen, die über große Vermögenswerte verfügten, als solide. Der Aktienkurs wurde sozusagen materiell gestützt. Buffetts Dachgesellschaft Berkshire Hathaway hatte ebenfalls als solches Unternehmen angefangen – mit großen materiellen Werten wie Fabrikgebäuden und Betriebsanlagen, doch wenig Ertrag oder Verlust.

Was passiert nun, wenn so ein Unternehmen expandieren will? Konstruieren wir einmal ein Fallbeispiel:

Heavy Holdings

Bilanz			
Barmittel	0	Verbindlichkeit	0
Vorräte	5	Verbindlichkeiten aus Lieferungen u. Leistungen	12
Forderungen aus Lieferungen u. Leistungen	7		
Anlagen u. Maschinen	100	Eigenkapital	100
Aktiva	112	Passiva	112
Gewinn und Verlust			
Umsatzerlös	70		
Ergebnis nach Steuern	5		

Heavy Holdings hält sich wacker und kann in zehn Jahren seinen Ertrag verdoppeln, was eine wenig imposante Steigerungsrate von 7 Prozent per annum ergibt. Es spricht jedoch vieles dafür, dass sich selbst bei dieser bescheidenen Steigerungsrate auch der Umsatz verdoppelt haben wird. Die Verdoppelung des Umsatzes wiederum wird vermutlich die Verdoppelung des Nennwerts der Aktien, der Forderungen aus Lieferungen und Leistungen sowie des Anlagevermögens mit sich gebracht haben.

DIE BUFFETT-METHODE

Zu Beginn des Jahrzehnts betrugen die betrieblichen Vermögenswerte (Vorräte, Forderungen aus Lieferungen u. Leistungen, Anlagevermögen abzüglich der für die Geschäftstätigkeit erforderlichen Lieferantenkredite) 100 (5 + 7 + 100 – 12). Am Ende des Jahrzehnts stehen dem betriebliche Vermögenswerte von 200 gegenüber (sagen wir, Vorräte 10, Forderungen aus Lieferungen und Leistungen 14, Anlagevermögen 200 und Lieferantenkredite 24). Selbst wenn auf die Ausschüttung von Dividenden verzichtet worden wäre, betrügen die über zehn Jahre hinweg einbehaltenen Gewinne kaum 75. Die betrieblichen Vermögensgegenstände haben dagegen um 100 zugenommen. Um zu überleben, muss unser Unternehmen 25 aufnehmen oder Neuemissionen im Wert von 25 tätigen. Das ist der Anfang vom Ende, denn es ist absehbar, wann die Kreditlinie ausgeschöpft bzw. das ursprüngliche Eigenkapital bis zur Wertlosigkeit verwässert sein wird. Dass Heavy Wert vernichtet, lässt sich auch auf andere Weise zeigen. Gehen wir einmal davon aus, Sie glaubten, der Wert aller Unternehmen ließe sich gleichermaßen errechnen aus Ertrag mal, sagen wir, zehn. Folglich würden Sie den Ausgangswert für Heavy – Gewinn mal zehn – mit 50, den Wert zum Ende des Betrachtungszeitraums mit 100 ansetzen. Der Wert des Unternehmens hat sich damit um 50 gesteigert, doch Sie als Aktionär mussten 100 neu investieren. Also hat das Unternehmen für je 2 Einheiten Ihres Geldes, die es einbehalten hat, nur 1 Einheit an Wert geschaffen.
Man könnte Heavy als Beispiel für ein Unternehmen von *originärem Unwert* bezeichnen. Der Liquidationswert übersteigt den Unternehmenswert, der innere Wert ist also geringer als der in der Bilanz ausgewiesene Buchwert. Natürlich *könnte* sich ein Käufer bereit finden, den Buchwert zu zahlen, natürlich *könnte* das Unternehmen unrentable Teilbereiche abstoßen, doch in der Praxis ist das selten.

Light Holdings

Bilanz

Barmittel	0	Verbindlichkeiten	0
Vorräte	5	Verbindlichkeiten aus Lieferungen u. Leistungen	12
Forderungen aus Lieferungen u. Leistungen	7		
Anlagen u. Maschinen	20	Eigenkapital	20
Aktiva	32	Passiva	32

Gewinn und Verlust

Umsatzerlös	70
Ergebnis nach Steuern	5

Light hat dieselben Handelsspannen wie Heavy, kommt jedoch mit deutlich weniger Vermögenswerten aus. Wenn wir vom gleichen Betrachtungszeitraum und der gleichen Wachstumsrate wie bei Heavy ausgehen, werden sich auch hier Umsatz und Gewinn verdoppeln. Vermutlich werden auch die betrieblichen Vermögensgegenstände aufs Doppelte gewachsen sein. Ursprünglich lag ihr Wert bei 20, am Ende sind es 40, also wurden netto 20 reinvestiert. Der in diesem Zeitraum generierte Gewinn übersteigt 75, und nur 20 davon müssen einbehalten werden. Daher finden sich Barmittel in Höhe von 55 (zuzüglich aufgelaufener Zinsen für diese 55) in der Bilanz oder wurden in Form von Dividenden ausgeschüttet. Wenn wir auch hier davon ausgehen, dass der Unternehmenswert zu Anfang 50 betrug und am Ende 100 plus die Barmittel von 55, so wurde mit einer Investition von 20 ein Wert von 105 geschaffen, also rund 5 Geldeinheiten für jede einbehaltene.

GEWINN IST NICHT GLEICH GEWINN

Woran lag es nun genau, dass Heavy bei der Wertschöpfung so katastrophal versagt hat? Zum einen ist dem Unternehmen das Geld ausgegangen. Es konnte nicht mehr genug Mittel bereitstellen, und das trotz des geringen Wachstums. Ein durchschnittliches Unternehmen ist nicht in so desolatem Zustand wie Heavy, doch bei den beneidenswerten betriebswirtschaftlichen Erfolgen von Light kann es auf Dauer auch nicht mithalten. Tatsache ist, dass viele Unternehmen auch geringfügige Wachstumsraten nur erzielen können, wenn ein Großteil der Gewinne einbehalten wird. Wie unsere beiden Beispiele zeigen, ist die Frage gar nicht, ob Gewinne einbehalten werden, denn das ist bei fast allen expandierenden Unternehmen der Fall, sondern wie gut sie reinvestiert werden. Heavy musste jeden Pfennig Gewinn und noch mehr reinvestieren und hat dabei noch an Wert verloren. Light dagegen musste einen Teil seiner Gewinne reinvestieren, konnte jedoch sowohl durch die Investition Wert schöpfen als auch liquide Mittel generieren.

Fast alle Kapitalbeteiligungen Buffetts kann man wie folgt beschreiben: Es sind expandierende Unternehmen, denen es gelingt, Kapital zu äußerst attraktiven Renditen zu reinvestieren.

Woran ist zu erkennen, ob ein bestimmtes Unternehmen das kann oder nicht?
Nun, für jedes Unternehmen gibt es statistische Daten zu Reinvestition und Rendite. Diese werden normalerweise in einer Kennzahl zusammengefasst, nämlich der *Eigenkapitalrentabilität* (EKR).
Die EKR ist definiert als Gewinn nach Steuern oder Kapitalgewinn, geteilt durch das durchschnittlich während des Jahres eingesetzte Eigenkapital. Diese Definition und ihre Bedeutung soll in den folgenden Kapiteln noch näher erläutert werden. Generell gilt jedoch, dass das *gesamte Eigenkapital,* auch als Nettovermögen, Buchwert oder Buchwert zu Eigenkapital bezeichnet, die Gesamtsumme aller Anteile der Aktionäre am Geschäft darstellt, sowohl den ursprünglichen Kapitaleinsatz als auch die nachfolgend einbehaltenen Gewinne. Mit *Kapitalgewinn* ist der Ertrag gemeint, den die Aktionäre aus ihrer Investition beziehen.
Anhand der EKR kann man problemlos feststellen, ob ein Unternehmen zum Typ Light oder zum Typ Heavy gehört. Um Bilanzgewinn bzw. -verlust

bereinigt erreichen die wenigsten Unternehmen langfristig eine EKR von mehr als 10 bis 12 Prozent. Der Grund dafür ist offensichtlich. Hat ein Unternehmen eine EKR von, sagen wir, 15 Prozent, werden Konkurrenten auf den Plan gelockt, die ebenfalls eine solche Rendite anstreben – eine Rendite, die höher ist als die von Bareinlagen oder Investitionen in durchschnittliche Unternehmen. Nur Unternehmen, die Buffetts Kriterien erfüllen, können die Konkurrenz in Schach halten und eine hohe EKR beibehalten. Vergessen Sie dabei aber nicht, dass eine hohe EKR nur insofern interessant ist als sie für eine dauerhaft hohe Kapitalrentabilität spricht.

Ein Fazit dieser Analyse ist, dass Gewinn nicht gleich Gewinn ist. Ein Unternehmen wie Heavy muss seinen gesamten Gewinn reinvestieren, um Wachstum zu ermöglichen. Auch ein durchschnittliches Unternehmen mit einer Eigenkapitalrendite von 10 Prozent ist *gezwungen,* den Löwenanteil der generierten Mittel zu reinvestieren – ob es will oder nicht. Eine Erkenntnis Buffets besagt, dass ein Geschäft zwei Seiten hat – Gewinnerzielung einerseits, Gewinnverwendung andererseits. Unternehmen vom Typ Heavy müssen einfach reinvestieren. Durchschnittliche Unternehmen können reinvestieren – bei durchschnittlicher Rentabilität –, oder müssen auf Wachstum verzichten. Unternehmen wie Light müssen auch reinvestieren, doch bei außergewöhnlicher Rentabilität und unter Generierung überschüssiger Liquidität.

STEUERN UND INFLATION

Den Investor interessiert nur sein Kapitalgewinn. Steuern sind beim Investieren ein wichtiges, unvermeidliches Thema. Vergleichend muss also die Kapitalrendite alternativer Anlagemöglichkeiten nach Steuern herangezogen werden. Diesem Faktor hat Buffett in seinem Streben nach Anlageobjekten Rechnung getragen, die langfristiges Wachstum versprechen – bei denen sich der Wertzuwachs also größtenteils im Aktienkurs niederschlägt, weniger in den ausgeschütteten Dividenden, so dass Steuerzahlungen bis zum Zeitpunkt des Verkaufs der Aktien aufgeschoben werden können – de facto unbegrenzt. Da die anfallenden Steuern für Aktien und andere Wertpapiere gleich hoch sind, waren sie kein Faktor bei der Entscheidung Buffetts für oder gegen Aktien als Gattung – weder auf positiver noch auf negativer Seite.

Für jedes Unternehmen gibt es statistische Daten zu Reinvestition und Rendite. Diese werden normalerweise in einer Kennzahl zusammengefasst, nämlich der Eigenkapitalrentabilität (EKR).
Die EKR ist definiert als Gewinn nach Steuern oder Kapitalgewinn, geteilt durch das durchschnittlich während des Jahres eingesetzte Eigenkapital.

Ein prägender makroökonomischer Einfluss waren für Buffett die wiederkehrenden Inflationsperioden in der Nachkriegszeit. Durch die allgemeine Inflation hat sich wiederholt der Wert von Barguthaben, Staatspapieren und anderen Rentenwerten dezimiert. Viele können sich noch daran erinnern, wie feste Zinssätze von 3 Prozent, die vor 40 Jahren noch äußerst attraktiv waren, den tatsächlichen Wert des Portfolios so mancher Familie drastisch geschmälert haben. (Bei einer Inflationsrate von 10 Prozent ist ein mit 3 Prozent verzinsliches Rentenpapier nach zehn Jahren nur noch die Hälfte wert). Ein Unternehmen mit einer ansehnlichen EKR von 10% wird bei 10 Prozent Inflation unterm Strich gerade mal gewinnneutral dastehen (und faktisch an Wert verlieren, wenn auf die Dividenden Steuern anfallen). Außerdem – ob der Umsatz wächst oder nicht – wird der gesamte Gewinn reinvestiert werden müssen. Die periodisch wiederkehrende Inflation war einer der Faktoren, die Buffett wieder auf die EKR brachten.

AKTIEN ALS RENTENPAPIERE

Aktien von Unternehmen, die ihre Eigenkapitalrendite langfristig nicht steigern können, könnte man als Sonderform von Rentenwerten betrachten: als Anleihen ohne Laufzeitbegrenzung mit einer um 10 bis 12 Prozent schwankenden Verzinsung, die ausbezahlt oder zum gleichen Satz reinvestiert werden kann. Wenn konventionelle Staats- oder Industrieanleihen mit 5 oder 7 Prozent verzinst werden, könnte man in Versuchung kommen, dafür einen ordentlichen Aufschlag auf den Buchwert zu zahlen. Das allgegenwärtige Inflationsrisiko würde die Zinsforderungen bei Bonds aber vermutlich auf oder über die 10 Prozent-Marke treiben. In einem 1977 verfassten Essay demonstrierte Buffett, dass – entgegen einer weit verbreiteten Meinung – die Inflation als solche nicht die realisierbare Eigenkapitalrendite eines Unternehmens steigert. Mit anderen Worten, die Inflation wird zwar die durchschnittliche Verzinsung von Bonds in die Höhe treiben, nicht aber den durchschnittlichen Ertrag von Aktien (EKR), der unverändert bleibt. Es besteht also immer das Risiko, dass der Aufschlag auf den Buchwert, den Aktionäre gewohnt sind, sich in Luft auflöst: die Durchschnittsaktie kann über kurz oder lang ihren Firmenwert einbüßen.

Den Investor interessiert nur sein Kapitalgewinn. Steuern sind beim Investieren ein wichtiges, unvermeidliches Thema. Vergleichend muss also die Kapitalrendite alternativer Anlagemöglichkeiten nach Steuern herangezogen werden.

VIII

– KAPITALVERWENDUNG –

Buffetts oft propagierter Grundsatz, dass die Verwendung von Kapital zu den wichtigsten Aufgaben des Top-Managements zählt, wird in diesem Zusammenhang verständlich. Selbst ein scheinbar expandierendes Unternehmen kann Wert vernichten, wenn das Wachstum die Reinvestition von Kapital erfordert und die Rentabilität gering ist. Buffett illustriert das gern am Beispiel des Sparkontos. Kann man 10 Prozent Zinsen bekommen und reinvestiert diesen Betrag kontinuierlich, wird auch der Zinsertrag um 10 Prozent im Jahr steigen. Da ist weiter nichts dabei, doch so mancher Manager, der auch nach Jahren an der Spitze eines großen Unternehmens nicht mehr erreicht hat, wird dafür gepriesen.

Die Unternehmensführung kann in die Kernbereiche reinvestieren, doch es gibt auch noch andere maßgebliche Möglichkeiten, Kapital zur Steigerung – oder Minderung – des Firmenwertes einzusetzen: Diversifikation und Aufkauf von Unternehmensanteilen; Ausschüttung oder Einbehaltung von Dividenden und Verschuldung.

DIVERSIFIKATION UND KAUF VON UNTERNEHMENSANTEILEN

Für ein Unternehmen seiner Größe ist Berkshire Hathaway heute in puncto Diversifikation ein Spitzenreiter. Die Kernsparte sind zwar Versicherungen, doch ist Berkshire Hathaway auch im Vertrieb von Möbeln, Schmuck, Zeitungen, Stahl, Lexika und Staubsaugern engagiert. Das Unternehmen ist – organisch wie durch Zukäufe – stark gewachsen. Dennoch ist Warren Buffett ein Kritiker der üblichen Führung von Mischkonzernen. Seiner Ansicht nach dient Expansion nur allzu oft dem Ego und dem Geldbeutel der Manager, und nicht dem Wohl der Aktionäre. Selbst gut geführte Unternehmen diversifizieren übertrieben auf die Empfehlungen von Unternehmensberatern und Investmentbankern hin – die ein ureigenes Interesse am Geschäft haben. Auch Theoretiker, die Diversifikation zur Reduzierung von Risiken für notwendig halten, sind daran nicht unschuldig. Buffett hält von Unternehmen mit einem wilden Sammelsurium von Tochtergesellschaften ebenso wenig wie von Anlegern, die ein breit gestreutes Aktienportfolio anstreben, um Volatilität zu minimieren.

Im Grunde vertritt Buffett die Ansicht, dass Manager bei der Übernahme oder Neugründung von Unternehmen dieselben Kriterien anwenden sollten, die er bei seinen Investitionen zu Grunde legt: Verstehen wir etwas von diesem Geschäft? Ist es gut geführt oder können wir Führungskräfte stellen? Liegt der Preis unter dem inneren Wert? Gingen alle Beteiligten so vor, wäre die Zahl der Übernahmen um einiges niedriger.

Besonders verwerflich ist es für Buffett, wenn Unternehmen andere Unternehmen aufkaufen und routinemäßig eigene Aktien als Gegenleistung anbieten. Grundvoraussetzung ist für ihn, dass das, was gekauft wird, mehr wert sein sollte als das, womit bezahlt wird. Seiner Erfahrung nach verdient an der Ausgabe von Aktien zum Kauf von Unternehmen im Endeffekt oft der Verkäufer, während die eigenen Aktionäre draufzahlen. In den 30 und mehr Jahren, die Berkshire Hathaway vom gegenwärtigen Management geleitet wird, haben sich Marktwert und Buchwert mehr als vertausendfacht; die Zahl der emittierten Aktien dagegen ist nur um 8 Prozent gestiegen.

> *Besonders verwerflich ist es für Buffett, wenn Unternehmen andere Unternehmen aufkaufen und routinemäßig eigene Aktien als Gegenleistung anbieten. Grundvoraussetzung ist für ihn, dass das, was gekauft wird, mehr wert sein sollte als das, was bezahlt wird.*

AUSSCHÜTTUNG UND EINBEHALTUNG VON DIVIDENDEN

Fast alle expandierenden Unternehmen müssen Gewinne einbehalten. (Das galt im Vorkapitel für Heavy genauso wie für Light.) Unternehmen mit einer hohen EKR sollten aber in der Lage sein, Mittel zu generieren. Ein selbstgefälliges oder inkompetentes Management wird die aus ertragreicher Geschäftstätigkeit stammenden Mittel für kostspielige Übernahmen verwenden oder Bargeld auf der Bank horten. Alternativ zur Verschwendung ist das immer noch die bessere Lösung, doch aktionärsfreundlicher wäre die Auszahlung. Die schlimmste Folge gut gefüllter Konten ist die Selbstgefälligkeit. Sie führt zu unnötiger Kostensteigerung und lockt Mitbewerber mit konkurrenzfähigen Preisen auf den Plan.

Ein Unternehmen sollte stets genug in der Kasse haben, um über einen Konjunkturzyklus hinweg gegen Druck von Gläubigerseite gewappnet zu sein. Auch Beteiligungen sind durchaus akzeptabel, solange der erworbene innere Wert die damit verbundenen Kosten übersteigt. Meistenteils profitieren die Aktionäre von der Rückzahlung des investierten Geldes in Form von Dividenden, die anderweitig angelegt werden können.

> *Ein Unternehmen sollte stets genug in der Kasse haben, um über einen Konjunkturzyklus hinweg gegen Druck von Gläubigerseite gewappnet zu sein. Auch Beteiligungen sind durchaus akzeptabel, solange der erworbene innere Wert die damit verbundenen Kosten übersteigt.*

Der Rückkauf von Aktien, der sich zunehmender Beliebtheit erfreut, ist eine Abart der Dividendenzahlung. Ein Unternehmen verwendet sein Geld dafür, eigene Aktien von den Investoren zurückzukaufen. Auch hier gilt wieder das Wert-Kriterium: Ein Unternehmen sollte für eine Aktie weniger bezahlen als den eigenen inneren Wert je Aktie. Hier ist Buffett in seinem Element. Da er nur selten Aktien verkauft, hält er einen größeren Anteil der in Umlauf befindlichen Aktien eines Unternehmens, dessen Management sich als aktionärsorientiert erwiesen hat. Das Paradebeispiel dafür ist GEICO. Ende der 70er Jahre hat Berkshire für $45,7 Millionen GEICO-Anteile in Höhe von 33,3 Prozent erworben. GEICO konnte seinen Ertrag deutlich steigern und generierte dabei auch noch auf wundersame Weise Mittel. Überschüssige Liquidität wurde zum Rückkauf eigener Aktien verwendet, so dass Berkshires Anteil 1995 50 Prozent betrug, ohne dass Berkshire selbst auch nur eine einzige Aktie gekauft hätte. Daraufhin übernahm Berkshire für $2,3 Milliarden auch noch die anderen 50 Prozent.

> *Der Rückkauf von Aktien, der sich zunehmender Beliebtheit erfreut, ist eine Abart der Dividendenzahlung. Ein Unternehmen verwendet sein Geld dafür, eigene Aktien von den Investoren zurückzukaufen. Auch hier gilt wieder das Wert-Kriterium: Ein Unternehmen sollte für eine Aktie weniger bezahlen als den eigenen inneren Wert je Aktie.*

Im Namen des „Shareholder Value" ist es in letzter Zeit vermehrt zu Aktienrückkäufen gekommen. Ein Unternehmen mit einem hohen Kurs-Gewinn-Verhältnis vernichtet im Normalfall vermutlich Wert: So ratsam es ist, 50 Cents für den Dollar zu bezahlen, so unsinnig ist es, zwei Dollar für einen hinzublättern. Ich habe den Verdacht, dass Rückkäufe oft von der

Unternehmensleitung initiiert werden, um so den Gewinn je Aktie zu steigern, währenddessen Dividenden einen gegenteiligen Effekt haben. Für diese Firmen sind Rückkäufe eigener Aktien eine teure Variante der Verschuldung, was uns nahtlos zur nächsten Überlegung führt.

VERSCHULDUNG

Buffett legt zwar Wert auf eine hohe EKR, jedoch nicht um den Preis hoher Verschuldung. Tatsächlich können viele Unternehmen die scheinbaren Kapitalgewinne ihrer Aktionäre nur durch zusätzliche Fremdmittel finanzieren. Mögliche Folgen dieser Politik sind nicht nur hohe Sollzinsen, sondern auch das Risiko, dass der Cashflow eines Tages abreißt und das Unternehmen in Zahlungsschwierigkeiten gerät. Ein variabler Strom von Erträgen ist akzeptabel, solange die durchschnittliche, kontinuierliche Kapitalrentabilität hoch ist. Eine zu hohe Verschuldung birgt das Risiko, dass das Unternehmen mit Mann und Maus untergeht. Die Gesamtverschuldung sollte gering sein, sowohl im Hinblick auf die Zinszahlungen als auch gemessen am Empfinden eines normalen Kreditnehmers. Die Eigenkapitalrentabilität sollte im Verhältnis zu den betrieblichen Vermögenswerten des Unternehmens berechnet werden – den Aktiva und Passiva, die zur regulären Geschäftstätigkeit notwendig sind, inklusive geringer Barmittel oder Verbindlichkeiten in angemessenem Umfang. Ein Beispiel für ein Unternehmen mit scheinbar hoher EKR, die jedoch auf zunehmende Verschuldung gegründet ist, ist General Electric.

IX

– Eigenkapitalrentabilität –

DIE BUFFETT-METHODE

Wir haben gesehen, dass Buffett die Eigenkapitalrentabilität als zentrale Kennzahl für die finanzielle Gesundheit eines Unternehmens betrachtet. Der Unternehmenswert ist der Aufschlag auf den Buchwert, den ein Unternehmen wert ist, wenn es auf reinvestiertes Kapital hohe Erträge erwirtschaftet. Ein durchschnittliches Unternehmen mit einer langfristigen EKR von, sagen wir, 10 Prozent ist einen Aufschlag auf den Buchwert wert, wenn die Zinsen niedrig sind. Die Zinssätze verändern sich jedoch zyklisch, so dass dieser Aufschlag in Kürze vielleicht zu niedrig angesetzt scheint.

Buffett hält es für sicherer, Unternehmen mit außergewöhnlich hoher EKR auszuwählen, die aller Wahrscheinlichkeit nach von Dauer sein dürfte und die Rendite von herkömmlichen Anlageformen wie festverzinslichen Wertpapieren oder Barguthaben deutlich übersteigt. Greifen wir noch einmal den Vergleich „Aktien als Rentenpapiere" auf. Wir haben festgestellt, dass Aktien, die zuverlässig eine Eigenkapitalrendite von 10 Prozent bringen, mehr oder weniger Rentenpapieren mit 10 Prozent Festzins entsprechen. Dabei gibt es zwei grundlegende Unterschiede: Zum einen haben die meisten Rentenpapiere eine bestimmte Laufzeit, nach der das investierte Kapital zurückgezahlt oder ein neuer Zinssatz vereinbart wird. Aktien dagegen haben keine Laufzeitbegrenzung. Für den zweiten Unterschied, der damit in Zusammenhang steht, existiert in der Unternehmensfinanzierungstheorie der Begriff *Reinvestitionsrisiko*.

> *Der Unternehmenswert ist der Aufschlag auf den Buchwert, den ein Unternehmen wert ist, wenn es auf reinvestiertes Kapital hohe Erträge erwirtschaftet.*

Darunter ist zu verstehen, dass der Ertrag aus einem Wertpapier möglicherweise trotz festgelegter Investitionsbedingungen nicht Gewinn bringend investiert werden kann. Wer eine konventionelle Schuldverschreibung mit zehnprozentiger Verzinsung erwirbt und mit dem Kreditrisiko leben kann, darf davon ausgehen, dass er jedes Jahr bis zur Fälligkeit den Gegenwert von 10 Prozent des investierten Kapitals erhält. Was er nicht wissen kann, ist, wie viel er für den Ertrag bekommt, wenn dieser in regelmäßigen Zeitabständen ausgezahlt wird. Niemand kann im Voraus sagen, welche Auswirkungen die Inflation auf die Preisentwicklung hat oder welchen Einfluss die Zinssätze auf den Kurs von Wertpapieren haben. Das ist keine akademische Frage. Es ist durchaus realistisch, davon auszugehen, dass der Wert des Ertrages einer solchen Obligation nach zehn Jahren den ursprünglich angelegten Betrag weit übersteigen wird. Sollten die Zinsen fallen, bevor im ersten Jahr Erträge anfallen, treibt das die Kurse von Schuldverschreibungen mit einer Verzinsung von zehn Prozent drastisch in die Höhe. Den langfristigen Gesamtertrag zu prognostizieren, ist geradezu unmöglich.

Buffett kam auf den klugen Gedanken, den Spieß einfach umzudrehen. Wenn man eine Aktie als verkapptes Rentenpapier ohne Laufzeitbegrenzung betrachtet, das eine feste Rendite bringen kann, so hat man sozusagen die Chance zur Reinvestition. Aktien bringen Dividenden und dieses Element (oder vielmehr dessen Wiederverwendung) ist unvorhersehbar. Doch der einbehaltene Gewinnanteil wird zu einem gut berechenbaren Satz reinvestiert – nämlich der EKR. Liegt die kontinuierliche Eigenkapitalrentabilität bei 10 Prozent, so bringen die einbehaltenen Gewinne 10 Prozent Ertrag. Bei herkömmlichen festverzinslichen Wertpapieren wird der Ertrag zu 100% ausbezahlt. Unternehmen zahlen dagegen meist nur 50 Prozent oder weniger aus. Ein Unternehmen mit einer hohen EKR, das in vernünftigem Rahmen expandiert und vielleicht Aktien zurückkauft, schüttet möglicherweise nur sehr geringe Bardividenden aus.

Unter Reinvestitionsrisiko ist zu verstehen, dass der Ertrag aus einem Wertpapier möglicherweise trotz festgelegter Investitionsbedingungen nicht Gewinn bringend investiert werden kann.

Die Chance zur Reinvestition ist die Option eines wachsenden Unternehmens, große Anteile des generierten Kapitals mit hoher Rendite zu reinvestieren. Unternehmen, die diese Chance wahrnehmen, steigern ihren Unternehmenswert enorm.

Dies ist die fundamentale finanzwirtschaftliche Wahrheit, die Buffetts Investitionen zu Grunde liegt. American Express verfügt über eine EKR von 23 Prozent, bei Gillette sind es über 35 Prozent, bei Coca-Cola schwindelerregende 55 Prozent. In allen Fällen wächst die Rendite. (Denken Sie an die unvermeidlichen Konsequenzen aus dem Prinzip der Sicherheitsmarge. Selbst diese herausragenden Unternehmen haben einen Wert, und Buffett ist fest entschlossen, weniger zu bezahlen.)

Kurz, die EKR ist wichtig, weil sie Anhaltspunkte dazu liefert, wie gut ein Unternehmen seine Gewinne reinvestiert. Ein Unternehmen mit einer EKR, die kontinuierlich bei 20% liegt, bringt nicht nur zweimal soviel Ertrag in

Relation zum investierten Kapital wie eine durchschnittliche Aktie oder Obligation, sondern durch die Chance zur Reinvestition ermöglicht sie einen nicht enden wollenden Strom von 20-prozentigen Renditen. Das ultimative Unternehmen, dem es gelingt, seinen gesamten Gewinn auch bis in ferne Zukunft zu dieser Rendite zu reinvestieren, erwirtschaftet eine Gesamtrendite von 20 Prozent auf das ursprünglich investierte Kapital.

> *Wenn man eine Aktie als verkapptes Rentenpapier ohne Laufzeitbegrenzung betrachtet, das eine feste Rendite bringen kann, so hat man sozusagen die Chance zur Reinvestition.*

ZUR BERECHNUNG DER EIGENKAPITALRENTABILITÄT

Die EKR besteht aus zwei Komponenten: *Gewinn und Eigenkapital.* Vom Gewinn müssen unbedingt alle Anteile abgezogen werden, die anderen Parteien zufließen: Dazu gehören natürlich die Steuern, doch auch Vorzugsdividenden, die aktuellen, durch Gewinnbeteiligungen von aufgekauften Unternehmen verursachten Aufwendungen, der Aufwand für Aktienoptionsprogramme fürs Management. Außerordentliche Aufwendungen und Erträge dürfen mit wenigen Ausnahmen vernachlässigt werden. Denken Sie aber daran, dass Unternehmen, die „außerordentliche" Rückstellungen für Kostensenkungsprogramme machen, vermutlich besser geführte Konkurrenten haben, die ihre Kosten laufend kontrollieren. Hinzu kommt die Abschreibung auf den derivativen Firmenwert, die an sich nicht zu den Betriebskosten zählt, sondern eine willkürliche Berichtigung in der Buchführung darstellt. Ansonsten machen sich Abschreibungen auch nicht in klingender Münze bemerkbar, sind aber dennoch reale, „harte" Kosten. Sie sind stets anzusetzen, wenn sie bei den Investitionsausgaben nicht entsprechend berücksichtigt wurden (siehe unten).

Buffett hat eigene Termini geprägt wie „owner earnings" (Gewinne der Anteilseigner) und „gläserne" Erträge. Neben dem Reingewinn werden hier zwei weitere Faktoren berücksichtigt. Besitzt ein Unternehmen Anteile an einem anderen, kann es die Dividenden nur pro forma in seine Bücher aufnehmen. Die zu Grunde liegenden Gewinne aus dieser Minderheitsbeteiligung könnten höher ausfallen. Berkshires 10,5 Prozent an American Express (Amex)-Stammaktien verschafften dem Unternehmen für 1996 das Anrecht auf 10,5 Prozent des Nettogewinns von $190 Millionen. $44 Millionen davon wurden in Form von Dividenden ausgeschüttet, der Rest reinvestiert. In Berkshires Büchern tauchte nur die ausbezahlte Dividende auf. Zu den „gläsernen" Erträgen gehört etwa der zu Grunde liegende Gesamtbetrag.

Der Begriff „owner earnings" bezieht sich auf alle konventionellen Unternehmen. Er stellt den Versuch dar, den Reingewinn um andere übliche Cashflow-Effekte zu bereinigen. Wie wir festgestellt haben, müssen die meisten Unternehmen, um wenigstens die Inflationsrate auszugleichen – also ohne effektives Wachstum – Gewinne in Umlauf- und Anlagevermögen reinvestieren. Indem man Abschreibungen wieder dem Reingewinn zurechnet und Investitionsausgaben abzieht, die zum Erhalt des Status quo erforderlich waren, ermittelt man die „owner earnings", die in etwa wiedergeben, wie viel Geld die Geschäftstätigkeit tatsächlich unterm Strich eingebracht hat. In der Praxis ist es gar nicht einfach, die erforderlichen Investitionen von den Wachstumsinvestitionen abzugrenzen. Wir haben aber gesehen, dass Unternehmen mit einer hohen EKR, die nicht auf Verschuldung beruht, Wachstum durch Reinvestition in hochproduktives neues Kapital erreichen. Ein Unternehmen mit niedriger EKR wie Heavy steckt seinen gesamten Gewinn in neues, doch trotzdem unproduktives Kapital. Die „owner earnings" sind hier gering oder sogar negativ.

Für unsere Zwecke und angesichts der Tatsache, dass auch Unternehmen mit hoher EKR einen Teil ihres Gewinns reinvestieren müssen, werden wir in unseren Berechnungen den Nettogewinn ansetzen, und nicht die „owner earnings".

Die Eigenkapitalseite der Gleichung ist nicht so eindeutig. Hier stellt sich die eine oder andere Definitionsfrage, etwa, ob Vorzugsaktien, Minderheitsbeteiligungen und Aktienpakete/Bestand an festverzinslichen Wertpapieren abgezogen werden. Falls es nicht im Betrachtungsjahr eine deutliche Kapitalerhöhung gegeben hat, ist das durchschnittliche gesamte Eigenkapital heranzuziehen. Zu den großen Posten gehören hier immaterielle Anlagewerte wie derivativer Firmenwert, Patente und Medienrechte. Der derivative Firmenwert ist ein besonders heikler Punkt, dem kein Ansatz so richtig gerecht wird. Rechnet man ihn ein, könnte das zu einer

Überbewertung des laufenden Kapitalbedarfs zur Aufrechterhaltung des Umlaufvermögens führen und infolgedessen zu einer Unterbewertung der tatsächlichen Rendite. Bleibt er dagegen unberücksichtigt, wird unter Umständen die Möglichkeit ignoriert, dass hier eine Menge Geld geflossen ist, um eine magere Rendite zu erwirtschaften. Die EKR wird dann unverhältnismäßig hoch ausfallen. Wells Fargo ist ein gutes Beispiel dafür. In der Vergangenheit konnte das Unternehmen eine EKR in der Größenordnung von 30 Prozent verbuchen. 1996 hat Wells Fargo für $11,3 Milliarden eine andere große Bankengruppe aufgekauft, wobei $9,4 Milliarden des Kaufpreises für Firmenwert und andere immaterielle Vermögenswerte angesetzt worden waren. Die EKR für 1996 fiel prompt auf 9 Prozent. Rechnet man die Abschreibung auf den Firmenwert dem Reingewinn zu, belässt jedoch den Buchwert des Eigenkapitals, so steigt die EKR auf 13 Prozent. Werden die immateriellen Vermögenswerte bei der Eigenkapitalbasis ausgeklammert, schnellt die EKR empor bis auf 38 Prozent, doch das ist sicher nicht im Sinne des Erfinders. Hätte Wells noch eine Milliarde Dollar mehr bezahlt, so wäre die Eigenkapitalbasis ohne Berücksichtigung der immateriellen Werte noch niedriger anzusetzen und die EKR sogar noch höher – ohne dass sich bei den zu Grunde liegenden Unternehmen irgendetwas geändert hätte.

Es gibt eine Lösung für dieses Dilemma: Man betrachtet ausschließlich die durch Neuinvestition generierten Ertragszuwächse. Damit wollen wir uns im nächsten Kapitel befassen.

ANDERE UNTERNEHMENSARTEN

Es gibt Branchen, in denen die EKR-Analyse problematisch ist, obwohl die Eigenkapitalrentabilität längerfristig mit jeder anderen Art der Geschäftstätigkeit vergleichbar ist. Für Versicherungsgesellschaften gilt: Vorsicht vor der Falle der „gläsernen" Erträge, wie sie oben beschrieben wurden. Hier bestehen die Aktivposten oftmals aus Aktien, für die nur die Dividende als jährlicher Ertrag ausgewiesen wird. Die von den entsprechenden Unternehmen einbehaltenen Gewinne schlagen sich irgendwann in Form von Dividenden oder Kapitalerträgen nieder, doch insbesondere letztere sind unregelmäßig und unberechenbar. Berkshire Hathaway hat ebenfalls dieses Problem, doch da das Unternehmen viel

weniger Aktien hält als eine durchschnittliche Versicherungsgesellschaft, ist es entsprechend leichter, die „gläsernen" Erträge zu schätzen.
Immobiliengesellschaften und andere Unternehmen, die ihre Vermögenswerte lange halten und auf Kapitalgewinne hoffen, etwa Wagniskapital-Beteiligungsgesellschaften, eignen sich ebenso wenig für die EKR-Analyse.

X

– Das Zuwachsprinzip IP (Incremental Principle) –

DIE BUFFETT-METHODE

Im vorangegangenen Kapitel haben wir gesehen, wie Firmenwert und immaterielle Vermögenswerte die EKR-Analyse erschweren. Es gibt noch andere Fälle, in denen Bilanzwerte aus der Vergangenheit irreführen können. Unternehmen, deren Kapital größtenteils aus früheren Jahren stammt, haben scheinbar eine hohe Eigenkapitalrentabilität, doch sobald zusätzliches Kapital benötigt wird, geht die EKR zurück. Auch frühere Verluste drücken die Eigenkapitalbasis und sorgen so für scheinbar hohe Erträge, und so weiter und so fort. Der Weg aus dieser Sackgasse ist die Konzentration auf das, was uns wirklich interessiert: nämlich die Rendite, die ein Unternehmen aus zusätzlichem Kapital generieren kann.

Das Wesen der EKR ist leicht zu verstehen – es handelt sich dabei einfach um die aktuelle Gesamtrentabilität in Relation zu den gesamten in der Vergangenheit getätigten Investitionen. Hier einen möglichst zeitnahen Wert zu ermitteln, ist nicht viel schwieriger. Wir betrachten dazu die Rentabilitätssteigerung in Relation zum Investitionszuwachs, der zum Erzielen der entsprechenden Rendite erforderlich war. Damit wird zwar nicht die zukünftige EKR prognostiziert, doch ist der Wert aktueller als der Maßstab, den wir bisher angesetzt haben. Damit können wir uns auch um die oben angesprochenen buchhalterischen Probleme drücken. Ich bezeichne diesen neuen Maßstab als IP für „Incremental Principle", also Zuwachsprinzip. Er wird folgendermaßen ermittelt:

$$\frac{\text{berichtigter Gewinn, Jahr 2} - \text{berichtigter Gewinn, Jahr 1}}{\text{Eigenkapital am Ende von Jahr 2} - \text{Eigenkapital zu Beginn von Jahr 2}}$$

Hinweis: Unter berichtigtem Gewinn ist der Gewinn nach Steuern und Abzug von Vorzugsdividenden zu verstehen, jedoch vor Abzug von Stammdividenden und unter Berücksichtigung außerordentlicher Posten.

Im folgenden Beispiel wurde ein Unternehmen mit einem Aufschlag von 50 auf den Buchwert gekauft. Dieser derivative Firmenwert ist abgeschrieben worden.

Goodwill Limited

Jahr	1	2	3
Unternehmenswert	(50)	(50)	(50)
Anlagevermögen	30	33	36
Netto-Umlaufvermögen	20	22	24
Nettovermögen	50	55	60
Nettogewinn	10	10,5	11
durchschnittl. Eigenkapitalrentabilität	20%	19%	
IP	10%	10%	

Die ursprüngliche EKR wirkt mit 20 Prozent recht beeindruckend. Das IP jedoch kommt der Wahrheit näher. Der Gewinn nimmt lediglich um 0,5 p.a. zu, wofür jedoch jedes Jahr 5 ins Betriebsvermögen reinvestiert werden müssen, was einen Ertragszuwachs von 10 Prozent ergibt. Würden sich diese Werte auch in Zukunft so entwickeln, fiele schließlich auch die EKR auf 10 Prozent. Das hier entstehende Bild ist typisch für ein Übernahmekonsortium mit scheinbar hoher Rentabilität seiner Anschaffungen, die sich jedoch nur allzu rasch verlangsamt; erst eine erneute Übernahme belebt die Rentabilität wieder – auf dem Papier.

Auch unser nächstes Beispiel erzählt eine alte Geschichte.

Start-up Limited

Jahr	1	2	3
Anlagevermögen	120	123	127
Netto-Umlaufvermögen	80	82	84
Nettovermögen	200	205	211
Nettogewinn	10	12	14
durchschnittl. Eigenkapitalrentabilität	6%	7%	
IP	40%	33%	

> *Das Wesen der EKR ist leicht zu verstehen – es handelt sich dabei einfach um die aktuelle Gesamtrentabilität in Relation zu den gesamten in der Vergangenheit getätigten Investitionen. Hier einen möglichst zeitnahen Wert zu ermitteln, ist nicht viel schwieriger.*

Das vorliegende Muster ist besonders für Neugründungen oder Branchenneulinge typisch. Es zeigt sich vor allem in Sektoren wie Hotelgewerbe oder Schwerindustrie, wo sich beträchtliche Investitionsausgaben erst auszahlen, wenn die Kapazitäten ausgelastet sind. Beachten Sie die rasche Zunahme des Reingewinns von 15 bis 20 Prozent im Jahr. Betrachtet man EKR und IP, wird klar, dass dieser vermeintliche Boom beim Gewinn nur ein Aufholprozess ist. Hätte man die ursprünglich investierten 200 zur Bank gebracht, wäre die Rendite in jedem der drei Jahre höher gewesen.
Eine weitere nützliche Regel zur Identifikation von Aktien im Sinne Buffetts ist also:

Die Eigenkapitalrentabilität muss hoch sein, und zwar dauerhaft. Der Rentabilitätszuwachs aufgrund des Eigenkapitalzuwachses (IP) sollte ebenfalls hoch sein.

ÜBER DAS ZUWACHSPRINZIP HINAUS

Das IP eignet sich zur ungefähren Ermittlung der laufenden EKR, wenn sie aus der Bilanz nicht klar hervorgeht. Damit das funktioniert, muss jedoch sowohl der Gewinn als auch das Eigenkapital im fraglichen Jahr steigen. Stagniert der Gewinn oder ist er rückläufig, muss unbedingt festgestellt werden, ob diese Entwicklung von Dauer ist. Eventuell kann man auch hier einen zu Grunde liegenden Zuwachs ermitteln, doch wenn der Gewinn weiter zurückgeht, ist die Lage ganz offensichtlich prekär. Gründe für einen Rückgang beim Eigenkapital sind meist ausschließlich Wertberichtigungen auf Vermögenswerte, Verluste oder Rückkäufe eigener Aktien. Auch hier ist Vorsicht geboten: Ist die Wertberichtigung unabhängig von der Geschäftstätigkeit, könnte man den entsprechenden Betrag für die Ermittlung des IP wieder zuschlagen, doch oft dienen derartige Wertberichtigungen der Verschleierung wirtschaftlicher Probleme.

Hier ergibt sich eine interessante Anschlussfrage: Was ist, wenn ein expandierendes Unternehmen kein Kapital mehr einbehalten muss? Das kommt nur selten vor, etwa bei Unternehmen wie American Express oder GEICO, die Zahlungen oder Prämien von Kunden kassieren, bevor sie Gewinne ausweisen müssen. Hier kann man das IP nicht einsetzen. Das Eigenkapital geht in diesem Fall zurück, und man müsste sich ausschließlich auf die EKR stützen.

Das IP eignet sich zur ungefähren Ermittlung der kontinuierlichen EKR, wenn sie aus der Bilanz nicht klar hervorgeht. Damit die Sache läuft, muss jedoch sowohl der Gewinn als auch das Eigenkapital im fraglichen Jahr steigen.

XI

– BESTIMMUNG DES WERTES –

An dieser Stelle sollten wir zusammenfassen, was wir bisher erarbeitet haben.

- Man sollte nur Anteile von Unternehmen erwerben, bei denen man versteht, was sie produzieren, und warum ihre Produkte auch in Zukunft gefragt sein werden. Das Management muss ehrlich und fähig sein. Das Unternehmen sollte über dauerhafte Wettbewerbsvorteile verfügen. Neue Konkurrenten sollten wirksam abgeschreckt, vorhandene überrundet werden, und das Unternehmen sollte die Preisgestaltung für Kunden und Lieferanten maßgeblich mitbestimmen können. Das ideale Investitionsobjekt wäre demnach ein Unternehmen mit uneingeschränkter Monopolstellung. Ersatzweise bietet sich ein Unternehmen mit sicherer Marktposition oder beständigen Kostenvorteilen an.
- Ein durchschnittliches Unternehmen erzielt langfristig eine Eigenkapitalrendite von 10 bis 12 Prozent im Jahr. Die Anleihenrendite liegt im Moment darunter, doch auflebende Inflation wird deren Rentabilität unter Umständen steigern, streckenweise sogar über das Niveau bei Aktien. Daher kann eine Aktie zwar über einen inneren Wert verfügen, der über dem Buchwert liegt, den sogenannten Firmenwert eben, doch dieser Aufschlag ist möglicherweise nicht von Dauer.
- Unternehmen mit einer kontinuierlich hohen EKR besitzen einen dauerhaften originären Firmenwert. Verfügt ein solches Unternehmen bei gleichbleibend hoher Rentabilität über viel einbehaltenes Kapital, vervielfacht sich dieser Firmenwert.

DER DISKONTSATZ

Das letzte Teil des Puzzles ist der Diskontsatz, der Satz, mit dem wir die kontinuierliche EKR vergleichen. Ganze Wälder fielen den Versuchen der Theoretiker zum Opfer, unterschiedliche Modelle für die Berechnung von Kapitalkosten akademisch zu rechtfertigen. Buffetts Ansatz ist viel simpler. So hat er einmal vorgeschlagen, die Zinssätze für langfristige Staatsanleihen zu verwenden. Diese unterliegen jedoch ebenfalls Schwankungen, und wer sind wir, dass wir sie prognostizieren könnten? Buffett setzt hier bekanntermaßen 10 Prozent an und stellt seinen Tochtergesellschaften Kapital zu 15 Prozent vor Steuern zur Verfügung, was in etwa aufs Gleiche hinausläuft. Wichtig ist, dass man eine ausreichende Sicherheitsmarge einrechnet, so dass nicht allzu sehr ins Gewicht fällt, ob der Satz bei 8, 9 oder 10 Prozent liegt. Da man stets in das Wertpapier mit der größten Sicherheitsmarge investieren sollte, hängt die Rangfolge hier nicht vom tatsächlichen Diskontsatz ab.

DER INNERE WERT

Sie haben ein Unternehmen ausfindig gemacht, das Ihrer Überzeugung nach zusätzliches Kapital mit einer laufenden jährlichen Rendite von 20 Prozent einsetzen kann. Zur Bestimmung seines inneren Wertes gibt es zwei Methoden. Entweder Sie erstellen eine Modellrechnung zukünftiger Gewinne und Cashflows und diskontieren die Ergebnisse um 10 Prozent im Jahr, was in der Praxis ungeheuer schwierig ist und oft zu maßlos überzogenen Werten führt, da die vorstellbaren Investitionshorizonte übertrieben dargestellt werden. Oder Sie gehen so vor, wie wir es bisher getan haben, und betrachten die Aktie wie eine festverzinsliche Anleihe.
Wir gehen davon aus, dass sich die Zinssätze im Allgemeinen um 10 Prozent herum einpendeln. Eine Anleihe ohne Wandelrecht mit einer Verzinsung von 10 Prozent würde daher normalerweise zum Buchwert gehandelt werden. Eine Anleihe mit 20 Prozent Verzinsung würde sich doppelt so teuer verkaufen, d.h., eine Anleihe, die über einen längeren Zeitraum hinweg $5 Ertrag im Jahr bringt und mit einem Nennwert von $25 emittiert wurde, würde bald zum doppelten Nennwert, nämlich $50 gehandelt werden. Eine Aktie mit einer Rendite von 20 Prozent übertrifft das noch. Hier wird jedoch nur ein Teil des Ertrags wie bei der Anleihe bar ausbezahlt – der Rest wird einbehalten. Bleibt der Ertrag gleich und die EKR von 20 Prozent kann aufrechterhalten werden, ist diese Aktie quasi ein neuer Anleihetyp, bei dem die Option besteht, weitere mit 20 Prozent verzinsliche Anleihen zum Nennwert zu erwerben: Für jeden Dollar einbehaltenen Gewinn werden $0,2 im Jahr zukünftiger Gewinn generiert, also $2 Wert. Grob gesagt sind die einbehaltenen Gewinne doppelt so viel wert wie normaler Unternehmensgewinn. Als Richtwert gilt generell: Der einbehaltene Gewinn eines Unternehmens entspricht dem Quotienten aus IP und allgemein üblichen Zinssätzen. Der derivative Wert des Gewinns muss dann wieder diskontiert werden, um den inneren Wert (IV) zu bestimmen.

$$\text{Innerer Wert (IV)} = \frac{\text{Gewinn} \times \text{laufende EKR oder IP}}{(\text{Diskontsatz})^2}$$

Da wir beim Diskontsatz langfristig von 10 Prozent ausgehen, ergibt sich daraus, dass der IV dem Gewinn mal 100 mal der laufenden EKR entspricht. Die EKR wird normalerweise in Prozent ausgedrückt, so dass sich folgender Leitsatz ableiten lässt:

Der innere Wert eines Wertpapiers liegt dort, wo das Kurs-Gewinn-Verhältnis (KGV) der EKR entspricht.

DIE SICHERHEITSMARGE

Doch die Bestimmung des Werts eines Wertpapiers ist nur die halbe Miete. Wer in ein börsennotiertes Wertpapier investiert, erwirbt damit nur das Recht, dieses wieder zu verkaufen. Unser Kauf hat keinen Einfluss auf den Unternehmenswert. Es lohnt daher nicht, $1 für $1 zu zahlen.
Nehmen wir an, wir finden ein Unternehmen mit einer Eigenkapitalrendite von 10 Prozent. In unserem Beispiel wird der Ertrag komplett reinvestiert und das Wachstum beträgt weiterhin 10 Prozent im Jahr:

Gewinne in der Vergangenheit			aktueller Gewinn	zukünftige Gewinne	
11,3	12,4	13,6	15	16,5	18,2

Den inneren Wert bestimmen wir folgendermaßen:

$$IV = \frac{5 \times 0{,}1}{(0{,}1)^2} = 150 \text{ oder ein KGV von 10}$$

Das entspricht auch dem Börsenkurs, den wir in diesem Fall bezahlen. Da die Gewinne in Zukunft jedes Jahr um 10 Prozent steigen werden bei einer Eigenkapitalbasis mit gleicher Wachstumsrate, bleibt die EKR bei 10 Prozent. Es steht zu vermuten, dass IV und Marktwert Schritt halten und ebenfalls um 10 Prozent zunehmen werden, wobei ein zukünftiger Anstieg des Börsenkurses um 10 Prozent pro Jahr diskontiert werden sollte, um den aktuellen Wert zu Grunde zu legen. Wir zahlen im laufenden Jahr 150 und in zwei Jahren wird der Kurs bei 182 liegen, was heute auch 150 entspricht (182 : (1,1)≈) = 150. Unterm Strich heißt das, wenn wir den inneren Wert bezahlen, ergibt sich keine effektive Wertsteigerung der Investition. Die Einhaltung einer Sicherheitsmarge heißt einfach, dass wir ein Wertpapier mit einem möglichst großen Nachlass auf dessen inneren Wert kaufen sollten. Diese Vorgehensweise hat drei maßgebliche Vorteile. Langfristig sollten wir dabei auf jeden Fall profitieren.

Die Einhaltung einer Sicherheitsmarge heißt einfach, dass wir ein Wertpapier mit einem möglichst großen Nachlass auf dessen inneren Wert kaufen sollten.

1 Entweder wird der Markt – also andere Anleger – den zu Grunde liegenden Wert erkennen und der Kurs wird steigen, oder wir profitieren bei gleich bleibendem Kurs von dem Cashflow des Unternehmens, wenn Ertrag und Dividende steigen.
2 Um den auf dem Aktienmarkt vorherrschenden Trend müssen wir uns dabei keine Gedanken machen. Ein Wertpapier verfügt über eine Sicherheitsmarge oder eben nicht. Mag der Markt auch zusammenbrechen, ein sorgfältig ausgewähltes Wertpapier wird dennoch an Wert gewinnen.
3 Eine Sicherheitsmarge ist eine Versicherung gegen unser eigenes Unvermögen und gegen die Fallstricke der Geschäftswelt. Manager können versagen, Produkte können zurückgerufen werden, unsere Prognosen können falsch sein – ein guter Investor wird beim Kaufpreis immer so viel Spielraum lassen, dass er auch bei einer schlechten Investition zumindest kein Geld verliert.

Eine Sicherheitsmarge erhöht das Wohlbefinden. Sie haben eine Aktie zu einem Kurs gekauft, der Ihrem Eindruck nach unter dem tatsächlichen Wert liegt. Dann fällt der Kurs. Anstatt über den Verlust auf dem Papier nachzugrübeln, erkennen Sie die Chance, noch billiger einzukaufen.
Wie groß sollte die Sicherheitsmarge zum inneren Wert sein? Buffett hat viel über die Vorzüge geschrieben, die es hat, wenn man einen Dollar für

50 Cent kauft. Die Fallstudien werden zeigen, dass Buffett oft rund 50 Prozent unterhalb des inneren Wertes gekauft hat, doch wie beim Diskontsatz spielt der genaue Wert hier keine Rolle. Wenn Sie ein Wertpapier weit unter seinem tatsächlichen Wert kaufen und behalten, kann gar nichts schiefgehen.

> *Wie groß sollte die Sicherheitsmarge zum inneren Wert sein? Buffett hat viel über die Vorzüge geschrieben, die es hat, wenn man einen Dollar für 50 Cent kauft. Die Fallstudien werden zeigen, dass Buffett oft rund 50 Prozent unterhalb des inneren Wertes gekauft hat, doch wie beim Diskontsatz spielt der genaue Wert hier keine Rolle.*

Ich habe in diesem Abschnitt den Begriff „Wertpapier" verwendet, und nicht „Aktie", da das Wert- und Sicherheitskonzept genauso auf Bonds, Barguthaben, Immobilien und Kunstgegenstände anwendbar ist. Ihre Aufgabe als Investor ist, die am stärksten unterbewertete Anlage zu finden, von der Sie etwas verstehen, und sich daran zu halten. Bei Buffett sind das Aktien, wobei er manchmal Ausflüge in den Bondmarkt macht. Bei Ihnen kann das etwas ganz anderes sein.

DER RICHTIGE ZEITPUNKT ZUM VERKAUF

Graham war zum Verkauf bereit, sobald der Kurs eines Wertpapiers den berechneten inneren Wert überstieg. Fisher tendiert dazu, nur dann zu verkaufen, wenn er sich objektiv in dem betreffenden Unternehmen getäuscht hat. Andernfalls verkauft er zögernd und nur, wenn sich eine bessere Anlagemöglichkeit bietet. Auch Buffett verkauft, wenn er sich geirrt hat. Er stößt jedoch nur sehr selten etwas ab, um eine andere Gelegenheit wahrzunehmen. Ein Grund dafür ist die Steuer. Wir haben in Kapitel 2 gesehen, dass aufgeschobene Kapitalertragssteuern beträchtliche Vorteile bieten gegenüber der regelmäßigen Gewinnmitnahme. Außerdem ist einer der Kerngedanken in Buffetts Philosophie, lieber an einem Unternehmen festzuhalten, als woanders dem Phantom einer höheren Rendite nachzujagen. In maßgeblicher Hinsicht wird die Sicherheitsmarge größer, je vertrauter wir mit dem Potenzial eines Unternehmens sind.

Gelegentlich spielen uns unsere Emotionen einen Streich. Die Textilienproduktion von Berkshire Hathaway lief nach Buffetts Einstieg noch 21 Jahre lang weiter. Sie schwankte zwischen Gewinn- und Verlustzone und kam nie wieder richtig in die Gänge. Trotzdem hat Buffett nicht dichtgemacht, weil er sich der Belegschaft und den abhängigen Gemeinden verpflichtet fühlte – *und* nach der Investition in bescheidenem Ausmaß Mittel generiert wurden. Als Letzteres nicht mehr zutraf und eine gegenteilige Entwicklung unwahrscheinlich wurde, gab er die Produktion auf.

Mehrere der großen Unternehmen, bei denen Berkshire Minderheitsaktionär ist, wurden von Buffett als „Dauerinvestments" bezeichnet. 1992 kündigte er an, dass die damals größten Beteiligungen, Capital Cities/ABC, Coca-Cola, GEICO und die *Washington Post* unbegrenzt erhalten werden sollten. Seither hat Berkshire GEICO ganz aufgekauft und ist an den anderen drei Unternehmen nach wie vor beteiligt; Capital Cities wurde von Disney übernommen und Berkshire erhielt bei dieser Transaktion Disney-Aktien. Buffett hat außerdem deutlich gemacht, dass keine der hundertprozentigen Töchter zum Verkauf stehe.

In maßgeblicher Hinsicht wird die Sicherheitsmarge größer, je vertrauter wir mit dem Potenzial eines Unternehmens sind.

Teil IV

– Fallstudien –

XII

– DIE
AMERICAN EXPRESS COMPANY –

Berkshire kaufte 1991 für $300 Millionen wandelbare Vorzugsaktien der American Express Company (Amex). Diese wurden 1994 automatisch in 14 Millionen Stammaktien gewandelt. Im selben Jahr kaufte Berkshire 13,8 Millionen Stammaktien für $424 Millionen, im Jahr 1995 weitere 21,7 Millionen für $669 Millionen. Das entspricht Kursen von jeweils $21,40, $30,80 und $30,80.

GESCHICHTE

Amex hat sich in jeder Wirtschaftsära der Vereinigten Staaten quasi neu erfunden. Gegründet wurde das Unternehmen von mehreren alteingesessenen Konkurrenzfirmen im New Yorker Express-Paketmarkt im Jahr 1850. Die beiden führenden Manager waren Henry Wells und William Fargo, die 1852 in Kalifornien den Rivalen Wells, Fargo and Company gründen sollten. Bis 1880 verfügte Amex über 4000 Niederlassungen in 19 Staaten, die die Pioniere bei der Ausbeutung der immensen Ressourcen des Landes unterstützten. Wie Wells Fargo fand auch Amex einen Weg, die Post auszustechen, die in den 80er Jahren des 19. Jahrhunderts indossierbare Anweisungen eingeführt hatte. Das Amex-Produkt waren Reiseschecks, die 1891 auf den Markt kamen und bereits 1892 beinah eine halbe Million Dollar Umsatz brachten.

Zwar wurde das Unternehmen wie viele andere Express-Paketdienste im Ersten Weltkrieg verstaatlicht, doch kurz danach reformiert. Eine neue Abteilung entstand. Man beschränkte sich nicht mehr auf die Ausgabe von Schecks, sondern nutzte die Auslandsniederlassungen und den guten Ruf der Firma, um eine breite Palette von Dienstleistungen rund ums Reisen anzubieten, darunter Reisevermittlung und Geldwechsel. Bald überschwemmte eine wachsende Zahl reiselustiger amerikanischer Touristen die Auslandsniederlassungen weltweit – eine Folge der gesunkenen Reisepreise.

Die gewagteste Produktneuheit kam 1958 auf den Markt. Firmenkonten und Kreditkarten hatte es schon seit Jahrzehnten gegeben. Diners Card hatte bereits seit 1950 Verträge mit unabhängigen Restaurants geschlossen: Diese sahen eine Gebühr für die Karteninhaber und einen „Rabatt" in Höhe von einem Prozent des Rechnungsbetrages für die Gastronomen vor. Amex zielte auf die wohlhabenderen Privat- und Firmenkunden dieses

Marktsegments ab, beides Stützpfeiler des Reisegeschäfts. Der Einführung der Karte ging eine groß angelegte Werbekampagne voraus. Beim offiziellen Start hatten sich bereits 250 000 Kunden um die Mitgliedschaft beworben sowie 17 000 interessierte Geschäftsleute. Trotz der Konkurrenz durch die von einem Bankenkonsortium eingeführten Visa und Mastercard konnte Amex seine Führungsrolle beim finanzkräftigen Privat- und Firmenkundensegment verteidigen. Hinzu kam, dass die American Express Card gegenüber anderen Kreditkarten ihren von Haus aus weniger risikobehafteten Kunden nur eine begrenzte Kreditlaufzeit einräumte. Die Aufwendungen für uneinbringliche Forderungen waren gering. 1970 wurde für den Gegenwert von $2,3 Milliarden Dollar mit American Express-Karten bezahlt. Wie bei den Schecks hatte Amex seinen guten Ruf eingesetzt, um die Amerikaner vom Bargeld wegzulocken.

Unter der Leitung von James Robinson expandierte das Kerngeschäft von 1977 bis 1993, doch der Cashflow wurde von der Diversifikation aufgefressen. Die damals populäre Idee eines „Finanzsupermarktes", wo der Kunde alle seine Finanzgeschäfte abwickeln konnte, führte 1991 zum Kauf der Investmentbank Shearson Loeb Rhoades, gefolgt von einer ganzen Reihe von Maklerhäusern und anderen Unternehmen. Gewinn und Aktienkurs stagnierten.

Amex hat sich in jeder Wirtschaftsära der Vereinigten Staaten quasi neu erfunden. Gegründet wurde das Unternehmen von mehreren alteingesessenen Konkurrenzfirmen im New Yorker Express-Paketmarkt im Jahr 1850. Die beiden führenden Manager waren Henry Wells und William Fargo, die 1852 in Kalifornien den Rivalen Wells, Fargo and Company gründen sollten.

DIE PERSÖNLICHE VERBINDUNG

Eines der von Robinson aufgekauften Maklerhäusern war IDS, eines der ersten Unternehmen, in das Warren Buffett investiert hatte. Er hatte sich 1953 eingekauft, als das KGV bei 3 lag. Er hatte einen ausführlichen Bericht über das Unternehmen verfasst und Kopien davon für $1 über eine im *Wall Street Journal* geschaltete Anzeige vertrieben.

Mitte der 60er Jahre wurde Amex vom sogenannten „Salatölskandal" getroffen. Das Unternehmen hatte Behälter mit Salatöl gelagert und Quittungen ausgestellt, die kraft seines Namens als Finanzierungsinstrumente gehandelt werden konnten. Leider enthielten manche der Behälter gar kein Öl. Amex war Betrügern aufgesessen. Das Unternehmen sorgte unter erheblichen Kosten dafür, dass kein unbeteiligter Dritter Verluste erlitt. Die Amex-Aktie geriet an der Wall Street in arge Bedrängnis. Die Buffett Partnership sprang ein und kaufte 5 Prozent der Aktien für $13 Millionen – 40 Prozent des gesamten Kapitals der Partnership. Das war einer der ersten Versuche Buffetts, immateriellen Vermögensgegenständen Wert beizumessen. Durch persönliche Recherchen an den Kassen örtlicher Restaurants und Banken stellte er fest, dass die Leute ihre American Express-Karten und -Schecks auch nach dem „Skandal" weiter nutzten wie zuvor. Er setzte die von dem Vorfall verursachten Kosten mit einer Dividende gleich, die das Unternehmen ausbezahlt hatte, die jedoch den Aktionären nie gutgeschrieben wurde. Er behandelte sie sozusagen als einmalige Ausgabe, die den zu erwartenden Wert zukünftiger Erträge nicht beeinträchtigen würde. Seit dieser ersten Beteiligung an Amex ist der Einkauf in krisengeschüttelte Großunternehmen wie GEICO oder Wells Fargo ein wiederkehrendes Muster.

AMERICAN EXPRESS 1991

Die Ära Robinson ging zu Ende. Das Betriebsergebnis für 1990 war desolat. Die Kosten der Umstrukturierung und die Verluste im Investment Banking- und im Maklergeschäft – jetzt unter dem Namen Shearson Lehman Brothers – beliefen sich auf $996 Millionen. Das Unternehmen als Ganzes wies einen Gewinn von $181 Millionen aus – im Vergleich zu $1,2 Milliarden im Jahr 1989. $890 Millionen wurden durch die Emission von Stammaktien aufgebracht, $200 Millionen durch Ausgabe wandelbarer Vorzugsaktien. Diesen Versuchen zur Bilanzverbesserung zum Trotz wurde die Kreditwürdigkeit von Amex 1991 heruntergestuft – ein schwerer

Schlag für ein Unternehmen, dessen größte Stärke seine Finanzkraft gewesen war.

Steigert das Unternehmen seinen Wert für seine Kunden?
Die Geschäftstätigkeit von Amex für das Jahr 1990 splittet sich folgendermaßen auf:

$ Millionen	Reingewinn	EKR (%)
Reisedienstleistungen	956	28,1
American Express Bank	111	19,2
IDS	207	14,5
ISC	103	21,8
Shearson Lehman	(966)	–

IDS hatte sich mittlerweile auf Finanz- und Anlageberatung von Privatkunden spezialisiert. Der Gewinn war seit der Übernahme im Jahr 1984 im Schnitt um 22 Prozent im Jahr gestiegen. Die im Besitz oder in der Verwaltung des Unternehmens befindlichen Aktiva beliefen sich immerhin auf $51,4 Milliarden. ISC war erfolgreich im Bereich der Datenverarbeitung, insbesondere für Kreditkartengesellschaften. Die American Express Bank zeigte im Kreditgeschäft ein gemischtes Bild, konzentrierte sich jedoch nun auf finanzkräftige Privatkunden. Reisedienstleistungen, zu denen Kreditkarten, Schecks und Reisebüros zählten, waren nach wie vor das Herz des Unternehmens. Es waren inzwischen 36,5 Millionen Karten im Umlauf, mit denen 1990 für den Gegenwert von $111 Milliarden bezahlt wurde. Der Umsatz bei Reiseschecks betrug im selben Jahr $25 Milliarden, der der Reisebüros $5 Milliarden. Neben einer hervorragenden EKR von 28 Prozent (vor Gemeinkostenumlage, wohlgemerkt) konnte dieser Geschäftsbereich mit einer Verfünffachung seiner Gewinne innerhalb von 10 Jahren aufwarten – was durchschnittlich 18 Prozent im Jahr entspricht.

Die Konkurrenz präsentierte sich allerdings stark wie nie zuvor. Visa und Mastercard hatten sich über Jahre hinweg Marktanteile erobert. Im Kreditkarten-Segment war Amex spät dran gewesen und konnte sich daher nur einen kleinen Marktanteil sichern, in der Sparte Reiseschecks und Reisevermittlung war der Wettbewerb scharf. Von anderer Warte betrachtet war Amex aber immer noch marktführend. Für finanzkräftige Privat- und

Firmenkunden war Amex immer noch erste und oft einzige Wahl im Kreditkartenbereich. Amex stand für Stärke, Service und weltweite Präsenz. Der im Verhältnis geringe Marktanteil wurde – korrekt – mit Selektivität erklärt, was gleichbedeutend war mit Prestige. Für die Stammkundschaft – Touristen, Geschäftsleute, Gastronomen – war die American Express-Karte Reklame. American Express hatte etwas erreicht, was nur wenigen Finanzdienstleistern gelungen war: Der Kunde identifizierte sich mit dem Firmennamen.

Steigert das Management den Unternehmenswert?
James Robinson hatte viele Fürsprecher, zu denen auch Buffett gehört haben soll. Durch Reinvestition und Produktentwicklung hatte er das Kerngeschäft ausgeweitet, dabei jedoch das Unternehmen überschuldet.

Steigert das Unternehmen seinen Wert für die Aktionäre?
Der Aktienkurs stagnierte über fünf Jahre. Nicht nur wurde der Gewinn aus den traditionellen Unternehmensbereichen in weniger rentable Neuinvestitionen gesteckt, es kam auch zu einer unverständlichen Verwässerung des Eigenkapitals. 1990 wurde neues Kapital in Höhe von $1,1 Milliarden beschafft; und zusätzlich wurden für $74 Millionen Stammaktien zurückgekauft *und* $413 Millionen an Stammdividenden ausbezahlt (gegenüber $359 Millionen im Jahr 1989). Schlimm genug, dass der vorhandene Shareholder Value durch die nötige Emission neuer Aktien zu niedrigeren Kursen verwässert wurde, doch geradezu absurd war, dass an dieselben Aktionäre gleichzeitig mit vollen Händen Bardividenden ausgeschüttet wurden.

INFORMATIONSQUELLEN

Das Kerngeschäft und auch IDS waren Buffett seit Jahrzehnten vertraut. Doch jeder konnte sehen, dass Amex eine ganz außergewöhnliche Konstruktion war – ein Franchise im Finanzdienstleistungssektor. Sehen wir uns einmal Berkshires erstes Engagement im Jahr 1991 an – eine Investitionsentscheidung, die sich von denen der Jahre 1994 und 1995 stark abhob.

Die Investitionsentscheidung von 1991

Auch 1991 versuchte Amex weiter, Kapital zu beschaffen. Mitte des Jahres wandte sich Robinson an Buffett, und eine Woche später investierte Berkshire $300 Millionen in wandelbare Vorzugsaktien. Diese brachten einen festen Ertrag von 8,85 Prozent. Der Zinssatz für Staatspapiere lag damals bei 7,5 bis 8 Prozent und damit deutlich darunter. Im Gegensatz zu anderen Vorzugsaktien, die Berkshire damals erwarb (etwa von Gillette), waren diese nur in Stammaktien zu wandeln. Nach Ablauf von drei Jahren sollte Berkshire für die Vorzugsaktien maximal 12,2 Millionen Stammaktien erhalten, vorausgesetzt der Marktwert läge bei maximal $414 Millionen. (Für den Fall, dass die Stammaktie unter dem Breakeven-Niveau von $24,50 gehandelt werden sollte, konnte Berkshire noch ein weiteres Jahr warten.) Geht man davon aus, dass die Stammaktie theoretisch bis auf Null fallen konnte, war das Verlustrisiko hier unbegrenzt. Der potenzielle Ertrag einschließlich der festen Dividende lag etwa bei maximal 20 Prozent im Jahr. Natürlich sprach Buffett der feste Ertrag an, doch er war auch überzeugt davon, dass Amex mehr als $24,50 je Aktie wert war.

Das entsprach einer Kapitalausstattung von $11,5 Milliarden. Das Unternehmen hatte in der Vergangenheit gezeigt, dass es über $1 Milliarde Gewinn erwirtschaften konnte. Der Nettogewinn für 1989 und 1990 hatte vor den Verlusten von Shearson $1,2 Milliarden betragen. Außerdem hatte die EKR in der Vergangenheit tendenziell oberhalb von 20 Prozent gelegen. Diese kleine Beteiligung war nur ein Beispiel dafür, wie Berkshire von niedrigen Kursen in Krisenzeiten zu profitieren verstand.

Die Investitionsentscheidung von 1994

In der dreijährigen Frist bis zur Umwandlung der Vorzugsaktien wurden auf Unternehmensebene schwerwiegende Entscheidungen gefällt. Robinson verließ die Firma 1992 und wurde durch Harvey Golub ersetzt, der vorher für den erfolgreichen IDS-Bereich zuständig gewesen war. Golub kämpfte ebenso entschlossen wie Robinson um die Rückeroberung von Marktanteilen im Kartengeschäft und setzte Schwerpunkte bei den Schlüsselfaktoren für Umsatz und Gewinn in allen Geschäftsbereichen. Er kam zu dem Schluss, dass das Investment Banking-Geschäft eine kostspielige Abweichung von dieser Vorgabe darstellte, und gab grünes Licht für den

Verkauf und die Ausgliederung von Bereichen, die nicht zum Kerngeschäft gehörten. Ganz oben auf der Liste stand ISC, der Datenverarbeitungssektor. Dieser war sicher ein gutes Geschäft, doch es fehlte der Bezug zu den wichtigsten Werten und Kunden von Amex. Durch mehrere öffentliche Zeichnungsangebote wurde die Beteiligung von Amex an ISC, das in FDC umbenannt worden war, für $2,1 Milliarden auf 22 Prozent zurückgeschraubt. Als Nächstes kam Lehman Brothers an die Reihe, das an die Aktionäre ging. (D.h., statt eines Papiers über einen Anteil an der American Express Company bekamen die Aktionäre nun zwei Papiere, eins für American Express und eins für Lehman). Lehman benötigte eine Kapitalspritze von $1,1 Milliarden, um unabhängig existieren zu können. Hier wurde zweifelsohne in eine Tasche hineingesteckt, was aus der anderen herausgezogen worden war. Die Amex-Einzelaktionäre hatten zwar $1,1 Milliarden weniger, bekamen diesen Betrag aber in Form von Lehman-Aktien wieder zurück. Vor der Ausgliederung im Mai 1994 wurde auch das Gros der Anteile an der ehemaligen Firma Shearson sowie an anderen Maklerhäusern abgestoßen.

Was war an der Basis vorgegangen? Für TRS, den traditionellen Kernbereich, waren 1991 und 1992 zwei harte Jahre gewesen. Golub hatte den Rabatt für die angeschlossenen Unternehmen herabgesetzt, um mehr Akzeptanzstellen zu schaffen, und die Anzahl der Mitglieder gesenkt, um verstärkt auf die attraktivere finanzkräftigere Zielgruppe hinzuarbeiten. Um mit dem Modewort der Zeit zu sprechen, wurde auch dieser Bereich „umstrukturiert", um Gemeinkosten zu drücken. TRS war auch neu im Kreditkartengeschäft (statt Zahlkartengeschäft) und musste erst ein paar Rückschläge einstecken, bevor es seine Kreditbedingungen verschärfte. IDS wurde umbenannt in American Express Financial Advisors (wo sonst wurden so schnell neue Namen eingeführt?) und wuchs unbeirrt weiter wie bisher. Im Bankgeschäft ging es weiter auf und ab.

$ Millionen Reingewinn	TRS	Financial Advisors	Bank
1994	998	428	80
1993	884	358	92
1992	234	297	35
1991	396	248	60

Das Financial Advisors-Segment profitierte vom langfristigen Trend der Privatanleger weg vom Bargeld, von Barguthaben und institutionellen

Pensionskassen hin zu Geldmarktfonds, Investment-Fonds und privaten Pensionskassen. Seit 1990 waren die eigenen und verwalteten Aktiva auf $106 Milliarden angewachsen und hatten sich damit mehr als verdoppelt. Der Ertragszuwachs hatte um 20 Prozent im Jahr zugelegt. Andere Schlüsselfaktoren – die Zahl der Planstellen sowie der Kundenstamm – wuchsen ebenfalls. Die positive Entwicklung bei TRS zeigt deutlich das Fehlen von Umstrukturierungskosten und Rückstellungen für Not leidende Kredite späterer Jahre. Die Geschichte dahinter war beeindruckend. Amex hatte sich hauptsächlich darauf verlegt, Akzeptanzstellen in Branchen zu verpflichten, die seine finanzkräftigen Kunden bevorzugten: Einzelhandel, Öl, Reisen, Unterhaltung. In der Unterhaltungsbranche wurde eine Marktabdeckung von nahezu hundert Prozent erreicht. Es gab ein erfolgreiches Prämienprogramm, in dessen Rahmen Punkte, Sachleistungen, Rabatte, Flugmeilen und ähnliches an hochkarätige Kunden vergeben wurden. Der durchschnittliche Amex-Karteninhaber gab mit seiner Karte zweieinhalb mal so viel aus wie etwa Inhaber von Visa oder Mastercard. Von besonderer Bedeutung – auch wegen seines Marktanteils – war das Firmenkartengeschäft. Insgesamt wurden 1993 $124 Milliarden über Amex-Karten abgerechnet. Etwa $34 Milliarden davon stammten aus dem Firmenkartengeschäft. Die Umsatzsteigerung bei Reiseschecks war seit ein paar Jahren rückläufig, auch im Ausland wurde Bargeld zunehmend von Karten verdrängt. Doch das Geschäft wuchs zwar langsam, aber stetig, und die Erträge waren auf 20 Prozent im Jahr angewachsen.

TESTFRAGEN ZUM VERSTÄNDNIS

Verstehen Sie, warum ein bestimmtes Produkt gekauft wird?
Haupteinnahmequelle von Amex war der Ersatz von Bargeld durch Amex-Produkte, ein Prozess, der sich aller Wahrscheinlichkeit nach noch fortsetzen dürfte. Im Zusammenhang mit dem Markennamen und den zentralen Werten wurden eine ganze Reihe von Produkten an den Mann gebracht. Privatkunden, die Beratung brauchten, haben sich auf die Erfahrung und Seriosität von Amex verlassen. Mit dem Kauf von Amex-Produkten wie verwaltete Fonds und private Rentenversicherungen erwarben sie Erfahrung und Solidität. Karteninhaber kauften Prestige sowie nationa-

le und internationale Präsenz. Käufer von Reiseschecks legten Wert auf Präsenz und Zuverlässigkeit und so weiter. Damit hob sich Amex ab von der Konkurrenz, der es gelang, mit den harten Fakten mitzuhalten – Vertriebskapazitäten und Produktpalette etwa. Die immateriellen Werte dagegen, das, was man mit dem Namen verband, war sehr schwer zu generieren, ohne sich Rivalen zu schaffen. Visa und Mastercard verfügten einzig über Präsenz. Citibank und Discover hatten Produkte und Vertriebswege, doch keinen starken Namen.

Wie wird sich die Branche in den kommenden zehn Jahren entwickeln?
Das Finanzberatungsgeschäft ist dabei am leichtesten zu prognostizieren. Wenn es nicht gerade zu einem dramatischen Börsencrash kommt, werden sich die erwähnten langfristigen Tendenzen aller Wahrscheinlichkeit nach fortsetzen. Wachsende Unsicherheit auf dem Arbeitsmarkt, kleinere Familien, Lücken in der staatlichen Versorgung und die Überalterung der Gesellschaft werden zu mehr Eigenverantwortung bei der Finanzplanung führen.
Was den technischen Fortschritt in den TRS-Märkten angeht, ist eine Prognose schon schwieriger. Im Konsumentenkreditgeschäft ist die Konkurrenz größer geworden. Die großen Spannen und die scheinbare Berechenbarkeit des Kundenverhaltens haben neue Anbieter angelockt. Amex ging gerade noch unbeschadet aus dem Kampf hervor. Wenn es gelänge, den Kundenstamm zu vergrößern, ohne dem Image zu schaden, könnten die Erträge noch gesteigert werden. Als Unternehmen, das für bestimmte *Werte* steht, könnte Amex auch von der technischen Entwicklung profitieren – in Zeiten des Wandels halten sich die Leute gern an Vertrautes.

> *Haupteinnahmequelle von Amex war der Ersatz von Bargeld durch Amex-Produkte, ein Prozess, der sich aller Wahrscheinlichkeit nach noch fortsetzen dürfte.*

Haben Sie Vertrauen ins Management?
Golub hielt sich buchstabengetreu an Buffetts Prinzipien. Geschäftsbereiche, die unrentabel und strategisch uninteressant waren, hat er zu vernünftigen Preisen verkauft. So hat er Kapital ausschließlich für die verbleibenden, Gewinn bringenden Sektoren bereitgestellt. Er hat die Schlüs-

selfaktoren zum Erfolg identifiziert und auf dieser objektiven Grundlage eine Leistungssteigerung angestrebt. Er hat in erfolgreichen Geschäftsbereichen ohne Not Kosten gesenkt. Er hat die Finanzkraft wieder aufgebaut, was für das Image beim Kunden von grundlegender Bedeutung war. Und nun, wo das Unternehmen es sich leisten kann, hat er begonnen, Aktien zurückzukaufen.

Sind die Produkte leicht ersetzbar?
American Express ist in einer wettbewerbsintensiven Branche. So konnte sich das Unternehmen nicht wie Gillette Vertriebswege sichern und auch keine maßgeblichen Kostenvorteile verbuchen wie GEICO. Seine Stärken lagen in bestimmten Kundenkreisen, insbesondere bei wohlhabenden Privatpersonen, Firmen und Touristen. Sie alle verfügten über mehr Geld, gaben mehr Geld aus und waren weniger preis- und mehr marken- und qualitätsbewusst als der Durchschnittskunde. Amex musste sich schwer ins Zeug legen, um mit seiner anspruchsvollen Klientel Schritt zu halten, doch das ist ihm nun schon seit mehreren Jahrzehnten gelungen.

FINANZANALYSE

Amex war ein Hybrid-Unternehmen mit auf den ersten Blick verwirrenden Bilanzen. Um festzustellen, wie es sich mit dem Gewinn verhält, müssen wir uns zunächst die Bilanz ansehen.

Konsolidierte Bilanz 1993

$ Millionen	per 31. Dezember 1993
Barmittel und Beteiligungen	42620
Forderungen	16142
Forderungen aus Krediten	14796
Immobilien	1976
Forderungen gegenüber Unternehmen, mit denen ein Beteiligungsverhältnis besteht	8992
Sonstige	9606
Aktiva	94132
Einlagen von Kunden	11131
Reiseschecks	4800
Rückstellungen für Pensionen und ähnliche Verpflichtungen	26158
Verbindlichkeiten	21050
Verbindlichkeiten gegenüber Unternehmen, mit denen ein Beteiligungsverhältnis besteht	8992
Sonstige	13267
Eigenkapital	8734

Primär ist hier festzustellen, dass es sich um eine große Bilanz handelt, d.h., dem Eigenkapital stehen eine ganze Reihe von Aktiva gegenüber. Lehman war noch nicht ausgegliedert, doch das kann der Grund nicht sein, da es bereits als aufgegebenes Unternehmen aus dem konsolidierten Abschluss herausgenommen worden war. Die American Express Bank war eher klein, zeichnet jedoch für das Gros der Forderungen aus Krediten und der Kundeneinlagen verantwortlich. Viele der anderen Aktiv- und Passivposten entsprachen einander: Die Verbindlichkeiten aus dem Versicherungsgeschäft, den Wertpapieren des Anlagevermögens und – wie die Bezeichnungen vermuten lassen – auch die Forderungen und Verbindlichkeiten gegenüber Unternehmen, mit denen ein Beteiligungsverhältnis besteht, hoben einander auf. Zu rein analytischen Zwecken könnte man die Bilanz etwas straffen, indem man die Posten wegkürzt, die sich offensichtlich ausgleichen.

$ Millionen	per 31. Dezember 1993
Forderungen	16142
Forderungen aus Krediten, abzüglich Einlagen	3665
Immobilien	1976
Sonstige	9606
Aktiva	31389
Reiseschecks	4800
Verbindlichkeiten (Barmittel, Beteiligungen und Rückstellungen berücksichtigt)	4588
Sonstige	13267
Eigenkapital	8734

Diese Darstellung zeichnet schon ein realistischeres Bild des Leverage-Effekts auf die Ertragskraft des Unternehmens.

Die Abwicklung von Lehman war im Mai 1994 abgeschlossen. Da sie in der Bilanz von 1993 bereits nicht mehr berücksichtigt war, waren die Auswirkungen auf Passiva und Aktiva minimal. Allerdings ging Amex ein Teil der einbehaltenen Gewinne verloren, wodurch sich das Eigenkapital um $2,4 Milliarden auf $6,3 Milliarden reduzierte.

Konsolidierte Gewinn- und Verlustrechnung 1993

Auch die Gewinn- und Verlustrechnung war entsprechend komplex:

$ Millionen	Jahresabschluss per 31. Dezember 1993
Provisionen und Gebühren	7818
Zinsen und Dividenden	4914
Prämien	702
Sonstige	739
Erträge insgesamt	14173
Gemeinkosten	(6957)
Rückstellungen	(3107)
Zinsen	(1783)
Lehman	(127)
Ergebnis vor Steuern	2199
Jahresüberschuss	1478
Gewinn je Aktie ($, fortlaufend)	3,17

Abgesehen vom Lehman-Effekt, der weitgehend unberücksichtigt blieb, konnte das Unternehmen für seine FDC-Aktien $433 Millionen Gewinn nach Steuern verbuchen. Das im Hinblick auf FDC und Lehman berichtigte Ergebnis weist einen Jahresüberschuss von $1,2 Millliarden und einen Gewinn je Aktie von $2,51 aus.

Wenn der Leverage-Effekt in der Konzernbilanz so groß war wie im Bankgeschäft, so ist der Gewinn aus Netto-Zinserträgen auffallend gering. (Im Bankgeschäft kommt hier der Löwenanteil des Gewinns her). Ebenfalls bemerkenswert ist, dass die Zinserträge von Amex größtenteils aus einem diversifizierten, erstklassigen Anleihe-Portefeuille stammen (wie bei einer Versicherung) und weniger aus riskanten Krediten (wie bei einer Bank). Erst auf den zweiten Blick fällt auf, wie gering die Kosten für die Amex-Verbindlichkeiten sind. In Ergänzung zum Eigenkapital wurden Verbindlichkeiten in Höhe von $85,4 Milliarden ausgewiesen, die $4,9 Milliarden an Zinsen und Rückstellungen erforderten – 5,7 Prozent also. Wie wir schon aus der Erfolgsgeschichte von Berkshire Hathaway gelernt haben, können kostengünstige Verbindlichkeiten ebenso wichtig sein wie die Erträge aus den Aktiva.

Kapitalquellen

Amex war in der Lage, in den meisten seiner Unternehmensbereiche Mittel zu generieren. Die großen Bilanzposten, die sich aus dem Versicherungs-/Geldanlage-Sektor ergaben, konnten Einnahmen verbuchen, lange bevor Leistungen fällig wurden (siehe auch den Fall GEICO). Im Bankgeschäft gab es mehr Einlagen als Kredite. Nichtsdestotrotz waren da Forderungen aus dem Zahlkartengeschäft in Höhe von $16 Milliarden und Sachanlagen im Wert von $2 Milliarden, die unterhalten und ausgebaut werden wollten. Viele Analysten stellten fest, dass die ausgestellten, doch nicht eingelösten Reiseschecks in Wirklichkeit einen Float-Profit generierten. Hier konnten satte Erträge erzielt werden. $4,8 Milliarden standen kostenfrei zur Verfügung, und das Beste war: Manche der Schecks würden nie eingelöst werden. Allerdings wuchs dieser Geschäftsbereich nur noch langsam und konnte die ermittelte Lücke bei den Aktivposten nicht zureichend schließen. Zwar konnte das Bankgeschäft freie Einlagen einbringen, doch in erster Linie würde das Problem durch Verschuldung und einbehaltene Gewinne gelöst werden müssen.

Im immateriellen Bereich verfügte Amex mit seinem Image über eine kräftige Kapitalquelle – einem Image, das die Unternehmenswerte repräsentierte und den Markennamen verkörperte. Golub hatte die Probleme gelöst, die die Finanzkraft des Unternehmens beeinträchtigten und Bereiche abgestoßen, die diesen Werten abträglich waren. Abgesehen vom Bankgeschäft, das den lohnenden Versuch darstellte, wohlhabenden Privatkunden mehr Service zu bieten, sich jedoch nie besonders viel versprechend entwickelt hatte, war die Rentabilität von Kapital und Eigenkapital im Kerngeschäft gut. Amex konnte sich im wettbewerbsintensiven und unberechenbaren Finanzdienstleistungsmarkt behaupten, weil seine Kunden bereit waren, für diese Geschäftsverbindung einen Aufpreis zu bezahlen. Und hier lag der Schlüssel zum Kapital.

Im immateriellen Bereich verfügte Amex mit seinem Image über eine kräftige Kapitalquelle – einem Image, das die Unternehmenswerte repräsentierte und den Markennamen verkörperte.

Eigenkapitalrentabilität

Nach der Abwicklung von Lehman war die Eigenkapitalbasis von Amex auf $6,3 Milliarden geschrumpft. Klammert man die außerordentlichen Erträge aus dem Verkauf von FDC-Aktien aus, betrug der Reingewinn $1,2 Milliarden. Die EKR lag daher etwa bei 19 Prozent. Intuitiv klingt das gut in Anbetracht der statistischen Werte zur EKR für Einzelunternehmen, die wir kennengelernt haben (allerdings vor Gemeinkostenumlage). Diese EKR ist durchaus vergleichbar mit den Erträgen, die vor der leidigen Geschichte mit Shearson erwirtschaftet wurden. Eine nachträgliche Berechnung des IP ist nicht sinnvoll, da sich durch die verschiedenen Maßnahmen zur Beschaffung von Kapital und die diversen Veräußerungen hier Verzerrungen ergeben würden. Das laufende IP läge aufgrund der im vorigen Abschnitt beschriebenen Ursachen vermutlich auf oder bei 19 Prozent – die übrig gebliebenen Geschäftsbereiche hatten generell einen eher geringen Kapitalbedarf bzw. erforderten nicht mehr als zur Verfügung stand.

Was war American Express wert?

Was den inneren Wert anbelangte, so war in dieser Situation Skepsis angebracht. So solide das Kerngeschäft auch sein mochte, die Kompetenz des Managements ließ sich noch nicht in Zahlen ausdrücken. Statistisch betrachtet lag die Eigenkapitalrendite im Bank- und Versicherungsgeschäft zyklusbezogen kaum je über 10 Prozent. Damit war Amex dem Branchendurchschnitt überlegen. Bei Bereitschaft zu einem Vertrauensvorschuss für das Management und in Anbetracht der nach wie vor starken Marktpositionen von Amex wäre es durchaus zu rechtfertigen, das kontinuierliche IP sowie die EKR bei 19 Prozent anzusetzen. Auf Grundlage des aufrechterhaltenen Jahresüberschusses von 1993, der im ersten Halbjahr 1994 sogar noch gesteigert wurde, könnte man den IV folgendermaßen berechnen:

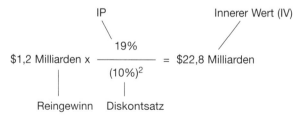

American Express-Kunden waren bereit, für diese Geschäftsverbindung einen Aufpreis zu bezahlen.

WAS BUFFETT UNTERNAHM

Die Wandlungsfrist für die Vorzugsaktien im Wert von $300 Millionen lief im August 1994 ab. Die ursprüngliche Vereinbarung besagte, dass sie in 12,2 Millionen Stammaktien im Wert von maximal $414 Millionen gewandelt werden sollten. Die Zahl der Aktien war auf 14 Millionen erhöht worden, da Berkshire von der Verteilung des Erlöses aus der Abwicklung von Lehman ausgeschlossen gewesen war. Die Stammaktie war im betreffenden Quartal zwischen $25,25 und $32 gehandelt worden, so dass Berkshires Anteile im Wert zwischen $354 Millionen und $448 Millionen anzusiedeln waren. So oder so war das ein netter Kapitalgewinn – zusätzlich zu der attraktiven Dividende. Vor kurzem erst hat Buffett offenbart, dass er versucht gewesen sei, den Gewinn mitzunehmen und die Aktien zu verkaufen. Beim Golfspiel mit Hertz-Chef Frank Olson ließ er sich davon überzeugen, dass Amex andere Kartenanbieter aus dem Feld schlug und über mehrere starke Franchises verfügte – insbesondere im Firmenkundensegment. Also verkaufte Buffett nicht, sondern investierte im Laufe der folgenden Monate weitere $1,1 Milliarden in Stammaktien. In diesem Zeitraum wurde das Ergebnis für 1994 veröffentlicht, das mit einem Jahresüberschuss von $1,4 Milliarden deutlich verbessert worden war – um ganze 17 Prozent. Legt man bei der Ermittlung des IV diese Zahl zu Grunde, so steigt er auf $26,6 Milliarden.

Berkshire hatte die neuen Anteile zu einem Durchschnittskurs von $30,80 erworben. Die gesamte Transaktion hatte also ein Volumen von $15,7 Milliarden. Die auf Grundlage des IV für 1994 errechnete Sicherheitsmarge betrug 41 Prozent.

WAS DANACH GESCHAH

Harvey Golub und sein Team lösten ihr Versprechen ein. Man konzentrierte sich voll auf die verbleibenden Geschäftsbereiche und arbeitete in aller Klarheit und Offenheit auf Schlüsselfaktoren wie Steigerung des Gewinns je Aktie und EKR-Ziele hin. Im TRS-Sektor lag der Schwerpunkt auf Ausbau der Mitgliederzahlen, Loyalität und Umsatz pro Karte. Die Zahl der ausgegebenen Karten stieg im Vergleich zu 1990 um 17 Prozent, der Kartenumsatz um 87 Prozent. Der Finanzberatungssektor profitierte von steigender Nachfrage, angeheizt durch demographische Trends und die Höhenflüge der Börse. Eigene Vermögenswerte und verwaltetes Vermögen vervierfachten sich in sieben Jahren und die Erträge steigerten sich weiterhin im bekannten, doch nach wie vor eindrucksvollen Satz von 20 Prozent im Jahr. Im Bank- und Reisescheckgeschäft bewegte sich nach wie vor nicht viel.

Dieses Ergebnis war die Folge einer restriktiven Kostenpolitik – die jährliche Kostensteigerung war nahe Null – und einer progressiven Produktentwicklung, insbesondere im Bereich der Dienstleistungen für Karteninhaber im Privat- und Firmenkundenbereich. Hier war zum ersten Mal seit Jahren wieder ein Wachstum des Marktanteils zu verzeichnen. Außerdem hatte Amex die Bemühungen von Visa um Banken als potenzielle Partner bei der Ausstellung von Karten massiv unterwandert.

Insgesamt ergab sich für 1997 ein Überschuss von $2 Milliarden und ein Gewinn je Aktie von $4,2, was einer Steigerung von 13 bzw. 16 Prozent entspricht. Erwartungsgemäß war es regelmäßig zu Rückkäufen eigener Aktien in bescheidenem Umfang gekommen, die in den letzten Jahren zugenommen hatten. Die EKR war von 19 bis 20 Prozent auf 22 Prozent gestiegen.

Ende 1997 lag der Aktienkurs bei $89 und Berkshire Hathaways $1,4 Milliarden-Beteiligung war damit $4,4 Milliarden wert. Das entspricht einer Wertsteigerung von im Schnitt immerhin 39 Prozent im Jahr für den Zeitraum seit 1994 – ohne Dividenden.

TEIL IV FALLSTUDIEN

ÜBUNGEN

Wie wir festgestellt haben, bringen die Reiseschecks dem Unternehmen einen Float-Profit. Doch es könnte ja sein, dass die Amex-Kunden ihr Vertrauen verlieren und ihr Geld lieber größeren Banken anvertrauen. Dabei ist es Amex aber gelungen, mit Verkauf und Einlösung von Schecks gleich viel Gewinn zu machen.

1 Das Eigenkapital sank nach der Ausgliederung von Lehman für das Jahr 1994 auf $6,3 Milliarden. Welcher Betrag würde erreicht, wenn man den Float-Profit herausrechnet?

2 Wie hoch wäre die neue EKR?

3 Wie hoch wäre der innere Wert?

4 Welchen Einfluss hätte dies auf die Anlageentscheidung von 1994 gehabt?

DIE BUFFETT-METHODE

Weitere Fragen zur Diskussion

5 Streng genommen sollte der Wegfall eines Float-Profits in Höhe von $4,8 Milliarden den Wert des Unternehmens höchstens um diesen Betrag mindern. Könnten Sie sich vorstellen, warum die Wirkung hier tatsächlich größer ist?

6 Wir sind davon ausgegangen, dass der Wegfall des Float-Profits die Gewinn- und Verlustrechnung von Amex nicht verändert. Welche Auswirkungen können sich in der Praxis bei Erträgen und Aufwendungen zeigen?

XIII

– DIE COCA-COLA COMPANY –

1988, 1989 und 1994 kaufte Berkshire Hathaway Stammaktien der Coca-Cola Company für einen Gesamtbetrag von $1299 Millionen.

GESCHICHTE

The Coca-Cola Company wurde 1892 gegründet zur Vermarktung eines neuen alkoholfreien Getränkes auf Kokainbasis, entwickelt von Dr. John Pemberton aus Georgia im Jahr 1886. Sie verkaufte den Getränkegrundstoff an Abfüllfirmen und andere Vertreiber. Der Absatz lag bereits 1895 bei knapp 350 000 Litern – genug für zehn Millionen Gläser Cola. Zwar wurde Kokain 1902 aus der Zutatenliste gestrichen, doch die Mixtur enthielt immer noch wirksame Mengen Zucker und Koffein. Der Markt expandierte weiter, nicht zuletzt infolge einer der größten Werbekampagnen ihrer Zeit: 1900 wurden $85 000, 1912 $1 000 000 in Werbemaßnahmen gesteckt. In den 20er Jahren wurden die überseeischen Märkte erschlossen. 1932 schaffte die Firma den Sprung in den Dow Jones Industrial Average. Im Zweiten Weltkrieg noch eine nationale Institution, mauserten sich der Name, das Logo und die charakteristische Flasche in den Nachkriegsjahrzehnten zum globalen Markenzeichen.

> *Zwar wurde Kokain 1902 aus der Zutatenliste gestrichen, doch die Mixtur enthielt immer noch wirksame Mengen Zucker und Koffein. Der Markt expandierte weiter, nicht zuletzt infolge einer der größten Werbekampagnen seiner Zeit: 1900 wurden $85 000, 1912 $1 000 000 in Werbemaßnahmen gesteckt.*

Der kubanische Emigrant Roberto Goizueta übernahm 1980 die Leitung des Unternehmens. Obwohl der Umsatzerlös $4,6 Milliarden und der Gewinn nach Steuern $400 Millionen erreicht hatte, waren Management und Botschaft erschöpft. Zusammen mit seiner Nummer 2, Don Keough, nahm Goizueta mit neuem Marketing-Eifer den Rivalen Pepsi ins Visier, der kontinuierlich Marktanteile gewonnen hatte. Ironie des Schicksals, dass gerade dieses Management-Team mit dem größten Schnitzer der amerikanischen Marketing-Geschichte in Verbindung gebracht wird. Infolge von Marktforschungsergebnissen, die zeigten, dass Pepsi den Konsumenten besser schmeckte, wurde 1985 ein neues Coca-Cola auf den Markt gebracht – New Coke. New Coke bestand Geschmackstests mit Bravour, doch die Reaktion der Verbraucher war prompt, heftig und unmissverständlich. Auf eine beispiellose öffentliche Kampagne und 40 000 Protestbriefe hin wurde die klassische Variante des Getränks wieder eingeführt.

Zwar war Coca-Cola schon vorher das meist verbreitete und bekannteste Produkt der Welt, doch der Aufruhr um New Coke zeigte es noch einmal ganz deutlich: Die Menschen liebten Coca-Cola.

COCA-COLA 1988

Als Warren Buffett sich für Coca-Cola zu interessieren begann, war New Coke schon längst vom Tisch. Das Betriebsergebnis war 1985 zwar leicht zurückgegangen, hatte jedoch 1986 und 1987 deutlich zugelegt – um 34 bzw. 26 Prozent. Es wurde im Grunde ausschließlich mit dem Vertrieb von Grundstoff für Erfrischungsgetränke erwirtschaftet, wie schon vor hundert Jahren. Jener fatale Fehler war es jedoch, der es Buffett ermöglichte, die erste der drei Wertfragen zu beantworten:

Steigert das Unternehmen seinen Wert für seine Kunden?
Coca-Cola hatte eine Beziehung zu seinen Konsumenten, die ihresgleichen suchte. Diese kauften nicht etwa irgendein aromatisiertes Zuckerwasser, sondern waren gewissermaßen auf Coca-Cola fixiert. 1987 griff der Durchschnittsamerikaner 274mal zu einem Produkt der Coca-Cola Company. Auf einen durchschnittlichen Cola-Trinker entfällt dabei sicher mehr als ein Coke pro Tag.

> *Ironie des Schicksals, dass gerade dieses Management-Team mit dem größten Schnitzer der amerikanischen Marketing-Geschichte in Verbindung gebracht wird. Infolge von Marktforschungsergebnissen, die zeigten, dass Pepsi den Konsumenten besser schmeckte, wurde 1985 ein neues Coca-Cola auf den Markt gebracht – New Coke. New Coke bestand Geschmackstests mit Bravour, doch die Reaktion der Verbraucher war prompt, energisch und unmissverständ-*

lich. Auf eine beispiellose öffentliche Kampagne und 40 000 Protestbriefe hin wurde die klassische Variante des Getränks wieder eingeführt.

Steigert das Management den Unternehmenswert?
Das Team Goizueta-Keough saß den Skandal um New Coke aus und konzentrierte sich weiter auf die Expansion des Erfrischungsgetränkegeschäfts. Andere Unternehmensbereiche befassten sich mit verwandten Produkten, Fruchtsäften etwa. Größere Investitionsausgaben wurden nach Ermessen getätigt, in der Hauptsache zum Kauf von Minderheitsbeteiligungen an Abfüllunternehmen, die nach wie vor den wichtigsten Vertriebskanal darstellten. Nicht ins Bild passte die Übernahme des Medienunternehmens Columbia für $750 Millionen im Jahr 1984. Zwar war Coca-Cola ein wichtiger Werbekunde, doch andere Synergieeffekte waren auf den ersten Blick nicht zu entdecken. Das Unternehmen war jedoch unter kompetenter Leitung und durch einen Aktientausch mit Tri-Star blieb die Bilanzstruktur unbelastet: Von Columbia floss Geld an die Aktionäre. Die maßgebliche Leistung des Managements war die Konzentration auf den Markt für Erfrischungsgetränke, während Pepsi zunehmend von seinem umfangreichen Snack-Food und Restaurantbereich in Anspruch genommen wurde.

Steigert das Unternehmen seinen Wert für die Aktionäre?
Hätte man Ende 1982 $100 in Coca-Cola-Stammaktien investiert, wären daraus Ende 1987 mit reinvestierten Dividenden $270 geworden – ein Wachstum von durchschnittlich 22 Prozent im Jahr. Im Vergleich dazu lag die Steigerungsrate in den fünf Jahren davor – in etwa der Ära vor Goizueta – bei 13 Prozent. Die Strategie des Managements war ausdrücklich auf die Reinvestition von generiertem Cashflow im Hinblick auf die zu erwartende Kapitalrendite ausgerichtet. Und das Unternehmen hatte 1984 mit dem Rückkauf eigener Aktien begonnen.

1987 griff der Durchschnittsamerikaner 274mal zu einem Produkt der Coca-Cola Company. Auf einen durchschnittlichen Cola-Trinker entfällt dabei sicher mehr als ein Coke pro Tag.

TEIL IV FALLSTUDIEN

DIE PERSÖNLICHE VERBINDUNG

- Im zarten Alter von sechs Jahren, bei seinem ersten Ausflug in die Welt der Wirtschaft, begann Warren Buffetts persönliche Beziehung zu Coca-Cola. Im Urlaub mit seinen Eltern kaufte er sechs Flaschen Coca-Cola für 25 Cents und verkaufte sie für 5 Cent die Flasche an andere Urlauber.
- Er ist passionierter Cherry Coke-Trinker – sein Konsum wird auf fünf Flaschen pro Tag geschätzt.
- Don Keough war in Omaha sein Nachbar gewesen. Keough soll ihn auch von seiner langjährigen Vorliebe für Pepsi 1985 zu Coca-Cola bekehrt haben.

INFORMATIONSQUELLEN

1988 war Coca-Cola bereits seit mehr als fünfzig Jahren auf dem Markt vertreten. Zahllose unabhängige Finanzanalysen und Marketing-Studien lagen vor, doch alles, was Buffett brauchte, fand er im Jahresbericht des Unternehmens. Neben den üblichen finanzwirtschaftlichen Zahlen enthielt der Bericht Folgendes:
- Coca-Cola hat „in allererste Linie Erfrischungsgetränke vertrieben". Das Betriebsergebnis stammte zu 95 Prozent aus dieser Quelle.
- Die Erfrischungsgetränkebranche zeichnete sich aus durch „starken Umsatzzuwachs, hohe Umsatzrendite, kräftigen Cashflow, geringen Kapitalbedarf und hohe Kapitalrendite". Nach Buffetts Definition war das eine Branche mit Rückenwind. Und die Fähigkeit, bei geringer Reinvestitionsquote und steigenden Gewinnen in großem Umfang liquide Mittel zu generieren, war eine ausgesprochen reizvolle Kombination.
- Die Erfrischungsgetränkebranche war die größte der Welt. Coca-Cola nahm für sich in Anspruch, über das beste Vertriebssystem und die erfolgreichsten Marken zu verfügen, während die mit Produktion und Abfüllung verbundenen Kosten auf den meisten seiner 155 nationalen Märkte am niedrigsten lagen.
- Später schrieb Buffett, dass ihn nicht nur die ungewöhnliche Mischung von Marketing- und Finanzkompetenz beim Management angezogen

143

DIE BUFFETT-METHODE

habe, sondern vor allem die Erkenntnis, dass „der Umsatz in Übersee förmlich explodierte".

Umsatz Erfrischungsgetränke Mio $, per Dezember	USA	International	Zuwachs international (%)
1985	1865	2677	
1986	2016	3629	36
1987	2120	4109	13

Ein tabellarischer Vergleich des Konsums von Coca-Cola mit den Produkten anderer Hersteller für bestimmte Länder käme einer Provokation gleich. (Hier die berichtigten Zahlen zum Bericht für 1988, der noch deutlichere Werte enthält:)

Land	Pro-Kopf-Verbrauch (in 225 ml-Portionen)
USA	227
Mexiko	197
Australien	155
Norwegen	161
Kanada	163
Deutschland	143
Argentinien	155
Spanien	103
Kolumbien	107
Philippinen	79
Brasilien	90
Italien	68
Großbritannien	66
Korea	44
Japan	47
Frankreich	27
Thailand	25
Taiwan	17
Indonesien	3
China	0,3

Um einen ungefähren Eindruck vom Potenzial von Coca-Cola zu erhalten, bietet sich ein kleines Gedankenspiel an. In den USA leben 250 Millionen

Menschen, in den übrigen Ländern der Erde 4750 Millionen. Unter Berücksichtigung regionaler Geschmacksunterschiede, starker einheimischer Konkurrenz, politischer Hemmnisse etc. ist durchaus vorstellbar, dass Coca-Cola den Pro-Kopf-Konsum außerhalb der Vereinigten Staaten in zehn Jahren auf, sagen wir, die Hälfte des US-Niveaus steigern kann. Bei konstanten Preisen würde der internationale Umsatz von 1987 – $4109 Millionen – auf $20140 Millionen klettern.

$$\frac{4750 \text{ Millionen Menschen}}{250 \text{ Millionen Menschen}} \times \text{Erfrischungsgetränkeumsatz in den USA 1987 von } \$2120 \text{ Millionen} \times 50\% = \$20\,140 \text{ Millionen}$$

1987 lag die Umsatzrendite bei Erfrischungsgetränken bei 27 Prozent. Ohne Berücksichtigung der Kostendegression ergibt sich daraus unter der Voraussetzung, dass das Wachstum komplett innenfinanziert ist, ein projizierter Gewinn vor Steuern von $5438 Mio bzw. ein Reingewinn von schätzungsweise $3533 Mio (bei der entsprechenden steuerlichen Gesamtbelastung). Ein Langläufer am Rentenmarkt hätte 1987 9 Prozent Rendite gebracht. Nehmen wir an, Coca-Cola könnte den Preis für seine Produkte jedes Jahr um die damals aktuelle Inflationsrate von 3 Prozent erhöhen, können wir den projizierten Reingewinn um 6 Prozent im Jahr diskontieren. $3533 Mio in zehn Jahren entsprechen einem aktuellen Wert von $1973 Mio, ungefähr das Dreifache des Unternehmensgewinns von 1987.

Niemand kann die Zukunft so genau vorhersagen, doch es sind solche Überlegungen, die Buffett wohl bei der Lektüre des Jahresberichtes angestellt hat.

TESTFRAGEN ZUM VERSTÄNDNIS

Verstehen Sie, warum das Produkt gekauft wird?
Cola verkaufte sich, weil es dem Geschmack von Millionen entsprach. Die Herstellungs-, Abfüll-, Transport- und Vertriebsmethoden haben sich in der 100-jährigen Unternehmensgeschichte verändert, doch im Grunde wurde immer noch auf gleiche Weise Geld verdient. Es sind keine speziellen technischen Fachkenntnisse, ja, nicht einmal patentierte Rezepte

notwendig, um den Erfolg für die Zukunft zu sichern. Jedermann konnte sehen, dass Cola auch in Zukunft gefragt sein würde.

Wie würde sich die Branche in den kommenden zehn Jahren entwickeln?
Die Nachfrage nach Cola und den anderen von Coca-Cola produzierten Erfrischungsgetränken hatte kontinuierlich zugenommen. Sowohl die Zahl der Konsumenten als auch der Pro-Kopf-Verbrauch waren gestiegen. Es gab Konkurrenz durch kalorienarme Getränke und Mineralwässer, doch die Firma hat gewöhnlich gut gekontert. Cola Light ist das beste Beispiel dafür. Die Entwicklung von Coca-Cola in den USA konnte als realistische Schablone für die internationale Expansion angesetzt werden. Trotz regional unterschiedlicher Marktbedingungen, Geschmäcker und regulativer Faktoren hatte das Unternehmen 60 Jahre lang bewiesen, dass es seine Produkte global vermarkten konnte. Ebenso stand zu vermuten, dass amerikanische Markenprodukte wie Mickey Mouse oder Big Mac in einer wachsenden Zahl von Staaten auf dem Weg in die Demokratie, die eine gemeinsame Volkskultur eint, auch weiterhin als Symbol für Freiheit (insbesondere Konsumfreiheit) gelten.

> *Um einen ungefähren Eindruck vom Potenzial von Coca-Cola zu erhalten, bietet sich ein kleines Gedankenspiel an. In den USA leben 250 Millionen Menschen, in den übrigen Ländern der Erde 4750 Millionen. Unter Berücksichtigung regionaler Geschmacksunterschiede, starker einheimischer Konkurrenz, politischer Hemmnisse etc. ist durchaus vorstellbar, dass Coca-Cola den Pro-Kopf-Konsum außerhalb der Vereinigten Staaten in zehn Jahren auf, sagen wir, die Hälfte des US-Niveaus steigern kann.*

Haben Sie Vertrauen ins Management?
Das Team Goizueta-Keough hatte Coca-Colas Marketing- und Vertriebssystem neue Schlagkraft verliehen. Außerdem achteten die beiden darauf, dass nur dort investiert wurde, wo mit hohen Ertragszuwächsen zu rechnen war. War dies nicht mehr möglich, wurden überschüssige Mittel über Dividenden und Aktienrückkäufen den Aktionären zugeschanzt. Schließlich bildete Coca-Cola kostentechnisch das Schlusslicht der Branche. Was auch immer an der Börse passiert wäre, Buffett hätte ruhig schlafen können.

Ist das Produkt leicht zu ersetzen?

Coca-Cola stand in Konkurrenz zu anderen Erfrischungsgetränken, Getränken ohne Kohlensäure, Mineralwasser, Heißgetränken und Leitungswasser. Für einen so großen, heterogenen Markt gibt es praktisch keine Maßstäbe. Der Markt für Erfrischungsgetränke jedoch wuchs schneller als alle anderen Getränkemärkte, und Coca-Cola stand hier international an der Spitze. Der Anteil am internationalen Markt – ohne Sowjetunion und China – betrug 44 Prozent und damit mehr als das Doppelte des schärfsten Konkurrenten. Nicht weniger wichtig ist dabei, dass Coca-Cola die bekannteste Marke der Welt ist, dass Herstellung (und Abfüllung) in ihrer Effizienz branchenführend sind und dass Coca-Cola weiter verbreitet ist als irgendein anderes Konsumgut der Welt. Diese Faktoren stellten mächtige, praktisch unüberwindliche Hürden dar für den Zugang zu einem größeren Anteil am Markt für Erfrischungsgetränke. Sicher sind $900 Mio Gewinn nach Steuern ein attraktiver Anreiz für neue Konkurrenten, doch dieser Gewinn stammt aus dem Verkauf von über 191 Milliarden Portionen, was einem Gewinn von weniger als einem halben Cent pro ausgeschenktes Cola entspricht. Auch das ist ein wirksamer Schutz vor Nachahmern (oder No-Name-Produkten).

FINANZANALYSE

Wie sah die Entwicklung bei Coca-Cola unter so günstigen Rahmenbedingungen vor 1987 aus? Der Jahresbericht per 31. Dezember 1987 enthielt auch eine Zusammenfassung der Ergebnisse der vorangegangenen elf Jahre.

$ Mio.	1987	1986	1985	1984	1983	1982	1981	1980	1979	1978	1977
Umsatz	7558	6977	5879	5442	5056	4760	4836	4640	3895	3423	2753
Bruttogewinn	4025	3523	2970	2704	2476	2288	2161	2046	1794	1569	1222
Betriebsergebnis	1360	1077	807	849	828	773	720	680	644	602	528
Gewinn vor Steuern	1410	1208	992	982	927	873	771	707	691	635	561
Reingewinn	916	798	678	622	553	494	432	394	386	351	310
Aktien in Umlauf	377	387	393	396	408	390	372	372	372	372	369
Gewinn je Aktie ($)	2,43	2,06	1,73	1,57	1,36	1,27	1,16	1,06	1,04	0,94	0,84

(Hinweis: Nicht einbezogene außerordentliche Bilanzposten wurden steuerlich entsprechend berücksichtigt.) Hier springen mehrere Fakten ins Auge. Zunächst ist der Umsatz innerhalb von zehn Jahren ums 2,74-fache gewachsen (also um 10,6 Prozent im Jahr), das Betriebsergebnis vor Rückstellungen aber nur um das 2,58-fache. Nach dem, was wir über die Firmenleitung wissen, hätte die relativ laxe Kostenpolitik Hauptansatzpunkt sein müssen, und so war es auch: In den fünf Jahren bis 1987 steigerte sich der Zuwachs beim Betriebsergebnis auf 12 Prozent im Jahr. Auch die Aktiendaten lassen sich in zwei Zeitabschnitte gliedern – 1977 bis 1982 (8,6 Prozent im Jahr) und 1982 bis 1987 (13,9 Prozent im Jahr). Es ist durchaus kein Zufall, dass die Zahl der emittierten Aktien im ersten Zeitabschnitt anstieg, da Unternehmensanteile gekauft wurden, und im zweiten Zeitabschnitt in gleicher Höhe fiel, als Aktien zurückgekauft wurden. Betrachten wir noch einmal die Bilanz.

Konsolidierte Bilanzen

Es erfolgte eine Neubewertung der Ergebnisse für 1986 und 1985 auf Grundlage zweier maßgeblicher finanzieller Schachzüge. Zunächst wurde ins Auge gefasst, die kritische Beteiligung am Medienunternehmen Columbia zumindest teilweise zu revidieren. Es kam zu einer Fusion mit den branchenverwandten Tri-Star-Studios und den Coca-Cola-Aktionären wurde ein nennenswerter Anteil als einmalige Dividende ausbezahlt. Damit belastete die nun 49%ige Beteiligung nicht mehr die Bilanz, und $335 Millionen (allerdings in Form von Columbia-Aktien) flossen den Aktionären zu, statt dem Management ein Loch in die Tasche zu brennen. Im Anschluss wurden 1986 die Anteile an Coca-Cola Enterprises Inc., dem größten amerikanischen Abfüllunternehmen, ebenfalls auf 49% heruntergeschraubt und die Bilanzstruktur entsprechend entlastet. Auch hierin zeigte sich das Streben des Managements nach einer Konzentration auf die Stärken von Coca-Cola – aufs Marketing nämlich, und nicht auf die Produktion. Und dies hatte – wie wir sehen werden – ausgesprochen positive Effekte auf die Kapitalnutzung.

Die Bilanz von 1987 können wir uns erschließen, indem wir sie auf das Wesentliche reduzieren (Abbildung 13.1).

DIE BUFFETT-METHODE

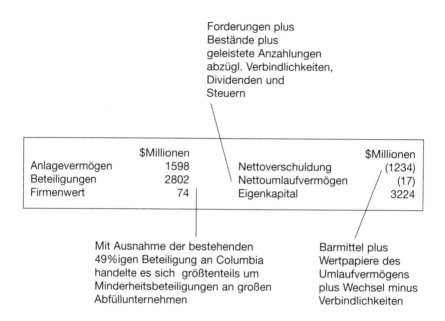

Abbildung 13.1
Coca-Cola: vereinfachte Bilanz für 1987

Das Besondere an dieser Bilanz ist ihr Gesamtvolumen. Für ein Unternehmen, das über $7 Milliarden Produkteinheiten im Jahr verkauft, hatte Coca-Cola nur wenig Umlauf- oder langfristiges Anlagevermögen. Die vorliegende Zusammenfassung zeigt auch, dass praktisch kein Nettoumlaufvermögen vorhanden ist. Betrachtet man dies aus einer anderen Perspektive, so hat das Unternehmen mit Hilfe seiner Lieferanten, aufgeschobener Steuerzahlungen und ähnlichem Güter des Umlaufvermögens gegenfinanziert wie Vorräte und Forderungen an Kunden. Es wurde also weder auf Fremdmittel noch auf das Eigenkapital zurückgegriffen.

Konsolidierte Gewinn- und Verlustrechnungen

Wir haben bereits festgestellt, dass praktisch das gesamte Betriebsergebnis im Erfrischungsgetränkemarkt erwirtschaftet wurde. Die folgende Erläuterung gibt einen Überblick über die geographische Struktur der Absatzmärkte für Coca-Cola-Produkte:

Erläuterung 17. Geographische Unternehmensbereiche (verdichtet)

$ Millionen - ohne Rückstellungen		USA	Lateinamerika	Europa/Afrika	Pazifik/Kanada	sonstige	insgesamt
1985	Umsatz	3147	452	1241	1028	11	5879
	Betriebs-ergebnis	334	91	294	229	−141	807
1986	Umsatz	3278	556	1629	1502	12	6977
	Betriebs-ergebnis	409	141	400	352	−225	1077
1987	Umsatz	3459	558	1710	1917	15	7658
	Betriebs-ergebnis	421	153	508	453	175	1360

Diese Erläuterung repräsentiert nicht nur kontinuierliches Wachstum im Inland in einem allem Anschein nach reifen Markt, sondern auch deutliche Zuwächse in Übersee, insbesondere in der pazifischen Region. Japan etwa steht mit seinem Anteil am Gewinn aus dem Erfrischungsgetränkegeschäft an erster Stelle. Und die Umsatzrendite im Ausland war gut doppelt so hoch wie in den Vereinigten Staaten.

Aus der Gewinn- und Verlustrechnung ersehen wir, dass unterm Strich nur wenig Zinsen gezahlt werden. Das Verhältnis von Betriebsergebnis vor Rückstellungen zu den Netto-Zinsaufwendungen beträgt gut das 18,9fache. Die indirekten Gewinne ergeben sich aus den Anteilen am Reingewinn von Columbia und der Abfüllunternehmen, an denen Coca-Cola minderheitsbeteiligt ist.

Cashflow

Wir können die Gewinn- und Verlustrechnung für unsere Zwecke etwas straffen:

$ Millionen	1987	1986	1985
ausgewiesener Nettogewinn	916	934	678
außerordentliche Erträge	− 4	− 195	54
Abschreibungen	154	155	133
Sonstige betriebliche Erträge	17	71	− 62
Umlaufvermögen	273	− 69	− 48
Investitionsausgaben	− 300	− 346	− 384
Netto-Beteiligungen	− 564	− 526	386
Dividenden	− 422	− 403	− 389
Netto-Aktienkäufe	− 564	− 59	− 186
Cashflow	− 494	− 438	182

Die Nettoveränderung bei den Beteiligungen ergibt sich entweder aus den Veränderungen bei den Wertpapieren des Umlaufvermögens oder durch ohne Not getätigte Minderheitsbeteiligungen an Abfüllunternehmen. Daher können wir für unsere Zwecke die Zeile „Netto-Beteiligungen" ignorieren. Der resultierende Cashflow zeigt zweierlei: wie wenig Umlaufvermögen und langfristige Kapitalanlagen notwendig sind, um die rasche Gewinnsteigerung zu ermöglichen, und wie entschlossen das Management so viel wie möglich an seine Aktionäre zurückzahlt, ohne sich dafür zu verschulden. Der gesamte freie Cashflow fließt an die Aktionäre zurück.

„Owner Earnings"

Zwar hatte sich das Betriebsergebnis innerhalb von zwei Jahren um 69 Prozent gesteigert, doch die zur Aufrechterhaltung des Kerngeschäfts erforderlichen Investitionen in materielles Unternehmensvermögen (ohne Beteiligungen an Abfüllbetrieben) waren beim Umlaufvermögen minimal und entsprachen in etwa dem Doppelten der Abschreibungen auf Investitionsausgaben, was ausschließlich auf die Gewinnsteigerung zurückzuführen war. (Das Verhältnis von Investitionsausgaben zum Nettoanlagevermögen entspricht in etwa der Wachstumsrate des Gewinns.) Es ist sehr wahrscheinlich, dass ohne die Steigerung des Aktienanteilvolumens die „owner earnings" ebenso hoch oder sogar noch höher wären als der ausgewiesene Gewinn. Dabei kommt es hier gar nicht auf die genaue Differenz an, sondern lediglich auf deren Bedeutung – ob Wachstum oder Stagnation, Coca-Cola würde Cashflow generieren.

Kapitalquellen

Mit einer Eigenkapitalbasis von $3,2 Milliarden zuzüglich einer Netto-Verschuldung von $700 Millionen erzielte das Unternehmen $7,7 Milliarden Umsatz und $900 Millionen Gewinn. Da das Nettoumlaufvermögen minimal war, deuten die nackten Zahlen an, dass Coca-Cola mit mehreren Minderheitsbeteiligungen an Abfüllbetrieben, einem Filmstudio und den Erfrischungsgetränke-Grundstofffabriken einen erstklassigen Ertrag erwirtschaftete – eine absurde Vorstellung. Tatsächlich verfügte Coca-Cola über maßgebliche Vermögenswerte, die in der Bilanz nicht auftauchen. Den Markennamen, das Vertriebssystem und die kostengünstige Produktion haben wir bereits erwähnt. Diese Faktoren haben einen immensen originären Firmenwert generiert und waren kaum nachzuahmen.
Ein besonders ungewöhnlicher dieser versteckten Vermögenswerte war die Beziehung zu den Abfüllern. Wie war es möglich, $7,7 Milliarden Umsatz zu erzielen mit einem Anlagevermögen von lediglich $1,6 Milliarden

und Vorräten im Wert von $800 Millionen? Ganz einfach: Der kapitalintensive Teil des Herstellungsverfahrens – die Abfüllung – lag in den Händen und der finanziellen Verantwortung Dritter. Das Coca-Cola-Management ging davon aus, dass die Abfüllung zwar wichtig war, aber wenig Wertsteigerung für die Aktionäre mit sich brachte. Sie erforderte viel Kapital, war Konkurrenzkampf ausgesetzt und hatte kein Markenprofil. Darüber lässt sich natürlich streiten, und Coca-Cola hat sich ja auch abgesichert durch Investitionen in Höhe von $1 Milliarde in „verbundene" Abfüllbetriebe, zu denen enge Beziehungen erwünscht waren. Doch wenn Sie die Wahl hätten zwischen der Investition in den Ausbau der Marke Coca-Cola oder der Abfüllbetriebe, wofür würden Sie sich entscheiden? In der Praxis hängt das sicherlich von den vertraglichen Vereinbarungen ab, doch langfristig sitzt der am längeren Hebel, dem das Markenzeichen gehört, nicht der, dem die Flaschen gehören. Wäre beides zu einem vernünftigen Preis zu haben, würde man sich sicher für das Markenzeichen entscheiden. (Zu beachten ist ebenfalls, dass das letzte Bindeglied in der Vertriebskette, der Einzelhandel, Restaurants und dergleichen, noch kapitalintensiver war, und auch hier engagierte sich Coca-Cola nicht.)

Da das Netto-Umlaufvermögen minimal war, deuten die nackten Zahlen an, dass Coca-Cola mit mehreren Minderheitsbeteiligungen an Abfüllbetrieben, einem Filmstudio und den Erfrischungsgetränke-Grundstofffabriken einen erstklassigen Ertrag erwirtschaftete – eine absurde Vorstellung. Tatsächlich verfügte Coca-Cola über maßgebliche Vermögenswerte, die in der Bilanz nicht auftauchen.

TEIL IV FALLSTUDIEN

Eigenkapitalrentabilität

Hier die Werte für 10 Jahre:

Millionen	Reingewinn (berichtigt um außerordentl. Posten)	durchschnittl. Zahl der Aktien	Netto-Verschuldung/ (Barmittel)	Eigenkapital	durchschnittl. Eigenkapitalrentabilität (%)
Jahr					
1978	360	372	(256)	1740	21,7
1979	391	372	(23)	1919	21,4
1980	401	372	(22)	2075	20,1
1981	442	372	(117)	2271	20,3
1982	488	390	(239)	2779	19,3
1983	552	408	(39)	2921	19,4
1984	616	396	495	2778	21,6
1985	645	393	304	2979	22,4
1986	786	387	741	3515	24,2
1987	916	377	1234	3224	27,1

1984 begann das Unternehmen, Aktien zurückzukaufen, und hatte dafür bis zum Ende des Jahres 1987 $1,3 Milliarden aufgewendet. Allein 1987 wurden $605 Millionen in eigene Aktien investiert – mehr als der einbehaltene Gewinn. Auch hier können wir den Betrachtungszeitraum in zwei Intervalle von je fünf Jahren unterteilen. Eine durchaus beeindruckende, doch gleichbleibende Eigenkapitalrentabilität von rund 20 Prozent bei wachsender Eigenkapitalbasis aufgrund einbehaltener Gewinne und Aktienemission steht einer zunehmenden Gewinnsteigerung, Aktienrückkäufen und einer rasch wachsenden EKR gegenüber. (Im Hinblick auf die beunruhigende Zunahme der Verschuldung ist zu berücksichtigen, dass das Verhältnis zwischen dem Gewinn vor Steuer und dem Zinsaufwand mit 18,9 ausgesprochen solide war. Die Netto-Verschuldung hätte mit einem reichlichen Jahresgewinn getilgt werden können. Ein berichtigter Rentabilitätsmaßstab, der den Ertrag vor Abzug des Netto-Zinsaufwands von, sagen wir, $1014 Millionen mit dem Eigenkapital zuzüglich der Netto-Verschuldung von $4458 Millionen vergleicht, liegt immer noch bei imposanten 22,7 Prozent. Darüber hinaus war der Löwenanteil der Neuverschuldung zeitlich befristet und stand in Zusammenhang mit der Columbia-Transaktion.)

Was war Coca-Cola wert?

Wie wir gesehen haben, ergeben sich aus der überschlägigen Berechnung auf Grundlage des internationalen Wachstums astronomische Gewinn-Projektionen. Welchen Schluss hätte ein realistischer Investor daraus hinsichtlich des inneren Wertes des Unternehmens für das Jahr 1988 gezogen? Die qualitativen Tests hat Coca-Cola mit Bravour bestanden. Nun gilt es, die finanzielle Performance der jüngeren Unternehmensgeschichte unter die Lupe zu nehmen. Für das Wirtschaftsjahr zum 31. Dezember 1987 lag der Nettogewinn vor außerordentlichen Posten knapp über $900 Millionen. Buffett kaufte erstmals im Sommer, als eine Steigerung des Nettogewinns je Aktie von 15 Prozent abzusehen war. Das Jahr war aber erst zur Hälfte um. Ausgehend von einer Steigerung um nur 7 Prozent errechnete sich ein Gewinn von $980 Millionen. Die Abschreibungen auf den Firmenwert waren immateriell. Wie oben angesprochen lagen die „owner earnings" mit dem Reingewinn zumindest gleich auf: Bei gleichbleibendem Stückvolumen hätten die Investitionsausgaben die Abschreibungen kaum überstiegen und das Umlaufvermögen hätte einen positiven Cashflow aufgewiesen. Die durchschnittliche Eigenkapitalrentabilität lag bei 27 Prozent, Tendenz steigend. Der Zuwachs beim Nettogewinn von 1986 auf 1987 betrug rund $130 Millionen. Für 1988 waren ähnliche Werte zu erwarten. Nicht so leicht zu berechnen waren die nicht ausgeschütteten Anteile am Eigenkapital für das entsprechende Jahr. Die kombinierten Effekte von Aktienrückkäufen, Bardividenden und Sonderdividenden im Zuge der Abwicklung Columbias hatten für 1987 netto einen Rückgang des Eigenkapitals bewirkt. Rechnet man die Sonderdividende ein, bleibt das Eigenkapital unverändert. Das war zwar ausgesprochen beachtlich, doch nicht repräsentativ. Wir haben festgestellt, dass die Investitionsausgaben die Abschreibungen generell ums Doppelte überstiegen und dass diese Investitionen einzig für das Erzielen von Wachstum erforderlich waren. (Das Umlaufvermögen finanzierte sich selbst). Die durchschnittlichen Netto-Investitionen betrugen $200 Millionen pro Jahr. Der Eigenkapitalzuwachs lag zwischen 1980 und 1986 im Durchschnitt bei 9 Prozent und liegt jetzt bei $290 Millionen (9 Prozent des Endbestandes von 1987) und in dieser Zahl sind bereits alle sonstigen Investitionstransaktionen berücksichtigt. Coca-Colas Zuwachs bei der Eigenkapitalrentabilität lag demnach bei rund 45 Prozent ($130 Millionen Gewinnsteigerung/$290 Millionen Eigenkapitalzuwachs). War 45 Prozent ein realistischer Zielwert für die kontinuierliche Eigenkapitalrentabilität? Angesichts der Vergangenheit des Unternehmens, seiner

TEIL IV FALLSTUDIEN

Zukunftsaussichten und des erschwerten Marktzugangs ganz sicher. Bei den aktuellen Zuwachs- und Einbehaltungsraten würde die 45-Prozent-Marke innerhalb von vier Jahren erreicht werden. Seiner konservativen Einstellung getreu wäre Buffett bei seinem Engagement sicherlich von einer laufenden EKR von wenigstens 27 Prozent ausgegangen. Unser Maßstab des inneren Wertes wäre also: $980 Millionen „owner earnings" x (27% laufende EKR/(10% Diskontsatz)^2) = $26 460 Millionen bzw. $71,1 je Aktie. Ende 1987 waren 372 Millionen Aktien in Umlauf.

WAS BUFFETT UNTERNAHM

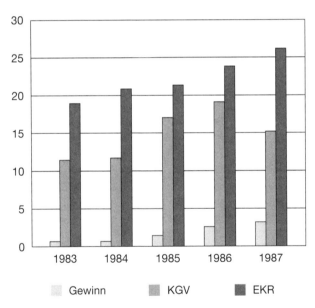

Abbildung 13.2
Erträge und Wert 1983–87

Im Sommer 1988 begann Berkshire Hathaway, Coca-Cola-Aktien zu kaufen. Am Jahresende hielt Berkshire 14 172 500 Aktien zu einem Durchschnittskurs von $41,81. Die Gesamtkosten lagen bei $592,54 Millionen. Der Gewinn je Aktie hatte für 1987 $2,42 betragen. Die Ergebnisse der ersten beiden Quartale des Jahres 1988 versprachen für 1988 einen Zuwachs von rund 16 Prozent auf $2,81 je Aktie. Buffetts Kaufpreis lag also zwischen einem KGV von 14,9 und 17,3.

1988 sollte sich als weiteres Ausnahmejahr für Coca-Cola erweisen. Umsatz und Betriebsergebnis waren um 8,9 Prozent bzw. 17,5 Prozent gestiegen, nachdem das Volumen des internationalen Erfrischungsgetränkemarktes deutlich zugenommen hatte. Der ausgewiesene Gewinn je Aktie lag mit $2,85 um 18 Prozent über dem Vorjahreswert und erreichte vor Abzug der außerordentlichen Posten wohl Bereiche um $2,95. Buffetts KGV für die ersten Käufe betrug effektiv knapp 14. Coca-Cola gab 1988 $759 Millionen aus, um eigene Aktien zurückzukaufen. Dafür und zur Ausschüttung von Dividenden wurde erneut der gesamte generierte Cashflow aufgewendet. Das Eigenkapital fiel auf $3045 Millionen, die EKR kletterte auf schwindelerregende 34,5 Prozent.

1989 legte Berkshire Hathaway weitere $491 Millionen in 9 177 500 Coca-Cola-Aktien an – zu einem Durchschnittskurs von $53,5. Wieder deuteten die Zahlen fürs erste Halbjahr auf ein Superjahr mit einer Steigerung des Gewinns je Aktie um 22 Prozent auf $3,49. Das KGV für die 1989 erworbenen Aktien lag damit zwischen 15,3 und 18,1.

WAS DANACH GESCHAH

Berkshire investierte noch ein weiteres Mal in Coca-Cola-Aktien, und zwar im Jahr 1994. Zu einem Durchschnittskurs von $166,7 je Aktie gingen noch einmal $275 Millionen über den Tisch. Die bestehende Beteiligung, die damals einen Wert von $4 Milliarden darstellte, wurde dadurch nur unwesentlich aufgestockt, doch das ist insofern außergewöhnlich, als Buffett hier eines der höchsten KGVs seiner Laufbahn in Kauf nahm. Um diese Transaktion aus der richtigen Perspektive zu betrachten, ist der aktuelle Stand der Dinge interessant.

Coca-Cola war auf Expansionskurs. Zwischen 1987 und 1995 wuchsen Umsatz, Netto-Gewinn und Nettogewinn je Aktie kontinuierlich um jeweils

11,3, 15,6 bzw. 19,5 Prozent. Die Columbia-Anteile wurden 1989 mit beträchtlichem Gewinn verkauft und das Unternehmen investierte auch weiterhin in Minderheitsbeteiligungen an Abfüllbetrieben zur Steigerung von deren Effizienz. An dieser Stelle bietet sich ein Vergleich der beiden Bilanzen an.

Bilanzen 1987–1995

$ Millionen	1987	1995		1987	1995
Anlagevermögen	1598	4336	Verbindlichkeiten netto	(1234)	(1503)
Beteiligungen	2802	2714	Nettoumlaufvermögen	(17)	(133)
Firmenwert	74	944	Sonstiges	0	(966)
			Eigenkapital	3224	5392

Wie nach unserer Analyse der Zahlen für 1987 nicht anders zu erwarten, waren die Investitionsausgaben netto kontinuierlich angestiegen, jedoch effektiv etwas langsamer als der Gewinn (13,3 Prozent im Jahr). Bezieht man die Ausgliederung von Columbia sowie den kumulativen Firmenwert in die Rechnung ein, so sind die Beteiligungen an verbundenen Unternehmen immer noch gestiegen, doch im Vergleich zum Ertragsvolumen eher bescheiden. Bemerkenswert sind hier die Werte bei Umlaufvermögen und Verbindlichkeiten, die sich über acht Jahre hinweg kaum verändert haben. Der Eigenkapitalzuwachs betrug insgesamt $2,2 Milliarden in einem Zeitraum, in dem die Gewinne um $2 Milliarden *pro Jahr* gestiegen sind.

1995 wurde tatsächlich ein Gewinn von $3 Milliarden erzielt. Dieser stammt praktisch zu 100 Prozent aus dem Getränkeverkauf, zu 82 Prozent aus Märkten außerhalb der USA, wobei auch das Inlandsgeschäft zunahm. Das Unternehmen hatte zum Jahresende 459 Millionen Aktien für insgesamt $8,8 Milliarden zurückgekauft, die durchschnittliche Eigenkapitalrentabilität lag bei imposanten 55 Prozent.

Ende 1995 war Berkshire Hathaways Beteiligung bei einem Kaufpreis von $1,3 Milliarden im Wert auf $7,4 Milliarden gestiegen und hatte rund $400 Millionen an Bardividenden eingebracht. Durch die Aktienrückkäufe besaß Berkshire nun 8 Prozent des Unternehmens. Der Aktienkurs war zwar von 1987 bis 1995 ums 7,8fache gestiegen, der Gewinn je Aktie wohlgemerkt lediglich ums immer noch beachtliche 4,2fache. Der Aktienmarkt hatte das KGV, zu der Titel gekauft werden konnte, fast verdoppelt:

Unser gedankliches Experiment von vorhin – das internationale Geschäft beständig und rasch auszubauen bei verhältnismäßig geringem Eigenkapitalzuwachs – war in der Praxis geglückt, und das Wachstum setzte sich mit zunehmender Geschwindigkeit fort.

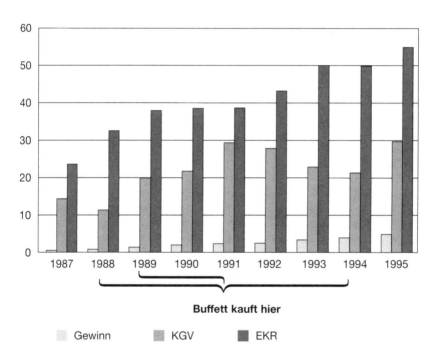

Abbildung 13.3
Ertrag und Wert 1987–95

1994 war Buffett bereit gewesen, zu einem historischen KGV von 24,8 für 1993 zu investieren. Die Ergebnisse des ersten Halbjahres von 1994 überzeugten ihn, dass die Erträge im laufenden Jahr um mehr als 20 Prozent steigen und das KGV effektiv auf 20,7 drücken würden. Damit zahlte er immer noch mehr als er normalerweise für eine Stammaktie ausgab, und auf jeden Fall deutlich mehr als das prognostizierte KGV von 15, das er zuvor angesetzt hatte. Dafür gibt es zwei mögliche Erklärungen. Zum einen kannte er das Unternehmen und hatte mittlerweile Vertrauen in die Geschäftsleitung. Unser gedankliches Experiment von vorhin – das internationale Geschäft beständig und rasch auszubauen bei verhältnismäßig geringem Eigenkapitalzuwachs – war in der Praxis geglückt, und das Wachstum setzte sich mit zunehmender Geschwindigkeit fort. Bei einer potenziell steigenden Eigenkapitalrentabilität von bereits über 50 Prozent bot ein KGV von 20 immer noch eine befriedigende Sicherheitsmarge. (Gewinn 1993 $2,2 Milliarden x (50% EKR/(10% Diskontsatz)^2)=$110 Milliarden bzw. $262 je Aktie. Es waren mehrere Aktiensplits erfolgt, doch Buffett hatte den Gegenwert von $167 je Aktie gezahlt.

Im Jahresbericht von Coca-Cola wurde viel Platz dem Nachweis gewidmet, dass das richtige Wachstum erst noch bevorstand. Das optimistischste Ziel formuliert folgendes Frage-und-Antwort-Spiel im Bericht von 1995: „Welcher unserer Absatzmärkte ist am wenigsten erschlossen? Der menschliche Körper. Auf die allermeisten Dinge kann der Mensch einen Tag lang problemlos verzichten. Doch jeder der 5,7 Milliarden Menschen auf diesem Planeten muss täglich etwa 1,8 Liter Flüssigkeit zu sich nehmen. Und weniger als 0,05 Liter davon bezieht er von uns."

Ende 1997 war der Gewinn auf $4,1 Milliarden angewachsen. Berkshires Anteil hatte einen Wert von $13,3 Milliarden – die ausbezahlten Bardividenden nicht eingerechnet.

Das optimistischste Ziel formuliert folgendes Frage-und-Antwort-Spiel im Bericht von 1995: „Welcher unserer Absatzmärkte ist am wenigsten erschlossen? Der menschliche Körper. Auf die allermeisten Dinge kann der Mensch einen Tag lang problemlos verzichten. Doch jeder der 5,7 Milliarden Menschen auf diesem Planeten muss täglich etwa 1,8 Liter Flüssigkeit zu sich nehmen. Und weniger als 0,05 Liter davon bezieht er von uns."

ÜBUNGEN

Wie sähe die Wertentwicklung bei Coca-Cola aus, wenn das Unternehmen auch Abfüllung und Vertrieb übernähme?

1 Ziehen Sie dafür den Zeitraum von 1985 bis 1987 heran. Nehmen Sie an, die neuen Geschäftsbereiche erfordern noch einmal so viel Eigenkapital, bringen jedoch nur 10 Prozent Rendite. Berechnen Sie die neue EKR bei gleicher Gewinnsteigerung.

2 Ermitteln Sie den inneren Wert.

3 Welche Auswirkungen hätten sich auf Ihre Investmententscheidung für 1988 ergeben? Zu welchem Kurs wären Sie eingestiegen?

TEIL IV FALLSTUDIEN

Weitere Fragen zur Diskussion

4 Wie sähen EKR/IP aus, wenn sich Gewinn und Eigenkapital weiter mit den den vorangegangenen Fragen zu Grunde gelegten Raten entwickelten?

5 Wie würden sich EKR/IP verändern, wenn sich die Gewinnsteigerungsrate durch die geringere Rendite des Abfüllgeschäftes verlangsamte?

XIV

– GEICO –

1976, 1979 und 1980 kaufte Berkshire Hathaway insgesamt 33,3 Prozent der GEICO Corporation in Stammaktien und wandelbaren Vorzugsaktien für einen Gesamtbetrag von $47,1 Millionen. GEICO wiederum kaufte die folgenden 20 Jahre über immer wieder eigene Aktien zurück, so dass der Anteil von Berkshire schließlich rund 51 Prozent ausmachte. Anfang 1996 kaufte Berkshire dann die anderen 49 Prozent von GEICO für $2,3 Milliarden.

GESCHICHTE

GEICO steht für Government Employees Insurance Company – Versicherungsgesellschaft für den öffentlichen Dienst. Die meiste Zeit über widmete sich GEICO in erster Linie dem Verkauf von Autoversicherungen an Bevölkerungsgruppen mit geringer Schadenshäufigkeit – Personen im öffentlichen Dienst, Militärangehörige und ältere Leute. Gegründet worden war das Unternehmen von dem texanischen Versicherungsprofi Leo Goodwin 1936 mit $100 000 Kapital. 1937 zog er mit seiner Frau Lillian nach Washington, D.C., um näher an seiner Zielgruppe zu sein. Von Anfang an hatte GEICO zwei Wettbewerbsvorteile, die das Unternehmen beibehalten konnte. Durch Konzentration auf überdurchschnittlich sichere Fahrer hatte es im Vergleich zu weniger kritischen Versicherungen mehr Kunden mit geringem Risiko. Hinzu kam, dass von Anfang an im Direktvertrieb gearbeitet wurde, vornehmlich per Post. In der Sparte Personenversicherungen lief das Geschäft fast ausschließlich über Vertreter, was einen beträchtlichen Kostenfaktor darstellte. GEICOS Prämienaufkommen lag 1945 bei rund $1,5 Millionen im Jahr.
1948 erwarben Ben Graham und seine Partner eine Mehrheitsbeteiligung und Graham wurde Chairman. Das Unternehmen konzentrierte sich weiterhin auf die Identifikation von Bevölkerungsgruppen mit geringer Schadenshäufigkeit innerhalb der USA, und der Gewinn steigerte sich in den 50er und 60er Jahren um so mehr, als die Kostenvorteile an die Kunden weitergegeben wurden. Anfang der 70er nahm GEICO unter neuem Management in der KFZ- und in anderen Sparten auch Kunden mit höherem Risiko auf. Der Umsatz stieg ebenso rasch wie die Kosten. Unglücklicherweise hatte das neue Management für das riskantere Neugeschäft keine ausreichenden Rückstellungen gebildet. Die damals hohe Inflationsrate

trieb die Kosten für Autoreparaturen und Ersatzleistungen in die Höhe. Ende 1975 wurde der Unternehmensleitung ein unabhängiger versicherungsmathematischer Bericht vorgelegt, nach dem dringend Kapital in Höhe von $50 Millionen zugeführt werden musste, wenn das Unternehmen solvent bleiben sollte. Der Aktienkurs war von $60 auf $40 gefallen. Durch das Gerücht eines potenziellen Bankrotts rutschte er bis auf $2. Der Chief Executive nahm seinen Hut, die Versicherungsaufsicht von Washington, DC, drohte mit Schließung.

GEICO steht für Government Employees Insurance Company – Versicherungsgesellschaft für den öffentlichen Dienst. Die meiste Zeit über widmete sich GEICO in erster Linie dem Verkauf von Autoversicherungen an Bevölkerungsgruppen mit geringer Schadenshäufigkeit – Personen im öffentlichen Dienst, Militärangehörige und ältere Leute.

DIE PERSÖNLICHE VERBINDUNG

Buffetts Vorliebe für GEICO entsprang seiner Verehrung für Ben Graham. Als 20-jähriger Graham-Student erfuhr Buffett, dass Graham Chairman von GEICO war und besuchte eines Samstags 1951 unangemeldet die Firmenzentrale in Washington. Die Büros waren geschlossen, doch der einzige, der an jenem Tag zur Arbeit erschienen war, bat Buffett herein und opferte mehrere Stunden, um ihm die dauerhaften Wettbewerbsvorteile von GEICO zu erläutern. Dieser Mann hieß Lorimer Davidson und sollte in den 60er Jahren die Firmenleitung übernehmen. Bereits 1951 kaufte Buffett für $10 000 GEICO-Aktien, die er jedoch ein Jahr später wieder abstieß – mit einem Gewinn von 50 Prozent.

GEICO 1976

1976 herrschte bei GEICO Katastrophenstimmung. Für 1975 war ein Verlust von $126 Millionen ausgewiesen, für 1976 wurden weitere $26 Millionen an Verlusten prognostiziert. Ein maßgeblicher Schritt aus der Misere war die Anwerbung von Jack Byrne, einem mit allen Wassern gewaschenen 43-jährigen Travelers-Manager, als neuem CEO. Er zog sich in zwei Staaten komplett aus dem Geschäft zurück, weil dort keine höheren Sätze gestattet waren, erhöhte die Beiträge für alle Neuverträge, entließ die Hälfte der Belegschaft und schloss mehrere regionale Niederlassungen. Durch die Beitragserhöhungen und die chaotischen Zustände blutete der Bestand aus – von 2,7 Millionen auf 1,5 Millionen Ende 1977. Damit setzte die Wende ein, doch die drei Wertfragen waren nach wie vor von Bedeutung.

Steigert das Unternehmen seinen Wert für seine Kunden?
Buffett hatte erkannt, dass GEICO trotz all seiner Schwierigkeiten beim Kunden über einen guten Namen verfügte. Wie bei American Express und dem Salatölskandal in den 60ern wurde das Ansehen des Unternehmens beim loyalen Kunden durch die interne Krise nicht nachhaltig beschädigt. Zwar war GEICOs Kundenstamm fast um die Hälfte geschrumpft, doch die Ausfälle waren größtenteils vom Unternehmen selbst herbeigeführt – in Staaten mit ungünstigen Bedingungen oder Fahrerkategorien mit höherer Schadenshäufigkeit etwa. Der zentralen Zielgruppe – sicheren Fahrern, die sich direkt per Post versicherten – bot GEICO nach wie vor vergleichsweise günstige Tarife und guten Service. Das Folgegeschäft lief gut (der Prozentsatz des Bestandes, bei dem das Angebot einer Erneuerungspolice angenommen wurde, war hoch) und die Mund-zu-Mund-Propaganda, die das Geschäft aller Wahrscheinlichkeit nach wiederbeleben konnte, war positiv und stabil. Unterm Strich war GEICOs Ruf als der preisgünstige Autoversicherer intakt geblieben. Versicherungsgesellschaften, die sich bereits in den 30er Jahren auf Makler und Vertriebsorganisationen gestützt hatten, blieben dabei. Das Direktmarketing war zwar deutlich billiger, doch man wollte den bestehenden Vertriebskanälen nicht das Geschäft verderben oder gar wegnehmen. Die Konkurrenz hätte ohne weiteres auch in den Direktvertrieb einsteigen können, nahm jedoch davon Abstand, da das institutionelle Management traditionelle Wettbewerbsmaßnahmen bevorzugte. Die Kostenvorteile von GEICO wurden währenddessen durch Größenvorteile noch verstärkt.

Steigert das Management den Unternehmenswert?
Das war bei der damaligen Mannschaft nicht der Fall. Jack Byrne war noch ein unbeschriebenes Blatt. Buffett verabredete sich mit Byrne und führte stundenlange Gespräche mit ihm, bevor er etwas unternahm. Byrne konnte bestätigen, was Buffett bereits vermutete: Die Kostenvorteile

waren immer noch gegeben. Wenn das Unternehmen das nötige Kapital beschaffen und die Aufsichtsbehörden beschwichtigen konnte, waren die geschäftlichen Möglichkeiten durchaus vielversprechend. Darüber hinaus war Buffett von Byrne beeindruckt. Er war ein Versicherungsprofi und hatte bereits alles Nötige unternommen, um die Wende herbeizuführen. Er hatte unrentable Policen und Geschäftsbereiche aufgegeben und das Unternehmen wieder voll auf das Gewinn bringende Kerngeschäft ausgerichtet. Byrne hatte das Problem voll erfasst und war der richtige Mann, um es in den Griff zu bekommen.

Steigert das Unternehmen seinen Wert für die Aktionäre?
GEICO stand das Wasser bis zum Hals. So mancher GEICO-Aktionär hatte ein Vermögen verloren, doch wie bei American Express in den 60er Jahren und Wells Fargo in den 80ern legte Buffett seine eigenen Maßstäbe an für die Wende in einem Geschäft, von dem er etwas verstand. Gillette, Coca-Cola und Walt Disney hatten beständig zufrieden stellende Ergebnisse gezeigt, obwohl es an der Wall Street auf und ab gegangen war. GEICO dagegen stand kurz vor dem Bankrott.

INFORMATIONSQUELLEN

Für die Erstanlage im Jahr 1976 genügten die finanziellen Daten von 1975 sicher nicht. Es hatte Verluste gegeben und das Unternehmen lavierte am Rande der Zahlungsunfähigkeit. In Branchen wie Versicherungen, Leasing, Bankgeschäft, Öl und Gas sind Fachkenntnisse gefragt, da die Vorlaufzeit zur Ermittlung des tatsächlichen Wertes der Aktiva oder – im Fall von Versicherungen – der Passiva extrem lang ist. Ein Versicherungsunternehmen muss jedes Jahr die Leistungen, die aus den neuen Policen des Jahres erwachsen, schätzen und die Rückstellungen des Vorjahres rückblickend neu bewerten. Der Investor ist noch mehr als üblich auf Gnade und Ungnade den Insidern ausgeliefert. Manche Versicherer, insbesondere solche, die von Versicherungsmathematikern geführt werden, sind so konservativ in ihrer Buchführung, dass sie normalerweise günstige Anlageobjekte darstellen. Das war bei GEICO nicht das Problem.
Näheres über das Versicherungsgeschäft finden Sie in Kapitel 2. An dieser Stelle soll der Hinweis genügen, dass 1976 bereits der Löwenanteil

von Berkshires Investitionskapital in der Versicherungsbranche steckte, die Buffett entsprechend vertraut war. Er hatte zwei Kriterien zur Bewertung der Attraktivität eines Versicherungsunternehmens. Die kombinierte Kennzahl stellt die jährlichen Kosten dem Jahresumsatz gegenüber:

$$\text{Kombinierte Kennzahl} = \frac{\text{geschätzter Verlust plus Aufwand} \times 100}{\text{Prämienaufkommen}}$$

Da im Versicherungsgeschäft Erträge aus dem Float-Profit anfallen – dem Geld, das der Versicherung zwischen Prämienzahlung und Leistung zuzüglich zum Eigenkapital zur Verfügung steht – wird auch eine kombinierte Kennzahl von mehr als 100 noch als zufrieden stellend betrachtet, also ein technischer Verlust. GEICO wies in der Vergangenheit hier einen Durchschnittswert von unter 100 auf, da die Kosten niedrig waren und somit technischer Gewinn anfiel. Ein durchschnittliches Versicherungsunternehmen hatte im Verhältnis zum Prämienaufkommen in den 70er Jahren ungefähr doppelt so hohe Gemeinkosten wie GEICO.

Der zweite Maßstab, den Buffett anlegte, war die Gegenüberstellung von technischem Verlust oder Gewinn zum Float-Profit:

Versicherungsgewinn = technischer Aufwand + (Float x Diskontsatz)

Selbst einfach strukturierte Versicherungsunternehmen vereinen in sich drei Geschäftsbereiche. Das technische Geschäft bringt Verluste oder Gewinne, die sich in der entsprechenden kombinierten Kennzahl niederschlagen. Kommt es zu einem technischen Verlust, kann dieser immer noch durch den Ertrag aus der Investition des Float-Profits wettgemacht werden. Der Maßstab für den Versicherungsgewinn zeigt, wie die entsprechenden Zahlen aussähen, wenn der Float-Profit zu einem fiktiven Diskontsatz angelegt würde – Buffett legte hier den aktuellen Zinssatz für langfristige Staatspapiere zu Grunde. Der dritte Geschäftsbereich ist das Investmentgeschäft. Ein guter Investment Manager wird hier mehr als den Diskontsatz herausholen können:

Kapitalertrag = erzielte Rentabilität x Float

Zum fraglichen Zeitpunkt verfügte GEICO nicht über besondere Investitionsanreize. Dafür konnte es aber in der Vergangenheit mit attraktiven Werten bei kombinierter Kennzahl und Versicherungsgewinn aufwarten. Um seine Kostenvorteile beizubehalten, wurde der geringe Aufwand teilweise durch niedrige Beiträge an die Kunden weitergegeben. Auch unter Beibehaltung und Ausbau seiner Kostenvorteile hatte GEICO eine kombinierte Kennzahl von unter 97 erzielt. Auch nach der Gesundschrumpfung betrug das Prämienaufkommen von GEICO noch $575 Millionen. Der Wert der Beteiligungen lag in etwa bei $600 Millionen.

TESTFRAGEN ZUM VERSTÄNDNIS

Verstehen Sie, warum das Produkt gekauft wird?
Die KFZ-Versicherung ist gesetzlich vorgeschrieben, die Zahl der Autofahrer hatte stetig zugenommen. GEICO hatte geschickt Gruppen mit geringer Schadenshäufigkeit ausgewählt, die darüber hinaus ihre Policen immer wieder zuverlässig erneuerten.

Wie würde sich die Branche in den kommenden zehn Jahren entwickeln?
Die Branche war an sich konservativ. Abgesehen von der Datenverarbeitungstechnik hatte sich jahrzehntelang kaum etwas geändert. Außerdem unterlag das Versicherungswesen strengen Vorgaben durch die Aufsichtsbehörden, so dass kaum mit maßgeblichen Veränderungen zu rechnen war.

Haben Sie Vertrauen ins Management?
In diesem Fall müssen wir uns auf Buffetts persönlichen Eindruck von Byrne verlassen. Wir haben festgestellt, dass Buffett sehr bald zu dem Schluss kam, dass Byrne GEICOs Probleme in den Griff bekommen würde. Ein Management mit Erfahrung und Geschick im versicherungstechnischen Bereich war unabdingbar. Hier gab es Parallelen zur Investmentbranche. Niemand zwingt eine Versicherung, bestimmte Risiken einzugehen. Kaum ein Versicherungsunternehmen ändert seine Einstellung zu bestimmten Risiken häufig oder drastisch. Im wirklichen Leben verändern sich die Verhältnisse. Die Schadenersatzforderungen, die von den Gerichten sanktioniert werden, können steigen oder es kommt zu einer Rezession. Die meisten Versicherer versuchen, hier „gesamtzyklisch" auf-

zuholen. Und wie Banken bewegen sich auch Versicherungen meist „im Rudel". Bietet ein Markt günstige Bedingungen, drängt bald jede einigermaßen ausgeschlafene Gesellschaft hinein, bis der Wettbewerb auf die Preise drückt. Sind sie einmal im Geschäft, werden Verträge abgeschlossen wie gehabt – bis der nächste Aufschwung einsetzt. Eine gute Versicherungsgesellschaft mit der nötigen Disziplin dagegen schließt nur Verträge ab, die potenziell Gewinn bringen, und wird Kapazitäten abbauen, wenn die Beiträge sinken. Buffett hielt Byrne für entschlossen und fähig, sich für die Aktionäre ebenso stark zu machen wie für Belegschaft und Kunden.

Ist das Produkt leicht zu ersetzen?
Der Wettbewerb im Versicherungsgeschäft war hart. Ein Unternehmen konnte sich langfristig nur schwer über Service und Produkte von der Konkurrenz abheben. Buffett schrieb über seine eigenen Aktivitäten im Versicherungsgeschäft 1977, dass die Preisgestaltung transparent war und weder Markenname noch Firmentradition oder staatlicher Schutz hier wirksame Abwehrmechanismen boten. Er betonte, der Schlüssel zum Erfolg liege in der Hand des Managements. Buffett hat die Manager dieser Branche wiederholt öffentlich danach bewertet, wie diszipliniert sie das Versicherungsgeschäft betreiben und wie sich die ermittelte kombinierte Kennzahl darstellt. Ums Investment-Geschäft kümmern sich Buffett und Munger selbst. GEICO hatte disziplinarische Schwächen, doch Buffett war überzeugt davon, dass Byrne die Auswahlkriterien wieder auf früheres Niveau anheben würde. Die überragenden Kostenvorteile waren für Konkurrenten nur schwer nachzuahmen. Eine von Analysten oft gestellte Frage ist, warum andere Versicherungsunternehmen GEICO hier nie ernsthaft bedrängt haben. Jedes andere Unternehmen hätte ohne weiteres das gleiche Marktsegment bearbeiten können, doch nur wenige taten es. Durch Verpflichtungen gegenüber Vertretern und Maklern und die Ausrichtung auf konventionelle Konkurrenten übersahen sie schlicht, wie GEICO sich schleichend Vorteile sicherte. 1975 hatte GEICO sich einen Platz unter den zwanzig größten Versicherern erobert.
Wie bereits in Kapitel 5 dargestellt, sind in Branchen wie Einzelhandel oder Bankwesen nachhaltige Wettbewerbsvorteile durch Differenzierung nur schwer zu erzielen. Buffett hält sich hier gern an den kostengünstigsten Anbieter. Er verwendete in diesem Zusammenhang häufig das Bild von einem Graben rund ums Geschäft. GEICO hatte einen Graben angelegt und ihn durch zunehmende Größe noch vertieft. Sein wesentlicher be-

triebswirtschaftlicher Vorsprung war durch die Verluste in anderen Bereichen nicht komplett verloren gegangen. Der Graben war noch da.

FINANZANALYSE

Wer bei der Geldanlage erfolgreich auf eine Wende setzen wollte, musste nicht nur die Branche kennen, sondern auch Vertrauen ins Management haben und Belege dafür, dass die zu Grunde liegenden betriebswirtschaftlichen Daten positiv waren. Selbst dann gehörte noch eine ordentliche Portion Mut dazu. Die Finanzanalyse der jüngsten Performance war nicht gerade ermutigend. Nun konnte man sich eine ungefähre Vorstellung davon verschaffen, was GEICO aus den verbleibenden Aktiva und Passiva machen konnte, wenn genügend Kapital bereitgestellt und ordentlich gewirtschaftet wurde.

Die Bilanzdaten für 1975-76 waren schwer zu durchschauen. Zum einen waren da eine Reihe von einmaligen Posten, die laufenden Maßnahmen zur Kostensenkung und die aktuellen und vergangenen Fehler bei der Berechnung der Rückstellungen. In der Bilanz von 1976 wurden Aktiva in Höhe von $900 Millionen ausgewiesen, davon rund $600 Millionen Beteiligungen. Das Prämienaufkommen von $575 Millionen im selben Jahr führte zu einem Verlust von $26 Millionen.

> *Buffett hält sich hier gern an den kostengünstigsten Anbieter. Er verwendete in diesem Zusammenhang häufig das Bild von einem Graben rund ums Geschäft. GEICO hatte einen Graben angelegt und ihn durch zunehmende Größe noch vertieft.*

Bilanz 1976

1976	$ Millionen
Prämeineinnahmen	575,4
Netto-Kapitalerträge	38,1
Gesamtumsatz	613,5
Gesamtleistungen und -aufwendungen	639,9
Betriebsergebnis	(26,4)
Kapitalgewinn[1]	0,1
Reingewinn[2]	(26,3)

Anmerkungen
1. Kapitalgewinn bezeichnet die Kapitelgewinne aus dem Beteiligungsportfolio – wie bei Berkshire regelmäßig wiederkehrend und größenmäßig schwer zu prognostizieren. GEICO hatte nur wenige Aktien oder Wertpapiere ohne feste Fälligkeit, so dass dieser Anteil am Gewinn aller Wahrscheinlichkeit gering bleiben würde.
2. Durch den Verlust fielen keine Steuern an.

Kapitalquellen

Wie viele Berkshire-Investitionen verfügte auch GEICO über eine ungewöhnliche Quelle billigen Kapitals – den Float-Profit. Seit der Beteiligung an National Indemnity im Jahr 1967, als Berkshire zum ersten Mal die Vorteile eines billigen bzw. kostenlosen Float-Profits zu spüren bekommen hatte, war Buffett hier in seinem Element. Wenn es GEICO gelang, die kombinierte Kennzahl wieder auf gewohnte Werte unter 100 zu drücken, stand der komplette Float-Profit praktisch kostenfrei zur Verfügung. Jeder technische Gewinn wäre dann eine willkommene Zugabe.

Eigenkapitalrentabilität

Was konnte ein saniertes GEICO einbringen, wenn technischer Gewinn erwirtschaftet würde? Buffett musste davon ausgehen, dass es zunächst zu weiteren Ausfällen bei den Versicherungsnehmern kommen würde. Ande-

TEIL IV FALLSTUDIEN

rerseits wusste er, dass die von Byrne bereits durchgesetzten Beitragserhöhungen den Umsatzzuwachs je Police hinlänglich steigern würden.
Das ungefähre Prämienaufkommen für 1976 kannte er bereits. Wie tief die Prämien fallen würden, konnte er jedoch nur schätzen. Wenn man von einem Einbruch um ein Drittel des verbleibenden Bestandes ausging, so war das sicher konservativ geschätzt. Damit würde sich die Zahl der Versicherungsnehmer von 2 Millionen auf 1,33 Millionen reduzieren, das Prämienaufkommen läge dann bei $383 Millionen – $420 Millionen nach der Beitragserhöhung. Durch sinkende Abschlusszahlen würde letztendlich auch der Float-Profit von $600 Millionen auf, sagen wir, $438 Millionen sinken (reduziert proportional zum Prämienaufkommen).
Allein auf Grundlage dieser Information hätte Buffett schon eine Rentabilitätsprognose erstellen können. Mit einer traditionellen kombinierten Kennzahl von 97 hätte ein Prämienaufkommen von $420 Millionen rund $13 Millionen technischen Gewinn generiert. Die Rendite für langfristige Staatspapiere zum Jahresende lag bei 8 Prozent, so dass ein Float-Profit von $438 Millionen mindestens $35 Millionen Ertrag gebracht hätte – vor Steuern $48 Millionen Gewinn. Zwar verbuchte GEICO steuerliche Verluste, doch Buffett war an der dauerhaften Eigenkapitalrendite interessiert. Die Besteuerung von Versicherungen unterliegt komplexen Regeln mit vielen Ausnahmen, doch ein typischer Versicherer vom Kaliber GEICOs hätte vermutlich 25 Prozent Einkommensteuer abgeführt, so dass ein Reingewinn von $36 Millionen verblieben wäre.
Ende 1975 waren 18 Millionen Stammaktien in Umlauf, deren Buchwert bei etwa $54 Millionen lag. Die langfristigen Verbindlichkeiten betrugen $48 Millionen. GEICO versuchte zur Stützung der Bilanz $76 Millionen aufzubringen und war bereits von mehreren Investmentbanken abgewiesen worden, die das Unternehmen für nicht sanierungsfähig hielten.

Was war GEICO wert?

Banken, Investoren und Aufsichtsbehörden waren sich weitgehend einig, dass GEICO gar nichts mehr wert war. Mit ein paar mutigen Schätzungen können wir den laufenden Wert des Konzerns ermitteln. Angenommen, GEICO schaffte es, die $76 Millionen aufzutreiben, die Verluste einzudämmen, die Lizenzen zu verlängern und seinen guten Ruf wiederherzustellen, könnte es unseren Schätzungen nach $36 Millionen Gewinn nach Abzug aller Steuern verbuchen. Durch die Kapitalspritze würden die Kosten der

bestehenden Verbindlichkeiten mehr oder weniger gedeckt. Der neue Buchwert läge damit bei $130 Millionen ($54 Millionen vorhandenes plus $76 Millionen neues Kapital).
Die EKR betrüge unter diesen Voraussetzungen:

$$\frac{\text{Reingewinn}}{\text{Eigenkapital}} : \frac{36}{130} = 28\%$$

Wie viele Berkshire-Investitionen verfügte auch GEICO über eine ungewöhnliche Quelle billigen Kapitals – den Float-Profit.

Dies ist eine fragwürdige Zahl angesichts der bunten Vorgeschichte des Eigenkapitals – große Verluste treiben die EKR für ein Jahr künstlich in die Höhe (siehe Kapitel 10). Das IP können wir aus Mangel an Daten nicht ermitteln. Es eignet sich für diese Branche ohnehin nur sehr bedingt. Nehmen wir einmal an, das Prämienaufkommen stiege im Jahr um 5 Prozent, also im Jahr 1 um $21 Millionen. Bei der zu erwartenden kombinierten Kennzahl betrüge der Zuwachs beim technischen Gewinn $630 000. Stiege der Float-Profit proportional, würden $21,9 Millionen mehr generiert, die bei der angenommenen Rendite von 8 Prozent $1,75 Millionen zusätzlichen Kapitalertrag einbrächten. Nach Steuern verbliebe ein Mehrgewinn von $1,79 Millionen. Von diesem Gewinn würde nichts einbehalten werden müssen, da der zusätzliche Float-Profit den Kapitalbedarf ausreichend deckte. Ganz allgemein lässt sich daraus folgern, dass ein Versicherungsunternehmen, das dauerhaft eine kombinierte Kennzahl von unter 100 aufweist, Gewinn generiert und – abgesehen von gesetzlichen Erfordernissen – kein zusätzliches Kapital benötigt. Wie wir bereits in Kapitel 2 festgestellt haben, ist das der Grund für das besondere Interesse von Berkshire Hathaway an dieser Branche.

Obwohl keine geeigneten EKR- oder IP-Werte vorliegen, ist eine vernünftige Schätzung des inneren Wertes einer sanierten GEICO möglich. Da wir davon ausgehen dürfen, dass im Regelfall technischer Gewinn anfallen wird, ist der Float-Profit quasi frei verfügbar. Abzüglich der anfallenden Kapitalertragssteuer von 25% im Jahr hat ein Float-Profit von $438 Millionen für die Aktionäre einen effektiven Wert von $329 Millionen. Die

$13 Millionen technischer Gewinn ergeben nach Steuern $10 Millionen. Bei einem niedrig angesetzten Multiplikator von 10 kommen noch einmal $100 Millionen hinzu. Der gesamte Wert liegt also bei $429 Millionen. Bei herkömmlichen KGV-Bedingungen ergibt das knapp das 12fache des geschätzten laufenden Gewinns, ein Satz, zu dem viele Versicherer in privaten wie öffentlichen Transaktionen zum damaligen Zeitpunkt gehandelt wurden. Doch ohne Ermittlung von IP oder EKR lässt sich ein höherer Wert hier nicht rechtfertigen. Die branchentypische Tradition, Kapital zu generieren, sowie die dem zu Grunde liegenden Vorteile lassen aber annehmen, dass es sich hier um konservative Zahlen handelt.

WAS BUFFETT UNTERNAHM

Buffet kaufte bereits vor der Kapitalspritze. Unverzüglich nach seinem Treffen mit Byrne platzierte er Kauforders für 500 000 Aktien. Insgesamt kaufte Berkshire damals 1,3 Millionen Aktien für $4,1 Millionen, was einen Kurs von $3,18 je Aktie ergibt. Zu diesem Kurs stellten sich Buchwert und Sicherheitsmarge wie folgt dar:
$3,18 je Aktie x 18 Millionen Aktien = $57,2 Millionen Unternehmenskosten. Da dies noch vor der Bereitstellung der weiteren $76 Millionen vonstatten ging, sah die Sicherheitsmarge so aus:

$$\text{Sicherheitsmarge} = \frac{\$429 \text{ Millionen} - \$76 \text{ Millionen} - \$57 \text{ Millionen}}{\$429 \text{ Millionen} - \$76 \text{ Millionen}} = 84\%$$

Das gewaltige Risiko, das die Investition in die Wende darstellte, wurde eindeutig durch das hohe Gewinnpotenzial aufgewogen. Dennoch hatten Buffett und Munger hunderte andere solcher Gelegenheiten ausgeschlagen. Ich bin davon überzeugt, dass hier die qualitativen Faktoren im Hinblick auf das Management und den Wettbewerbsvorteil eine ebenso große Rolle spielten wie die Zahlen, die die beiden Investoren im Hinterkopf hatten.
Mit Berkshire Hathaway als Unterkonsorten erklärte sich Salomon bereit, die $76 Millionen in Form von 7,8 Millionen Einheiten wandelbarer Vorzugsaktien zu $9,80 das Stück zu übernehmen. Für jeden einzelnen

Aktienanteil wurde eine Vorzugsdividende von $0,74 (7,5 Cent) garantiert. Die Vorzugsaktien konnten jederzeit in jeweils zwei Stammaktien gewandelt werden, zu einem effektiven Kurs von $4,90 je Aktie also.

GEICO hatte damit insgesamt 34 Millionen stimm- und dividendenberechtigte Stammaktien in Umlauf. Die Kapitalbeschaffung war zu einem Kurs von $4,90 je Aktie erfolgt. Daraus ergibt sich die folgende neue Sicherheitsmarge:

$4,90 je Aktie x 34 Millionen Aktien = $167 Millionen Buchwert

$$\text{Sicherheitsmarge} = \frac{\$429 \text{ Millionen} - \$167 \text{ Millionen}}{\$429 \text{ Millionen}} = 61\%$$

Mit dieser etwas niedrigeren Sicherheitsmarge für ein finanzstärkeres und damit sichereres Unternehmen kaufte Berkshire fast zwei Millionen neuer Aktienanteile für $19,4 Millionen. Es besaß damit 25 Prozent der Vorzugsaktien und 16 Prozent der gesamten stimm- und dividendenberechtigten Stammaktien.

GEICO 1979 UND 1980

Das Unternehmen machte einen viel gesünderen Eindruck. Byrne regierte immer noch mit eiserner Hand und hielt seine Versprechen: Das Geschäft bestand wieder zu 90 Prozent aus den traditionell bevorzugten KFZ-Policen, 90 Prozent der Kunden erneuerten ihre Verträge von Jahr zu Jahr. Nachdem das Prämienaufkommen 1977 noch einmal von $575 Millionen auf $463 Millionen gesunken war, hatte es sich 1978 drastisch erholt – auf $605 Millionen. Der Bestand war von 1977 auf 1978 leicht zurückgegangen, doch die Beiträge waren deutlich gestiegen. Die kombinierte Kennzahl setzte sich folgendermaßen zusammen:

%	1978	1977	1976
Verlust-Kennzahl	80,8	84,4	98,2
Aufwands-Kennzahl	14,9	14,8	12,4
Kombinierte Kennzahl	95,7	99,2	110,6

Der Sprung bei der Aufwands-Kennzahl von 1976 auf 1977 war fast ausschließlich durch den Rückgang im Prämienaufkommen zu erklären. Viel mehr Aussagekraft hatte der Einbruch bei der Verlust-Kennzahl. Der Float-Profit war mittlerweile auf über $1 Milliarde gestiegen. Im Zeitraum von zwei Jahren hatte er um zwei Drittel zugelegt, teils aufgrund des stabilen Prämienaufkommens, teils durch einbehaltene Gewinne. Die Erträge aus Beteiligungen hatten sich so ebenfalls auf $64 Millionen gesteigert. Durch Verlustvorträge aus früheren Jahren fielen vorerst keine Steuern an, doch bei voller Besteuerung hätten die fiktiven Zahlen so ausgesehen:

$ Millionen	1978	1977	1976
Prämieneinnahmen	605	464	575
Netto-Erträge aus Beteiligungen	63	41	38
Sonstige	2	1	–
Aufwand inkl. Steuern	(608)	(467)	(640)
Gewinn	62	38	(26)

Kapitalgewinne und -verluste aus dem Investment Portfolio ausgeschlossen, wohlgemerkt.

Wie nicht anders erwartet, hatte das Unternehmen 1976 einen kleinen Verlust eingefahren, der jedoch angesichts des vorhandenen Kapitals leicht zu verkraften war. Obwohl das Prämienaufkommen erwartungsgemäß zurückgegangen war, wurde dies durch die Beitragserhöhungen mehr als wettgemacht, die im Vergleich zur Prognose zu einem höheren Float-Profit/Kapitalertrag und niedrigeren Rückstellungen führten. Die Rückkehr in die technische Gewinnzone 1978 war das Tüpfelchen auf dem i – der Gewinn stieg um weitere 50 Prozent.

Am Ende des Jahres 1978 betrug das Eigenkapital $223 Millionen. Die EKR für diese Summe lag bei 28 Prozent. Eine Verschlechterung dieses Wertes war nicht zu erwarten, da die Gewinnsteigerung durch ein Plus beim Float-Profit möglich war, ohne dass Gewinne einbehalten werden mussten. Es gab Vorschriften, die die Einbehaltung eines Anteils der Gewinne verlangten, doch GEICO bewegte sich noch unter dem geltenden Limit.

DIE BUFFETT-METHODE

Der innere Wert, berechnet auf Grundlage der EKR von 28 Prozent, sah so aus:

$$\frac{28\%}{(10\%)^2} \times \$62 \text{ Millionen} = \$1,7 \text{ Milliarden}$$

Berkshire wandelte seine Vorzugsaktien 1979 in Stammaktien um und kaufte noch 462 000 weitere Stammaktien für $4,8 Millionen – also zu einem Kurs von $10,30 je Aktie. Angesichts von 34 Millionen Aktien, die sich außerdem noch in Umlauf befanden, veränderte dieser Kauf GEICOs Kapitalbasis und Sicherheitsmarge wie folgt:

$10,30 je Aktie x 34 Millionen = $350 Millionen

$$\text{Sicherheitsmarge} = \frac{\$1700 \text{ Millionen} - \$350 \text{ Millionen}}{\$1700 \text{ Millionen}} = 79\%$$

Obwohl sich der Kurs seit Berkshires letzter Transaktion verdoppelt hatte, bot die exzellente Gewinnsituation in Kombination mit der stabileren Kapitalbasis Buffett erneut den Vorzug einer unwiderstehlichen Sicherheitsmarge – und das zu einem Zeitpunkt, als der Markt das KGV immer noch mit dürftigen 5-6 bewertete. Möglicherweise haben Sie den Eindruck gewonnen, dass Berkshires erfolgreiches Erstengagement ausschließlich dem Zugang zu Insiderinformationen zu verdanken war. In diesem Zusammenhang ist an der zuletzt durchgeführten Berechnung besonders interessant, dass man mit derselben Sicherheitsmarge auch noch nach der Kapitalspritze und der Wende einsteigen konnte.

Das Betriebsergebnis für 1979 bot ein gemischtes Bild. Das Prämienaufkommen hatte etwa um 5 Prozent zugenommen und lag bei $635 Millionen, die Verlust-Kennzahl hatte sich um knapp zwei Punkte auf 79,1 Prozent verbessert. Es war mehr Geld für Direktwerbung und andere Gemeinkosten ausgegeben worden, vielleicht, um die Wachstumsrate zu steigern. Der Gewinn, der diesmal voll besteuert wurde, ging leicht zurück auf $60 Millionen.

Normalerweise wäre der Gewinn proportional zu den eingenommenen Prämien gestiegen, doch hier fiel ein wesentlicher Faktor ins Gewicht: Die Zinserträge waren von $4,2 Millionen 1978 auf $10,2 Millionen 1979 emporgeschossen. Anfang 1979 begann GEICO mit dem Rückkauf von Stamm- und Vorzugsaktien. Dank seiner neuen Kreditwürdigkeit konnte das Unternehmen ungesicherte Schuldverschreibungen zu 11 Prozent in Höhe von $73,3 Millionen begeben. Mit diesem Geld wurden für $20,9 Millionen Vorzugsaktien zum Nennwert von $18,7 Millionen und für $50 Millionen Stammaktien aufgekauft. Ende 1979 waren nur noch 25,2 Millionen Stammaktien in Umlauf – also ganze 26 Prozent weniger. Der Gewinn je Aktie betrug ohne Kapitalgewinne und -verluste und steuerliche Aspekte $2,14 und war damit um 23 Prozent gestiegen. Selbst abzüglich einbehaltener Gewinne war das Eigenkapital von $223 Millionen auf $193 Millionen gesunken. Die EKR war im Laufe des Jahres 1979 von 28 Prozent auf 31 Prozent oder durchschnittlich um 29 Prozent gestiegen.

Angesichts der leicht zurückgegangenen Erträge und der höheren EKR sollte der innere Wert an sich nicht wesentlich höher liegen als im Vorjahr. Was Buffett und Munger also in Wirklichkeit beeindruckte, war Byrnes Schlussfolgerung, dass GEICOs Kapitalüberschüsse am besten in den Rückkauf eigener Anteile investiert werden sollten. Was waren die Alternativen? Das eigene Geschäft finanzierte sich selbst. Man hätte den Float-Profit steigern können, vielleicht auf eine Rendite vor Steuern von 10 bis 11 Prozent. Oder man hätte sich in ein anderes Unternehmen einkaufen können, vielleicht zu einem KGV von 10 bis 15 oder einer Rendite von 6 bis 10 Prozent. Durch den Rückkauf eigener Aktien investierte man in die vertrauteste Branche. Das sprach für Vertrauen in die Wertsteigerung – und zu einem KGV von unter 6 betrug die Kapitalrendite über 16 Prozent. Die nachweisliche Wiederherstellung von GEICOs Ansehen und die aktionärsfreundlichen Maßnahmen des Managements waren es, die Berkshire veranlassten, 1980 weitere $18,9 Millionen zu investieren – in 1,47 Millionen Stammaktien zu einem Kurs von $12,80 je Aktie. Der „Marktwert" und die Sicherheitsmarge stellten sich 1980 wie folgt dar:

$12,80 x 25,2 Millionen Stammaktien = $323 Millionen Buchwert

$$\text{Sicherheitsmarge} = \frac{\$1700 \text{ Millionen} - \$323 \text{ Millionen}}{\$1700 \text{ Millionen}} = 81\%$$

Nach weiteren Aktienrückkäufen durch GEICO im Jahr 1980 besaß Berkshire Hathaway zum Jahresende 33 Prozent des Unternehmens. Insgesamt waren $47,1 Millionen in GEICO-Anteile investiert worden mit 100

Prozent Gewinn – zuzüglich Dividenden. Im Jahresbericht von 1980 merkte Buffett an, dass diese $47-Millionen-Investition Berkshire $20 Millionen an Ertragskraft eingebracht habe (ein Drittel des Gewinns von GEICO). Dafür müsste man bei positiven Zukunftsaussichten eigentlich mindestens $200 Millionen investieren.

GEICO 1996

GEICO entwickelte sich mehr oder weniger nach diesem Schema weiter. Man machte Abstecher in den privaten Finanzdienst-Leistungssektor, ins Rückversicherungsgeschäft und andere Bereiche, doch der Schwerpunkt lag auf der KFZ-Versicherung. Das Prämienaufkommen betrug 1995 $2787 Millionen, was ein Wachstum von durchschnittlich 9,1 Prozent im Jahr seit 1979 ergab. GEICO hatte sich zum siebtgrößten Autoversicherer der Vereinigten Staaten gemausert und hatte nach wie vor eine erstklassige technische Bilanz. Die kombinierte Kennzahl lag für 1995 bei 96,7. Sie hatte sich bereits die ganzen 80er und die 90er Jahre hindurch um 97 herum bewegt.
Der Float-Profit machte mittlerweile $3 Milliarden aus. Das Eigenkapital eingerechnet betrugen die Beteiligungen insgesamt $5 Milliarden. Die wichtigsten Veränderungen hatten sich im „dritten Geschäftsbereich" niedergeschlagen, bei der Kapitalanlage. Wie viele andere der Branche hatte GEICO in den 70er Jahren mehr oder weniger unreflektiert einen größeren Bestand an mittel- und langfristigen Bonds gehalten. Diese waren jedoch inflationsreagibel, und der Zinssprung im entsprechenden Jahrzehnt – auf das Doppelte – hatte vielen Portfolios Verluste beschert. Hätte man die Papiere bis zur Fälligkeit gehalten, wären diese Verluste möglicherweise ausgeglichen worden, doch in der Praxis mussten Positionen abgestoßen werden, um Versicherungsleistungen auszuzahlen, und so kam es unterm Strich zu Verlusten.

> *GEICO entwickelte sich mehr oder weniger nach diesem Schema weiter. Man machte Abstecher in den privaten Finanzdienst-Leistungssektor, ins Rückversicherungsgeschäft und andere Bereiche, doch der Schwerpunkt lag auf der KFZ-Versicherung.*

Ein solches Portfolio konnte bestenfalls seinen ursprünglichen Wert beibehalten. GEICO sah da eine bessere Alternative. Wenn die kombinierte Kennzahl unter 100 gehalten werden konnte, konnte ein Teil des Float-Profits langfristig zurückgelegt und ansonsten wertorientiert investiert werden.

Buffett bemühte sich, das Management zur Graham-Methode zu bekehren. Er half Jack Byrne 1979 bei der Wahl eines neuen Investment-Managers namens Lou Simpson. Bald darauf machte er Simpson und andere GEICO-Mitarbeiter mit den Wertprinzipien vertraut. Grundtenor: Wie kann man aus 50 investierten Cent einen Dollar herausholen? Das sprach Simpson an. GEICO hatte auch weiterhin einen beträchtlichen Prozentsatz an Papieren mit fester Laufzeit im Portfolio – weil es Vorschrift war und aus praktischen Gründen – doch die durchschnittliche Laufzeit wurde stark gekürzt. 1980 hatten 59 Prozent der Papiere eine Laufzeit von zehn Jahren, 1995 nur noch acht Prozent. Lou Simpson, der in erster Linie für Kapitalbeteiligungen zuständig war, wurde von Buffett als bester Investor im Immobilien- und Haftpflichtsektor bezeichnet. Buffett hat Simpson inzwischen als seinen Nachfolger im Management von Berkshires Beteiligungen an börsennotierten Unternehmen verpflichtet.

Was war GEICO 1995 wert?

Der technische Gewinn lag 1995 bei $92 Millionen. Das Unternehmen zog sich systematisch aus bestimmten Geschäftsbereichen zurück, insbesondere aus der Sparte Gebäudeversicherungen. Wie gehabt konzentrierte sich GEICO mit ganzer Kraft auf das Kerngeschäft. Es ist daher nicht auszuschließen, dass das technische Ergebnis zwar immer noch weit überdurchschnittlich, doch schlechter ausgefallen ist, als in der KFZ-Sparte allein zu erwarten war. Die Erträge aus Beteiligungen betrugen netto $227 Millionen. Der Gewinn nach Abzug der Zinsaufwendungen in Höhe von $34 Millionen und nach Steuern betrug $235 Millionen – zuzüglich Kapitalgewinn. Die Bilanz wies Beteiligungen in Höhe von $5 Milliarden aus und sonstige Vermögensgegenstände in Höhe von $1 Milliarde. Dem gegenüber standen Verbindlichkeiten von $4 Milliarden, insbesondere Rückstellungen aus dem Versicherungsgeschäft und eine geringe Verschuldung. Das Eigenkapital lag bei $1,9 Milliarden, hatte es doch 1995 durch umfangreiche nicht realisierte Kapitalgewinne Auftrieb erhalten. Das eigentliche Eigenkapital lag eher in der Größenordnung von $1,5 Milliarden. Selbst auf diesem niedrigeren Niveau betrug die EKR nur 16 Prozent – nicht schlecht, doch auch nicht überwältigend. Der Grund dafür wurde bereits in Zusammenhang mit der Bewertung Berkshires in Kapital 2 erläutert. Weil ein maßgeblicher Anteil des Portfolios in Renten mit relativ geringer Rendite angelegt war, war der Kapitalertrag gering. Gleichzeitig wurden für den Aktienanteil nur die Dividenden ausgewiesen. Wie bei Berkshire schlugen sich die einbehaltenen Gewinne der Unternehmen, in die investiert worden war, nicht in der Gewinn- und Verlustrechnung nieder, obwohl sie im Grunde Kapitalgewinne darstellen. Diese Art von Gewinn ist periodisch und ihr Effekt nur schwer darzustellen.

> *Buffett bemühte sich, das Management zur Graham-Methode zu bekehren. Er half Jack Byrne 1979 bei der Wahl eines neuen Investment-Managers namens Lou Simpson. Bald darauf machte er Simpson und andere GEICO-Mitarbeiter mit den Wertprinzipien vertraut. Grundtenor: Wie kann man aus 50 investierten Cent einen Dollar herausholen?*

Für die Bewertung gibt es einen alternativen Ansatz. GEICOs technischer Gewinn betrug $92 Millionen – sagen wir, $69 Millionen nach Steuern. Nehmen wir einmal an, dieser Teil des Geschäfts sei 15 mal den Ertrag aus $1,035 Milliarden wert. Da die kombinierte Kennzahl traditionell unter 100 lag, standen die im Investmentbereich generierten Mittel – einschließlich des Float-Profits – ohne Abzüge zur Verfügung. $5 Milliarden kann man verschieden bewerten, doch man darf sicher davon ausgehen, dass sie $5 Milliarden wert sind (wobei das von der steuerlichen Situation des Eigentümers abhängt).

Der innere Wert könnte aber zum Beispiel auf $6 Milliarden geschätzt werden. Es ist auch möglich, einen Schätzwert für die EKR zu ermitteln. Würden die $5 Milliarden restlos zum nominalen Diskontsatz von 10 Prozent angelegt, würde folgender Ertrag erzielt:

Kapitalertrag   technischer Gewinn   Steuern

[($5 Milliarden x 10%) + $92 Millionen] x 75% = $444 Millionen

$$\text{Die EKR wäre } \frac{444}{1500} = 30\%$$

$$\text{Der innere Wert betrüge demnach } \frac{30\%}{(10\%)^2} \times \$444 \text{ Millionen} = \$13{,}3 \text{ Milliarden}$$

Für ein Unternehmen, das einen so großen Teil seines Reinvermögens in börsengängige Wertpapiere gesteckt hat, ist das ziemlich viel. Sicher wären $6 Milliarden eher angemessen? Dazu müssen wir uns vor Augen führen, was die Berechnung der EKR aussagt. GEICO hatte möglicherweise als Summe aller Bestandteile den Wert von $6 Milliarden, doch bei den Möglichkeiten zur Reinvestition von generierten Erträgen und Float-Profit war das Unternehmen in der Branche immer noch ungeschlagen. Würde das Wachstum auch weiterhin Gewinn bringende 10 Prozent im Jahr ausmachen, würden sowohl technischer Gewinn als auch Float kontinuierlich steigen. Ein Wert von $13,3 Milliarden ist also durchaus realistisch.

GEICO kaufte weiter eigene Aktien zurück, so dass Berkshires Anteil 1996 etwas mehr als 50% betrug. Anfang 1996 investierte Berkshire $2,3 Milliarden in die andere Hälfte von GEICO.

$$\text{Sicherheitsmarge} = \frac{\$13{,}3 \text{ Milliarden} - \$4{,}6 \text{ Milliarden}}{\$13{,}3 \text{ Milliarden}} = 65\%$$

Dafür zahlte Berkshire weniger, als das $5 Milliarden Investment-Portfolio allein wert war – eine Transaktion ganz im Sinne Benjamin Grahams.

185

ÜBUNGEN

1 Nennen Sie drei Gründe dafür, warum eine kombinierte Kennzahl von unter 100 für ein Unternehmen der Immobilien- und Sachversicherungsbranche wirtschaftlich von Vorteil ist.

Weitere Fragen zur Diskussion

2 Wird sich die Wettbewerbssituation von GEICO durch das Internet verändern?

3 Was wäre das Schlimmste, was GEICO zustoßen könnte?

XV

– Die Gillette Company –

1989 kaufte Berkshire Hathaway wandelbare Vorzugsaktien der Gillette Company für $600 Millionen. Diese wurden 1991 in Stammaktien umgewandelt.

GESCHICHTE

Wie viele große Unternehmen hat auch Gillette eine Gründerpersönlichkeit im Rücken – King C. Gillette. Er kam aus dem Vertrieb einer ganz anderen Branche und war auf der Suche nach einem Konsumprodukt, mit dem man ein Vermögen machen konnte. 1895 entschied er sich für die Einweg-Rasierklinge und gründete mit dem Kapital von Freunden die American Safety Razor Company. Sein erstes Produkt kam 1903 auf den Markt. Der Einweg-Rasierer schlug sofort ein. 1904 wurden fast 100 000 Stück verkauft, 1905 die Niederlassung in London gegründet.
In den 50er Jahren wurde der Firmenname in Gillette geändert, obwohl der Gründer seine Anteile längst verkauft hatte. Damals war die Firma in den USA bereits führender Hersteller für Rasierapparate und Klingen mit einem durch Produktqualität, extensive Werbung und als Sponsor bekannten Namen. Von da an bis in die 80er Jahre investierte Gillette immer wieder in sein Kerngeschäft, verschaffte sich durch Produktentwicklung Vorsprung vor der Konkurrenz und erweiterte seine Produktpalette in verwandte Bereiche hinein wie Rasierschaum, Braun Elektrorasierapparate und andere Konsumsparten wie Schreibwaren (Waterman und Paper Mate).

> *Wie viele große Unternehmen hat auch Gillette eine Gründerpersönlichkeit im Rücken – King C. Gillette. Er kam aus dem Vertrieb einer ganz anderen Branche und war auf der Suche nach einem Konsumprodukt, mit dem man ein Vermögen machen konnte.*

GILLETTE 1989

Damals zeigte sich sehr deutlich, dass jede Medaille zwei Seiten hat. Die Geschäfte liefen hervorragend, Marktanteile und Gewinne erhielten Auftrieb durch die hohe Qualität der Produkte und des Vertriebs. Die Wall Street jedoch stempelte das Unternehmen aufgrund des jahrelang beständigen Wachstums in der Vergangenheit und konservativer Bilanzen als „reif" ab. Sogenannte Übernahme-„Geier" stürzten sich auf Gillette und wurden teilweise mit Geld abgespeist – was zu einer massiven Erhöhung des Fremdkapitalanteils zur Finanzierung von Aktienrückkäufen führte. Das Zinsdeckungsverhältnis war innerhalb von zwei Jahren von acht auf unter vier gefallen.

Steigert das Unternehmen seinen Wert für seine Kunden?

Gillettes Geschäftsbereiche teilten sich 1988 folgendermaßen auf:

%	Umsatz	Gewinn
Rasierklingen, Rasierapparate	32	61
Toilettenartikel, Kosmetik	28	14
Schreibwaren	11	9
Braun	23	13
Oral-B	6	3

Gillette verkaufte weltweit die meisten Schreibwaren (Füller, Kugelschreiber, Klebestifte, Korrekturflüssigkeit) und war einer der führenden Hersteller von Toilettenartikeln und Zahnbürsten auf vielen wichtigen internationalen Märkten. Ein branchenfremder Geschäftsbereich – Öl und Gas – wurde ausgegliedert. Braun brachte zwar auch andere Marken-Haushaltsgeräte auf den Markt, doch Hauptprodukt waren und blieben elektrische Rasierapparate. Zu den Toiletten- und Kosmetikartikeln gehörten Right Guard-Deodorants, Haar- und Hautpflegeprodukte, aber auch Rasiercremes und Aftershaves. Der Löwenanteil am Gewinn wurde also immer noch mit Produkten rund ums Rasieren erwirtschaftet.
In den 20er Jahren hatte sich Gillette in diesem Bereich die Führungsrolle erobert und über Jahrzehnte hinweg beibehalten – was nur wenigen Firmen im Konsumgüterbereich gelungen war. Die Kunden schätzten eine

gute Rasur und wechselten ihre Marke nur, wenn sie darin erhebliche Vorteile sahen. Durch stetige Weiterentwicklung seiner Grundprodukte baute Gillette hier vor. Auch die geringe „Investition", die der Kauf eines neuen Rasierers erforderte, hielt die Kunden davon ab, auf andere Marken umzusteigen.

Steigert das Management den Unternehmenswert?
Colman Mockler und sein Team hatten das Unternehmen seit 1976 geleitet. Nach Ausgliederung branchenfremder Geschäftsfelder wie Öl und Gas blieben drei Schwerpunkte. Zunächst musste Gillette die Konkurrenz ausstechen durch kundenorientierte Produktinnovation; zweitens sollten Absatz und Marktanteile international gesteigert werden und drittens galt es, Betriebskapital, Investitionsausgaben und Gemeinkosten möglichst niedrig zu halten. Wie wir gleich sehen werden, wurden diese Ziele ausnahmslos erreicht. Warren Buffett sagte später über Mockler, er vereine Integrität, Mut und Bescheidenheit mit außergewöhnlichem Geschäftssinn.

Steigert das Unternehmen seinen Wert für die Aktionäre?
Hätte man 1978 $100 in Gillette-Aktien angelegt, wären daraus in zehn Jahren $828 geworden. Das entspricht einer Wertsteigerung von 24 Prozent im Jahr beziehungsweise dem Doppelten des durchschnittlichen Wertes vergleichbarer Aktienindizes. Der Ertrag hatte in den 70er Jahren bei geringer Gewinnsteigerung und leichtem Anstieg der Anzahl der in Umlauf befindlichen Aktien stagniert. Die Gewinnsteigerung hatte über zwei Jahre hinweg leicht an Fahrt gewonnen, der Gewinn je Aktie ungleich stärker – eine Folge der aggressiven Rückkäufe eigener Aktien durch Gillette.

INFORMATIONSQUELLEN

Gillette war ein Name, der nicht erst großartig vorgestellt werden musste. Das Unternehmen verfügte im Rasiererbereich über die führenden Marken Gillette, Atra, Trac II und Braun sowie über weitere starke Marken auf anderen Märkten. Buffett hat oft betont, wie leicht es sei, diese Branche und dieses Unternehmen zu verstehen. Männer wie Frauen rasierten sich. Sie kauften sich dafür die besten Produkte, die zu konkurrenzfähigen Preisen zu haben waren. Die Verbraucher in Entwicklungsländern zeigten bald das gleiche Verhalten. Und das war das ganze Geheimnis.

Obwohl Gillette als alteingeführte und dominierende Marke oft mit Coca-Cola und Wrigley verglichen wird, gibt es doch Unterschiede. Sie alle stützen sich bei der Verbreitung ihres Markennamens in erster Linie auf Werbung und auf überlegene Vertriebsstrukturen, doch Wrigley und Coca-Cola stellen im Grunde die gleichen Produkte her wie vor 50 Jahren. Hätte Gillette seine Produktpalette nicht etwa alle zehn Jahre komplett überholt, wäre es vom Markt verschwunden.

Aus dem Jahresbericht von 1988 geht hervor, welche Fortschritte das Management beim Verfolgen der drei erwähnten Ziele gemacht hat. Die Produktinnovation hatte mit Weiterentwicklungen des Doppelklingen-Schwingkopf-Systems und des Einweg-Rasierers einen Höhepunkt erreicht. In den 70er Jahren führte Bic Einweg-Rasierer ein und erschloss damit eine Produktlinie mit geringerer Umsatzrendite als bei den traditionellen „Rasiersystemen", doch Gillette hatte die taktische Notwendigkeit erkannt, den ganzen Markt abzudecken, und beherrschte bald auch dieses Segment.

Wie andere Berkshire-Beteiligungen wie American Express, Coca-Cola und McDonald's war auch Gillette ein amerikanisches Unternehmen, das den heimischen Markt dominierte und Auslandsmärkte eroberte. Der Umsatz in den Vereinigten Staaten hatte in vier Jahren um beachtliche 29 Prozent zugelegt, Umsatz und Gewinn im Ausland um 77 Prozent. Während die Bruttospanne mit 58 Prozent gleich geblieben war, hatte sich die Umsatzrendite von 15 Prozent auf 17 Prozent gesteigert, ebenfalls ein wichtiger Aspekt. Gemeinsam hatten steigende Umsätze, gesteigerte Umsatzrendite und Aktienrückkäufe in vier Jahren zu einer Verdoppelung des Gewinns je Aktie geführt.

> *Männer wie Frauen rasierten sich. Sie kauften sich dafür die besten Produkte, die zu konkurrenzfähigen Preisen zu haben waren. Die Verbraucher in Entwicklungsländern zeigten bald das gleiche Verhalten. Und das war das ganze Geheimnis.*
>
> *Hätte Gillette seine Produktpalette nicht etwa alle zehn Jahre komplett überholt, wäre es vom Markt verschwunden.*

TESTFRAGEN ZUM VERSTÄNDNIS

Verstehen Sie, warum das Produkt gekauft wird?
„Es ist erfreulich, jeden Abend ins Bett zu gehen und zu wissen, dass es auf der Welt 2,5 Milliarden Männer gibt, die sich am nächsten Morgen rasieren müssen."

Warren Buffett, Forbes, 1993

Die Menschen kauften Rasierer und Klingen von Gillette, um Gesichts- und sonstige Körperbehaarung zu entfernen. Das Rasieren ist zwar noch nicht so alt wie die Menschheit, doch hat sich die tägliche Rasur in diesem Jahrhundert besonders schnell durchgesetzt – wie auch die Begriffe Hygiene und Körperpflege. Dieselben Trends heizen und heizen immer noch die Nachfrage nach anderen Gillette-Produkten an wie Deodorants, Haarsprays, Zahnbürsten, ja, selbst nach hochwertigen Schreibgeräten. Die Menschen werden sich auch weiterhin rasieren, und – so scheint es – Gillette hat den richtigen Riecher für die Richtung der Produktentwicklung – ob nun hin zu sicherheitstechnischen Verbesserungen der Rasur oder elektrischem Ersatz.

Wie würde sich die Branche in den kommenden zehn Jahren entwickeln?
Die Rasur ist etwas sehr Persönliches, und die Konsumenten werden stets das beste und sicherste Produkt erwerben, das zu einem konkurrenzfähigen Preis zu haben ist. Wie bereits erwähnt, reichte es nicht, ein gutes Produkt zu entwickeln und sich jahrzehntelang darauf zu verlassen. Offensichtlich ist es dem Management gelungen, den Kundenbedürfnissen mit entsprechenden Innovationen entgegenzukommen oder Konkurrenten durch Imitation ihrer Neuentwicklungen abzudrängen. Gillette verfügte weltweit über das beste Vertriebssystem der Branche, würde es aber zweifelsohne ausweiten, um die rasch wachsenden Exportmärkte zu versorgen.

Haben Sie Vertrauen ins Management?
Mockler und sein Top-Management hatten gezeigt, dass sie die Dynamik ihres Kerngeschäftes verstanden. Sie hatten auf innovative Produkte, Verbesserungen in Vertrieb und Marketing und Kostenkontrolle gesetzt. Sie hatten in geringem Umfang relevante Beteiligungen erworben und bran-

chenfremde, unrentable Geschäftsfelder abgestoßen. Der Härtetest für ihre Einstellung gegenüber den Aktionären waren die Proxy-Auseinandersetzungen Ende der 80er Jahre.

> *Das Rasieren ist fast so alt wie die Menschheit, doch hat sich die tägliche Rasur in diesem Jahrhundert besonders schnell durchgesetzt – wie auch die Begriffe Hygiene und Körperpflege. Dieselben Trends heizten und heizen immer noch die Nachfrage nach anderen Gillette-Produkte an wie Deodorants, Haarsprays, Zahnbürsten, ja, selbst nach hochwertigen Schreibgeräten.*

„Grüne" und „weiße Ritter"

Obwohl die Rahmenbedingungen für Gillette so günstig waren wie nie zuvor, zeigten die Aktien verhältnismäßig wenig Dynamik. Das KGV hatte zwischen 10 und 20 geschwankt und sich meist so um die 15 eingependelt. Gillette hatte kaum Schulden und war so das ideale Ziel für die typischen „Übernahmegeier" der späten 80er Jahre. Unternehmen wie Revlon und Fonds wie KKR, die ihr Kapital aus hochverzinslichen Bonds und Bankverbindlichkeiten bezogen, versuchten, zu günstigen Preisen Firmen aufzukaufen, die ohne Fremdmittel auskamen. Sie erwarteten, dass der starke, frei verfügbare Cashflow eines Unternehmens wie Gillette rasch die für die Übernahme eingegangenen Verbindlichkeiten tilgen würde – besonders, wenn man die Kosten senkte und Forschungsgelder aussetzte. Nicht alle zielten dabei auf eine vollständige Übernahme ab. Manchmal genügte schon die Drohung mit Übernahme, damit das bestehende Management den Wünschen des Bieters entsprach. Manchmal ließ sich ein solcher „Geier" abfinden oder verkaufte seine Aktien an das Unternehmen zurück (sogenannte „grüne Ritter" mit Erpressermentalität) oder aber an einen freundlicher gesinnten Investor (einen „weißen Ritter").

Bis 1988 war Gillettes Management viermal auf diese Weise herausgefordert worden. Die beiden letzten Male hatte das Unternehmen Aktien im Wert von knapp $1,3 Milliarden zurückgekauft, um die „Geier" zu verscheuchen und durch Kreditaufnahme die Bilanz so zu gestalten, dass sie für fremdfinanzierte Bieter jede Attraktivität verlor. Andere Unternehmen hatten sich ähnlich verhalten, um die Jobs in ihrer Führungsetage zu sichern. Nach Buffetts Dafürhalten hatten die „Geier" im Fall von Gillette – und auch bei Salomon, USAir, Champion und anderen mehr – versucht, billig an die Aktienmehrheit zu kommen. Der Durchschnittsaktionär war am besten damit beraten, seine Position zu halten und in Ruhe abzuwarten, bis der Markt wieder anzog. (Sie wissen ja, Mr. Market!). Buffett gefiel, wie sich Gillettes Spitze gegen niedrige Angebote und erpresserische Käufer behauptet hatte. Doch leider wurden durch das Kreditengagement nicht nur die „Geier" erfolgreich abgeschreckt, sondern auch der eine oder andere konventionelle Investor: Der Kurs gab 1988 stetig nach. Für Buffett war das zweifellos ein weiterer Anreiz.

Ist das Produkt leicht zu ersetzen?
Für die Rasur *als solche* gab es keinen Ersatz. Bartträger wurden immer seltener. Es gab aber direkte Konkurrenten wie Schick (das Warner-Lambert gehörte), Bic und Wilkinson Sword (Swedish Match). Sie alle hatten bei bestimmten Produkten oder in einzelnen Ländern einen Vorsprung. Außerdem gab es viele Hersteller, die für Supermärkte und Drogerien unter deren Namen produzierten. Im Hinblick auf den gesamten Marktanteil, der wohl mehr als 60 Prozent betrug, auf die Reichweite des Vertriebs, auf die Stärke des Markennamens und auf die Aufwendungen für die Produktentwicklung kam jedoch keiner der Konkurrenten auch nur annähernd an Gillette heran.

FINANZANALYSE

Colman Mockler war bereits über zehn Jahre lang Chairman und CEO gewesen, als Buffett sich für Gillette interessierte. Die Bücher präsentierten sich so:

$ Millionen	Umsatz	Gewinn	Gewinn je Aktie ($)	Zinsaufwendungen netto	langfr. Verbindlichkeiten	Eigenkapital
1988	3581	269	2,45	101	1675	(85)
1987	3167	230	2,00	82	840	599
1986	2818	181*	1,42	47	915	461
1985	2400	160	1,29	48	436	898
1984	2289	160	1,29	35	443	791
1983	2183	146	1,19	33	278	757
1982	2239	135	1,11	46	293	721
1981	2334	124	1,03	63	259	720
1980	2315	124	1,03	50	280	717
1979	1985	111	0,92	29	249	648

*vor außerordentlichen Aufwendungen

Der Umsatz war um 80 Prozent bzw. um 7 Prozent im Jahr gestiegen, der Gewinn um beachtliche 142 Prozent bzw. 10 Prozent im Jahr. Durch die Aktienrückkäufe wurde der Gewinn je Aktie auf 166 Prozent bzw. 11 Prozent im Jahr gehoben. Diese Wachstumsraten hatten sich in den letzten fünf Jahren deutlich gesteigert – um jeweils 12 Prozent, 14 Prozent und beneidenswerte 17 Prozent im Jahr. In den beiden letzten Jahren war das Wachstum sogar noch größer.

Für die Rasur als solche gab es keinen Ersatz. Bartträger wurden immer seltener.

Konsolidierte Bilanz 1988

$ Millionen	
Barmittel	175
Forderungen	729
Bestände	653
Anlagevermögen	683
Sonstige	355
Immaterielle Vermögenswerte	272
Aktiva	2868
Verbindlichkeiten gegenüber Kreditinstituten	1961
Verbindlichkeiten aus Lieferungen u. Leistungen	669
Sonstige	323
Passiva	2953
Eigenkapital	(85)

Die Bilanz von Gillette lässt keine Fragen offen. Das zum Erzielen der $3,6 Milliarden Umsatz notwendige Kapital hielt sich in berechenbaren Grenzen – alles inklusive rund $700 Millionen, was in etwa dem Umsatz von zwei Monaten entspricht. Der andere große betriebsnotwendige Posten waren Grundstücke, Gebäude, Maschinen und maschinelle Anlagen, Betriebs- und Geschäftsausstattung, die ebenfalls mit rund $700 Millionen zu Buche schlugen – wenig für ein produzierendes Unternehmen dieser Größe. Der derivative Firmenwert (von Braun und anderen Unternehmensteilen im Zahnpflegebereich) war relativ gering, so dass er die Zahlen nicht verzerrte.

Die großen Anomalien, die Gegenstand dieser Analyse sein müssen, sind Verschuldungsgrad und Höhe des Eigenkapitals. Die diesbezüglichen Werte lassen sich erklären, wenn man die Cashflows der vergangenen drei Jahre betrachtet:

Cashflow 1986–1988

Die Cashflows der Betrachtungsjahre lassen sich folgendermaßen zusammenfassen:

$ Millionen	1988	1987	1986
Gewinn vor außerordentl. Posten	269	230	154
betriebsnotwendiges Kapital	(206)	(67)	(138)
Investitionsausgaben	(189)	(147)	(199)
Sonstige	43	111	26
Abschreibungen	141	126	108
Dividenden	(95)	(85)	(86)
Aktienrückkäufe	(855)	(60)	(568)
Cashflow	892)	108	(703)

Im Grunde wurde der Gewinn vor außerordentlichen Posten und Abschreibungen vom betriebsnotwendigen Kapital, den Investitionsausgaben und Dividenden vollständig aufgezehrt. Das ist für ein so schnell wachsendes Unternehmen des produzierenden Gewerbes nicht ungewöhnlich. Die Investitionsausgaben wirken im Vergleich zu den bestehenden Investitionen in Betriebseinrichtungen hoch, doch wie wir gleich sehen werden, erwirtschafteten diese Investitionen eine hohe Rendite. Daher gilt: je mehr, desto besser. Das Betriebsergebnis insgesamt war cashflow-neutral und das gegenwärtige Wachstumsniveau konnte problemlos aufrechterhalten werden. Die echten „Kapitalfresser" waren die Aktienrückkäufe. Diese erfolgten zwar absolut ohne Not, hätten jedoch auf diesem Niveau nur noch maximal zwei oder drei Jahre länger weitergeführt werden können. Doch die Rückkäufe hatten ihren Zweck bereits erfüllt und die Aktie für Bieter mit Schuldenproblemen unattraktiv gemacht. Gillette hatte Eigenkapital durch Fremdmittel ersetzt, doch das zu Grunde liegende Geschäft war davon bislang unberührt geblieben.

Konsolidierte Gewinn- und Verlustrechnung 1986 – 1988

$ Millionen	1988	1987	1986
Umsatz	3581	3167	2818
Rohergebnis	2094	1824	1634
Betriebsergebnis	614	523	408
Zinsaufwendungen	(101)	(82)	(47)
Sonstige	(64)	(50)	(303)
Gewinn vor Steuern	449	92	58
Jahresüberschuss	269	230	16
Gewinn je Aktie ($)	2,45	2,00	0,12 ($1,42 vor Sonderaufwand)

Der Produktmix wurde bereits berücksichtigt. Doch wie sieht die geographische Aufteilung aus?

$ Millionen	Europa	Latein-amerika	Andere	Ausland gesamt	USA	Summe (abzügl. sonstige Aufwendungen)
1988						
Umsatz	1467	378	485	2330	1251	3581
Betriebsergebnis	228	102	83	412	230	613
1987						
Umsatz	1264	318	419	2001	1166	3167
Betriebsergebnis	186	77	80	342	206	523
1986						
Umsatz	1030	307	381	1717	1101	2818
Betriebsergebnis	123	67	63	253	183	408

Anmerkung: Die ausgewiesenen Gewinne enthalten keine Sonderrückstellungen. In den Summen sind die Gemeinkosten anteilig berücksichtigt.

Zwar war die Umsatzrendite in den USA etwas höher als im Ausland, zeigte jedoch hier wie dort eine steigende Tendenz – von 16,6 Prozent auf

18,4 Prozent in den Staaten und von 14,7 auf 17,7 Prozent im Ausland innerhalb von zwei Jahren. Der wichtigste Trend war der Umsatzzuwachs von 27 Prozent in zwei Jahren, der hauptsächlich im Ausland erzielt wurde. Gillette verfügte sicherlich über eines der besten Vertriebsnetze aller amerikanischen Firmen – mit Produktionsstätten in 28 Ländern und Verkaufsniederlassungen in 200. Drei Viertel der Konzernbelegschaft arbeiten außerhalb der Vereinigten Staaten.

Die Kontrolle der Gemeinkosten im Verhältnis zur Umsatzsteigerung haben wir bereits angesprochen. Die explosive Entwicklung bei den Zinsaufwendungen ist der zweite interessante Aspekt. Die für 1988 angesetzten $138 Millionen sind irreführend niedrig, denn das Gros der Aktienrückkäufe erfolgte erst später im Jahr. Das Zinsdeckungsverhältnis lag im vierten Quartal unter 4.

„Owner Earnings"

Am Beispiel Gillette wird besonders deutlich, wie schwierig es ist, die „owner earnings" zu ermitteln. Durch das enorme Wachstum wurde das Kapital so schnell aufgezehrt, wie es generiert wurde. Das ist an sich nicht ungewöhnlich, doch es gibt keinen Hinweis auf die Höhe des potenziellen frei verfügbaren Cashflows im Falle eines Wachstumsstopps.

KAPITALQUELLEN

Die Investitionsausgaben und die Zunahme des betriebsnotwendigen Kapitals waren im Verhältnis zum Jahresüberschuss bzw. zum Jahresüberschuss zuzüglich Abschreibungen groß. Daher war das Betriebsergebnis cashflow-neutral – als Folge der Wachstumsrate. Das effektive Niveau von Sachanlagen und betriebsnotwendigem Kapital war im Verhältnis zum Ertrag gering. Das Betriebsvermögen von $1,4 Milliarden (Forderungen plus Vorräte und Sachanlagen abzüglich Verbindlichkeiten) generierte ein Betriebsergebnis vor Zinsen, Steuern und Dividenden von $600 Millionen, was bei einem Steuersatz von 40 Prozent einer Rendite von 26 Prozent entspricht. Das ist eine imposante Zahl, die auf einen beträchtlichen originären Firmenwert hinweist – auf Vermögenswerte, die sich nicht in der Bilanz wiederfinden, wie Marken, Marktanteil, Vertriebssystem und Produktentwicklung.

Insbesondere das Anlagevermögen war gering: Grundstücke, Gebäude, Maschinen und maschinelle Anlagen, Betriebs- und Geschäftsausstattung im Wert von $700 Millionen generierten $3,6 Milliarden Umsatz und $600 Millionen Gewinn. Beeindruckende Werte für eine Branche, die gemeinhin als „kapitalintensiv" gilt.

Eigenkapitalrentabilität

$ Millionen (%)	Gewinn	Betriebsergebnis vor Steuern	Eigen-kapital	langfristige Verbindlich-keiten	durchschnitt-liches Gesamt-kapital	EKR - Durch-schnitt (%)	Kapitalrendite; Durchschnitt, nach Steuern
1984	159	352	791	443	1135	21	19
1985	160	380	898	436	1284	19	18
1986	173	411	461	915	1355	25	18
1987	230	523	599	840	1408	44	22
1988	269	614	(83)	1675	1515	105	24

Anmerkung: Die letzte Spalte gibt das Betriebsergebnis abzüglich eines fiktiven Steuersatzes von 40 Prozent wieder, geteilt durch das durchschnittliche gesamte Eigenkapital und die langfristigen Verbindlichkeiten.

Gillette konnte nicht mit frei verfügbarem Cashflow aufwarten. Viel interessanter ist aber der Satz, zu dem der einbehaltene Cashflow reinvestiert werden konnte. Wenn ein Unternehmen Gewinn einbehalten muss – ob es expandiert oder nicht –, wird die Kapitalrendite vermutlich niedrig sein und Shareholder Value wird zerstört. Wenn ein Unternehmen Kapital in Wachstum umsetzen kann und damit hohe Renditen erwirtschaftet, wird aller Wahrscheinlichkeit nach Wert geschöpft. Im Fall von Gillette wird das Bild durch den deutlichen Abgang beim Eigenkapital getrübt. Steht vor dem E ein Minuszeichen, lässt sich die EKR nicht berechnen. Dann müssen wir auch die Kapitalrendite betrachten.

Die Steigerung der EKR zeigt, wie leicht es ist, die Rendite durch vermehrte Aufnahme von Fremdmitteln positiv zu gestalten. Die EKR von 1984/85 von rund 20 Prozent kommt der Realität sicher näher, da damals verhältnismäßig wenig fremdfinanziert wurde. Als Richtwert für die jüngere Vergangenheit kann hier der durchschnittliche Kapitalertrag herangezogen werden. Er steigerte sich von 18 bis 19 auf 24 Prozent, was mit der von uns beobachteten verbesserten Performance des Unternehmens in Einklang steht, im Zuge derer mehr Kapital ertragreich investiert wurde.

Wo greift hier das Zuwachsprinzip IP? Auch das ist nur schwer anwendbar, wenn das Eigenkapital zurückgeht, doch es gibt hier eine weitere Parallele zum Gesamtkapital:

$ Millionen	Veränderung im Betriebsergebnis nach Steuern	Veränderung im gesamten investierten Kapital
1984	17	199
1985	14	100
1986	22	42
1987	69	63
1988	55	151
Summe	177	555

Von Anfang 1984 bis Ende 1988 wurden $555 Millionen mehr investiert (langfristige Verbindlichkeiten plus Eigenkapital). Das Betriebsergebnis nach Steuern stieg um $177 Millionen. Das Ertragszuwachs aus dem zusätzlich investierten Kapital betrug also 32 Prozent.

Was war Gillette wert?

Für 1988 wurden $269 Millionen Gewinn ausgewiesen. Berkshire Hathaway kaufte im Juli 1989. Das Betriebsergebnis fürs erste Quartal hatte sich leicht verbessert, wobei sich der Gewinn je Aktie durch die drastische Reduzierung der Anzahl von Aktien in Umlauf besonders positiv präsentierte. Buffett ist höchstwahrscheinlich maximal von einem Gewinnniveau in Höhe von $2,70 ausgegangen – die $2,45 von 1988 plus 10 Prozent. Wir haben für 1988 eine durchschnittliche Gesamtkapitalrendite von 24 Prozent ermittelt und ein IP für den Kapitalzuwachs von 32 Prozent. Buffett hat immer betont, dass die exakten Zahlen hier keine Rolle spielen. Es geht vielmehr nur um die Einhaltung einer deutlichen Sicherheitsmarge. Die konservativen 24 Prozent sind in Kenntnis der Ertragssteigerung also vollkommen ausreichend.

Alle qualitativen Faktoren bestätigten, dass das Management Herr der Lage war, dass das Unternehmen marktführend war und dass das Auslandsgeschäft immer mehr Ertrag brachte. Gillette setzte Kapital effektiv ein, insbesondere bei langfristigen Anlagen, und würde aller Wahrscheinlichkeit nach noch größere Summen zu Renditen von mehr als 24 Prozent investieren. Der Unternehmenswert und die Abschreibungen darauf waren verhältnismäßig unwichtig. Einziger Negativposten war das hohe Verschuldungsniveau, das das Unternehmen in Gefahr brachte.

Angenommen, dieses Problem konnte gelöst werden, wie hoch war dann der innere Wert anzusetzen? Gillette konnte zusätzliches Kapital zu einer konservativ auf 24 Prozent geschätzten Rendite einsetzen. Ein durchschnittliches Unternehmen konnte reinvestieren und vielleicht 10 Prozent im Jahr erwirtschaften. Gillettes Erträge waren also 2,4 mal so viel wert. Eine Rentenwert oder eine Aktie mit 10 Prozent Rendite verfügten über ein KGV von 10, Gillette dagegen über ein KGV von 24. Daraus ergibt sich ein Kurs von $65 und ein Gesamtwert der 97 Millionen Aktien, die Ende 1988 in Umlauf waren, von $6,3 Milliarden.

WAS BUFFETT UNTERNAHM

1989 investierte Berkshire in wandelbare Vorzugsaktien von Gillette, der Fluggesellschaft USAir und Champion International, einem Papier- und Holzunternehmen. In allen drei Fällen handelte es sich um private Platzierungen, wobei Berkshire mehr oder weniger die Rolle des weißen Ritters übernahm und dem Management den zeitlichen Spielraum gab, das Unternehmen zum langfristigen Wohl der Aktionäre umzustrukturieren. Dasselbe hatte Berkshire auch 1987 bei Salomon getan und die Firma damit vor einer feindlichen Übernahme durch Revlon (auch Gillettes Schreckgespenst!) gerettet. 1991 sollte Berkshire dann auch American Express ähnliche Dienste leisten.

> *Gillette setzte Kapital effektiv ein, insbesondere bei langfristigen Anlagen, und würde aller Wahrscheinlichkeit nach noch größere Summen zu Renditen von mehr als 24 Prozent investieren. Der Unternehmenswert und die Abschreibung darauf waren verhältnismäßig unwichtig.*

Die Emissionen mochten unterschiedliche Bedingungen beinhalten, doch Buffett war in jedem Fall überzeugt, dass ihr Wert auf dem festen Ertrag beruhte, während die Option zur Umwandlung in Stammaktien nur ein zusätzlicher Anreiz war. Natürlich misstraut Buffett langfristigen Renten als solchen, da ihr Wert regelmäßig von Inflationsrisiken bedroht ist. Bei jeder maßgeblichen Investition Berkshires in Obligationen galten besondere Umstände – eine Steuerbefreiung etwa, ein Abschlag auf den Nennwert oder die Option auf Umwandlung –, durch die der Kaufpreis sich vom inneren Wert deutlich unterschied.

Die Vorzugsdividende von Gillette lag bei $8\,^{3}/_{4}\,\%$, der Satz für langfristige Staatspapiere damals bei 8 %. Daraus ergibt sich eine so geringe Sicherheitsmarge, dass der Schluss naheliegt, in diesem Fall habe der tatsächliche Wert des Papiers in der Umwandlungsoption gelegen. Dieser Eindruck wird – wenn auch erst im Nachhinein – dadurch bestätigt, dass Berkshire tatsächlich bei der ersten Gelegenheit in Stammaktien umwandelte. Hätte sich die Lage bei Gillette verschlechtert und die Aktie wäre gefallen, hätte Berkshire aller Wahrscheinlichkeit nach in erster Linie Kapital gesichert. Es gilt zu bedenken, dass die investierten $600 Millionen den Verschuldungsgrad des Unternehmens unverzüglich senkten. Das Zinsdeckungsverhältnis lag mit 6 wieder auf sicherem Niveau. Die Annahme, hier sei eine Zinsen bringende Schuldverschreibung durch eine Dividenden bringende ersetzt worden, ist jedoch ein Trugschluss. Was zählt, ist, dass das Unternehmen von seinen Hauptgläubigern nicht mehr bedroht werden konnte und der Name Berkshire im Aktionärsregister „Übernahmegeier" abschrecken und daher einer Neuverschuldung entgegenwirken würde. Doch wir wollen nicht nur rückblickend analysieren, sondern stattdessen den Wert des Papiers in seiner ursprünglichen Form und dann nach der Umwandlung 1991 betrachten, als Berkshire seine Stammaktien hätte verkaufen können.

1989 investierte Berkshire $600 Millionen in ein Wertpapier mit einem festen Ertrag von 8 $^{3}/_{4}$%. Dieses Papier hatte eine Rückzahlungsfrist von zehn Jahren und war zu einem Kurs von $50 je Aktie in Stammaktien wandelbar. Wie bereits angesprochen, lag der feste Ertrag nur geringfügig über dem aktuellen Langläuferzins. Damit brachte es mehr ein als ein Barguthaben, aber eben nur wenig mehr. Das Risiko eines Wertverlustes war zweifelsohne begrenzt. Im Gegensatz zu den anderen Unternehmen, von denen Berkshire 1989 Vorzugsaktien erwarb, waren Buffett und Munger über die wirtschaftliche Lage von Gillette vollständig im Bilde. Dass Gillette die Dividenden zahlen und die Rückzahlungsbedingungen einhalten würde, erachteten sie als sicher. Wir haben den damaligen inneren Wert je Aktie mit $65 angesetzt. Bei einer Umwandlung zu $50 je Aktie betrug die Sicherheitsmarge lediglich 23 Prozent. Für Buffett ließ sich das geringere Gewinnpotenzial hier eindeutig durch die begrenzten Risiken rechtfertigen – ein klassisches Beispiel für seine Maxime: „Some chance of gain for no chance of pain." Der Spatz in der Hand...

WAS DANACH GESCHAH

Diese Transaktion mag spekulativen Charakter haben, doch Buffett sollte sie später rundweg als Fehlschlag klassifizieren. Ohne Dividenden war Berkshires $600 Millionen-Investition Ende 1997 $4,8 Milliarden wert – eine achtfache Wertsteigerung. Und das sollte schlecht sein?! Nach Buffetts Ansicht hatte er sich hier in seinem eigenen Netz verfangen. Statt in eine Wertpapiermischform mit Wandelrecht zu $50 je Aktie zu investieren, hätte er auch den Kauf neuer Stammaktien für nur $40 je Aktie aushandeln können. Angesichts unseres geschätzten inneren Wertes von $65 hätte das eine deutliche Sicherheitsmarge von 38 Prozent bedeutet und er hätte am Ende 25 Prozent mehr Anteile besessen. Für die investierten $600 Millionen erhielt er bei Wandlung zu $50 je Aktie 12 Millionen Aktien. Für dieselben $600 Millionen hätte er aber 15 Millionen Stammaktien zu $40 je Aktie kaufen können. Berkshire hätte dann zwei Jahre lang auf Vorzugsdividende verzichten und sich mit der niedrigeren Stammdividende bescheiden müssen, was unterm Strich $70 Millionen Verlust bedeutet hätte. Doch die zusätzlichen 3 Millionen Aktien würden heute mit $1,2 Milliarden zu Buche schlagen.

Wie sah nun die geschäftliche Situation aus, durch die die Stammaktie in solche Höhen gestiegen war? Gillette verkaufte noch mehr Rasierklingen, Rasierapparate, Kosmetikartikel und Stifte auf noch mehr Märkten mit noch mehr Gewinn. In Zahlen liest sich das so:

$ Millionen	1988	1989	Wachstum (%)	1990	Wachstum (%)
Umsatz	3581	3819	7	4344	14
Betriebsergebnis	614	664	8	773	16
Gewinn je Aktie ($)	2,45	2,70	10	3,20	19

Diese Transaktion mag spekulativen Charakter haben, doch Buffett sollte sie später rundweg als Fehlschlag klassifizieren. Ohne Dividenden war Berkshires $600 Millionen-Investition Ende 1997 $4,8 Milliarden wert – eine achtfache Wertsteigerung. Und das sollte schlecht sein?!

1989, nach der Investition Berkshires, wurde die Sensor-Linie auf den Markt gebracht und war in vielen Märkten bald das führende Rasiersystem. Die Gewinnzuwächse bei Klingen und Rasierapparaten konnten in anderen Segmenten erreicht und von Braun und Oral-B sogar in den Schatten gestellt werden. Der Markt in den USA war keinesfalls gesättigt, doch die Auslandsmärkte legten schneller zu.

Die zweite Investitionsentscheidung

Im April 1991 kündigte Gillette die Rückzahlung von Berkshires Vorzugsaktien an. Die Stammaktie wurde zu Kursen um $70 gehandelt, so dass sich nach der Wandlung in 12 Millionen Stammaktien ein Marktwert von $840 Millionen ergeben hätte. Ohne die bereits ausgezahlten Vorzugsdividenden entsprach dies rein rechnerisch einem Gewinn von $240 Millionen. Nun stand die Entscheidung an, ob der Gewinn durch den Verkauf der Aktien realisiert werden sollte oder ob man die Anteile halten wollte. Diese zweite Entscheidung fiel um einiges leichter als die ursprüngliche Anlage. Buffett und Munger waren inzwischen mit dem Geschäft vertraut (Buffett war Mitglied des Board of Directors), sie hatten den Markterfolg der Sensor-Linie und das Wachstum in anderen Bereichen miterlebt und waren glücklicher Miteigentümer eines Unternehmens der Gattung, die sie später als *„die Unvermeidlichen"* bezeichnen sollten – Unternehmen, deren Umsatz und Gewinn während der Laufzeit einer Investition unvermeidlich steigen würden.

Vor diesem Hintergrund war ein Verkauf der Anteile eher unwahrscheinlich. Dennoch sollte überprüft werden, ob der innere Wert noch zunahm und ob eine Sicherheitsmarge gegeben war. Seit 1988 hatte Gillette keine Aktien mehr zurückgekauft. Da hier kein Kapital mehr aufgezehrt wurde, Berkshire $600 Millionen investiert hatte und der Reingewinn schneller wuchs als die Investitionsausgaben, waren die langfristigen Verbindlichkeiten Ende 1990 auf $1 Milliarde zurückgegangen. Die Zahlen für 1990 wiesen beim Eigenkapital immer noch lediglich $265 Millionen aus, zu wenig, um eine realistische kontinuierliche EKR zu ermitteln. Die durchschnittliche Kapitalrendite für 1990 lag bei stolzen 38 Prozent. Der IP-Wert wurde beeinträchtigt durch die Reduzierung der Gesamtinvestitionen im Jahr 1989. Doch 1988 wie auch 1990 lag der IP-Wert für das investierte Kapital um die 35 Prozent.

$ Millionen	Betriebs- ergebnis nach Steuern	Veränderung im Betriebsergebnis nach Steuern	Veränderung im investierten Kapital	IP für Kapital (%)
1990	464	66	200	33
1989	398	30	(479)	–
1988	368	54	151	36

Wir wollen die konservativeren 35 Prozent als kontinuierliche Kapitalrendite ansetzen. Der Gewinn je Aktie lag 1990 bei $3,20, so dass sich der folgende innere Wert ergibt:

$$\$3{,}20 \times \frac{35\%}{(10\%)^2} = \$112$$

Bei einem Kurs von $70 beträgt die Sicherheitsmarge also 38 Prozent (und die Spanne zum Umwandlungskurs 55 Prozent).

Gillette 1991–1997

1993 wurde für $458 Millionen der Schreibgeräteherstellter Parker übernommen. Eine Rasierkosmetikserie unter dem Namen Gillette wurde lanciert. Die dominierende Rolle im Rasiersystemesegment konnte durch die Einführung von SensorExcel 1993 und SensorExcel for Women 1996 weiter ausgebaut werden. Das Segment mit dem stärksten Wachstum war jedoch nach wie vor Oral-B mit Zahnpflegeprodukten, unterstützt durch ein paar kleinere Unternehmenskäufe und einen endlosen Strom neuer Produkte. Rasierklingen und Rasierapparate stellten aber immer noch das größte Marktsegment dar.
Die Grundwerte von Gillette waren unverändert geblieben. Immer größere Teile des Umsatzes wurden mit Produktneuheiten im 5-Jahres-Rhythmus und auf Märkten außerhalb der USA erwirtschaftet – 1997 49 Prozent bzw. 63 Prozent. Die größte Transaktion war die Übernahme von Duracell, dem weltweiten Marktführer für Alkaline-Batterien, die Ende 1996 über die Bühne ging. Duracell hatte im selben Jahr $450 Millionen Gewinn vor Steuern ausgewiesen. Gillette hatte das Unternehmen für 110 Millionen neue Aktien mit einem Marktwert von rund $11 Milliarden gekauft. Die Vorteile für Gillette lagen auf der Hand:
Bei Duracell handelte es sich um ein weiteres Unternehmen, das Konsumprodukte von weltweitem Rang und Namen herstellte und stark innovativ orientiert war. Die Aufwendungen für Absatz und Vertrieb konnten durch die Zusammenlegung reduziert werden. Eine große Anzahl von Kunden konnte Produkte aus allen Sektoren des vergrößerten Konzerns kaufen. Duracell hatte im Ausland eine schwächere Position. Gillette war vor Ort präsent und konnte so den neuen Geschäftsbereich weltweit un-

terstützen. Der Anfang war vielversprechend: Der Umsatz von Duracell und der Beitrag zum Gesamtertrag steigerten sich im Jahr 1997 um 10 bzw. 17 Prozent.

Gillette bot folgendes Gesamtbild:

$ Millionen	Umsatz	Gewinn	Gewinn je Aktie ($)	Eigenkapital	EKR (%)	Aktienkurs zum Jahresende
1997	10 062	1427	2,49	4841	29	100
1996	9 698	1232	2,16	4471	27	78
1995	8 834	1069	1,89	3879	28	52
1994	7 935	919	1,64	3257	28	37
1993	7 085	772	1,38	2582	30	30
1992	6 752	676	1,24	2538	27	28
1991	6 188	541	1,03	2134	25	28
1990	5 709	388	0,73	607	64	16

Anmerkung: Außerordentliche Aufwendungen wurden nicht berücksichtigt. Der Kauf von Duracell wurde als Fusion behandelt. Die Werte früherer Jahre wurden ausgewiesen, als hätte Duracell schon immer zum Konzern gehört. Der Gewinn wurde niedriger angesetzt aufgrund der Abschreibung auf den Unternehmenswert.

Berkshires Investition von $600 Millionen im Jahr 1989 war – ohne Dividenden – Ende 1997 $4,8 Milliarden wert, was einer durchschnittlichen Jahresrendite von 28 Prozent entspricht.
1998 hat Gillette ein neues Klingensystem auf den Markt gebracht.

ÜBUNGEN

1 Angenommen, Gillette hat 10 Prozent des Umsatzes für Forschung und Entwicklung aufgewendet – wie würde sich der Beschluss einer Wertpapieremission zur Deckung dieser Kosten auf Ihre Berechnung des Unternehmenswertes für 1988 auswirken?

2 Was wären die Folgen einer Produktivitätssteigerung, bei der dieselben Ergebnisse mit dem halbierten Forschungsetat erzielt würden?

Weitere Fragen zur Dikussion

3 Annahme: Gillette vertreibt ausschließlich Rasierklingen. Diese müssen wöchentlich erneuert werden. Alle drei Milliarden Männer auf der Welt kaufen Gillette-Produkte. Gillette verdient an jeder Rasierklinge netto 10 Cent. Wie sähe der Unternehmensgewinn aus? Welche dieser Annahmen ist die unwahrscheinlichste?

4 Angenommen, Gillette behält nur seine Marken und vergibt Lizenzverträge für alle anderen Bereiche, nimmt also nur noch Lizenzgebühren ein. Welche Risiken bestünden? Wie könnten die Lieferanten ihre Verhandlungsposition stärken?

XVI

– Die Walt Disney Company –

Berkshire Hathaway hielt von 1977 bis 1980 Anteile an Capital Cities und von 1978 bis 1979 und wieder ab 1984 Anteile an ABC. 1986 kaufte Berkshire in großem Umfang Capital Cities-Aktien, um die Übernahme von ABC zu ermöglichen. 1996 erfolgte die Fusion von Capital Cities/ABC und Disney. Berkshire erhielt dabei Aktien und Bargeld und kaufte im selben Jahr weitere Disney-Aktien an der Börse.

GESCHICHTE

American Broadcasting Companies (ABC)

ABC war ein Ableger des Motors der amerikanischen Radio- und Fernsehtechnologie, RCA. Zum selben Unternehmen gehörte auch NBC. Auf behördliche Anordnung der FCC musste RCA einen der Sender aufgeben. 1943 kaufte Edward Noble ABC. Über zwei Jahrzehnte war ABC der schwächste der drei Sender – mit lahmer Programmgestaltung und wenigen angeschlossenen Lokalsendern. Nach der Fusion mit den United Paramount Theaters 1953 strahlte ABC Filme aus Hollywood aus, gewann Lokalsender hinzu und verbesserte die Programmgestaltung. In den 70er Jahren war ABC kurzfristig der Kanal mit den höchsten Einschaltquoten und konnte sich seither unter den drei Topsendern halten. 1984 kaufte ABC den führenden Sportkabelkanal ESPN.

Capital Cities

Capital Cities begann 1954 als Fernseh- und Radiosender in Albany im Bundesstaat New York. Der erste Manager des Fernsehsenders, Tom Murphy, war die treibende Kraft hinter Capital Cities. Mit seinem Partner Dan Burke streckte er die Finger aus nach anderen Unternehmen. Nach 30 Übernahmen regierten sie über ein ganzes Imperium von Fernseh- und Radiosendern, Zeitschriften und Zeitungen. Beim Kauf von ABC 1986 galten Murphy und Burke als erfolgreichstes Managementteam der Medienbranche – und als kostenbewusstestes.

TEIL IV FALLSTUDIEN

Walt Disney

Die Geschichte von Walt Disney und seinem Unternehmen verdient etwas mehr Raum. Der Trickfilmzeichner Walt Disney hatte in seiner Kindheit Gewalt und Leid erfahren und widmete sich den Rest seines Lebens der Schaffung perfekter Welten für Kinder. Mit seinem Bruder Roy eröffnete er 1923 ein Studio in Hollywood. Walt war der kreative Kopf, während Roy sich ums Kaufmännische kümmerte. Die beiden mussten anfangs bittere Erfahrungen machen. Sie hatten das Copyright für ihre erste Erfolgsfigur, Oswald the Lucky Rabbit, auf ihre Vertriebsfirma übertragen und mussten bald feststellen, dass man sie aus dem Geschäft gedrängt hatte: Der Vertreiber beauftragte billigere Zeichner mit der Fortsetzung der Serie. Die Disney-Brüder wurden dadurch früh mit der harten Realität im Geschäft mit geistigem Eigentum konfrontiert. Die Rechte an der nächsten Figur, die Walt schuf, behielt er für sich und vermarktete sie ausschließlich im Namen seines eigenen Studios. Es handelte sich dabei um Mickey Mouse, ein Phänomen des 20. Jahrhunderts.

Ein Studio, das seinen größten Star mit Käse bezahlen kann, hat die besten Voraussetzungen. Mickey war ein Welterfolg. Columbia übernahm den globalen Vertrieb, doch das Copyright blieb bei Disney. Das Studio musste nun einen Cartoon im Monat produzieren, so gefragt war die Zeichentrickfigur. Walt war einer der Pioniere Hollywoods im Merchandising-Geschäft. Er brachte *The Mickey Mouse Book* heraus und vergab Lizenzen für die Figur zur Produktion von Cartoons, Frühstücksflocken und der berühmten Uhren. Die Disney-Brüder merkten, dass sie eine Goldgrube aufgetan hatten. Nach Mickey kamen Donald Duck – zynischer als Mickey, doch sogar noch erfolgreicher –, Goofy und all die anderen.

> *Ein Studio, das seinen größten Star mit Käse bezahlen kann, hat die besten Voraussetzungen.*

Das nächste große Projekt der Disney-Brüder war der erste Trickfilm in voller Spielfilmlänge, *Schneewittchen und die sieben Zwerge*. Er kostete weit mehr als geplant, und Roy musste alle Hebel in Bewegung setzen, bis die Bank of America fast $1 Million zur Verfügung stellte, damit der Film fertiggestellt werden konnte. Das Werk war ein Riesenerfolg und spielte $8,5 Millionen brutto ein, als es das erste Mal lief. 1940 wurde die Firma der Disneys in eine Publikumsgesellschaft umgewandelt, ging jedoch bis zu Walts Tod im Jahr 1966 immer wieder große finanzielle Risiken ein. In

217

den 40er Jahren hatte er auf Kredit weitere Trickfilme produziert, von denen viele durchfielen. Durch den Zweiten Weltkrieg litt das Geschäft, denn schon damals wurde fast die Hälfte des Gewinns im Ausland erzielt. Die 1948 gedrehten Naturfilme und die beliebten Kindersendungen im Fernsehen (vor allem auf ABC) ab Mitte der 50er Jahre brachten das Unternehmen wieder in Schwung – im passenden Moment, denn Walt plante seinen letzten großen Coup.

Er wollte einen Ort für Familien schaffen, einen sicheren Hort des Vergnügens. Das Studio, das seinen Namen trug, lehnte die Finanzierung von Disneyland in Kalifornien ab, so dass Walt Disney das Projekt heimlich privat vorantrieb. Der Park kostete $17 Millionen, die zu einem Drittel von ABC übernommen wurden, doch schon vor der Eröffnung 1955 zeigten sich die Stärken des Projekts. Zahlreiche Unternehmen bewarben sich als Sponsoren, um mit den beliebtesten Kinderfiguren des Landes in Verbindung gebracht zu werden, und ein großer Teil des Kapitalbudgets und der laufenden Kosten konnte bereits im Vorhinein gedeckt werden. Das Studio war der stille Nutznießer des ungewollten Triumphs, und Walt machte sich an die Planung von Disney World.

Nach Walts Tod setzte die Flaute ein. 1971 wurde Disney World erfolgreich eröffnet. Im selben Jahr verstarb Roy. Mehrere herkömmliche Filme wurden herausgebracht, doch mit dem Filmgeschäft ging es bergab. Das Unternehmen lebte vom Gewinn der Vergnügungsparks. 1984 überredete Roys Sohn, Roy E. Disney, den Immobilienunternehmer Sid Bass zum Erwerb einer Minderheitsbeteiligung. Gemeinsam setzten sie Michael Eisner und Frank Wells als neue Führungsspitze ein. Eisner und Wells wussten, dass unter dem Märchenschloss ein Schatz begraben lag. 1986 hatten sie die Videobibliothek durchforstet. Sie brachten Kinofilme neu heraus, steigerten die Themenpark-Gewinne durch Werbung und Preiserhöhungen, bauten Hotels und befassten sich wieder mit herkömmlichen Kino- und Fernsehfilmen. Es gab auch Pläne, Disney wieder zum führenden Zeichentrickstudio zu machen.

Nach Walts Tod setzte die Flaute ein. 1971 wurde Disney World erfolgreich eröffnet. Im selben Jahr verstarb Roy. Mehrere herkömmliche Filme wurden herausgebracht, doch mit dem Filmgeschäft ging es bergab. Das Unternehmen lebte vom Gewinn der Vergnügungsparks.

TEIL IV FALLSTUDIEN

CAPITAL CITIES 1986

Tom Murphy und Dan Burke hatten in den 60er Jahren erkannt, dass Fernsehsender und andere Medienunternehmen *„Franchises"* im Sinne Buffetts waren. Die erforderlichen Investitionsausgaben waren gering, die Konkurrenz hatte es schwer, die Nachfrage bei Publikum und Werbekunden stieg und der Einfluss auf die Preisgestaltung war entsprechend groß. Mehr über das Wesen lokaler Fernsehsender finden Sie in Kapitel 17 über die *Washington Post*. Cap Cities verfügte über eine breite Palette von Sendern und hatte hohe Einschaltquoten bei geringen Kosten. Über Jahrzehnte hinweg kaufte das Unternehmen systematisch andere Sender und Verlagsunternehmen, doch nur, wenn dies zu günstigen Preisen möglich war. Daneben überwachte das Management streng die Kosten und scheute auch vor einer feindlichen Übernahme nicht zurück, da unkooperative Führungskräfte problemlos durch eigene Leute ersetzt werden konnten. 1985 machte das Unternehmen $150 Millionen Gewinn, fünfmal so viel wie zehn Jahre zuvor. Der Verschuldungsgrad war konstant geblieben, die Anzahl der in Umlauf befindlichen Aktien allerdings um 15 Prozent gesunken. Die Eigenkapitalrendite hatte seit Mitte der 70er Jahre bei 20 Prozent gelegen. Der Kapitalgewinn auf die Aktien – ohne Dividenden – betrug das 8fache bzw. eindrucksvolle 26 Prozent im Jahr.

Anfang 1986 hatte Cap Cities für ABC $3,4 Milliarden gezahlt, das meiste bar, einen geringen Teil in Optionsscheinen. Finanziert wurde diese Transaktion durch eigene Mittel in Höhe von $750 Millionen, Krediten in Höhe von $1,35 Milliarden und den Verkauf ausgewählter Medienunternehmen und Immobilien für insgesamt $788 Millionen. Der Rest wurde von Berkshire übernommen, das für $518 Millionen 3 Millionen neue Aktien kaufte – also 19 Prozent des vergrößerten Bestandes. Bis dato war das eine der größten Fusionen auf dem amerikanischen Markt. Cap Cities hatte allem Anschein nach das 20fache des Gewinns von 1985 für ABC gezahlt, was viele für überzogen hielten.

In Wirklichkeit war es ein ausgezeichnetes Geschäft für Cap Cities wie auch für Berkshire. Strategisch betrachtet hatte Cap Cities einen Hauptlieferanten in einer höheren Position der Vertriebskette aufgekauft. Finanziell stellte sich die Situation auch vor der Kostensenkung in Folge der Fusion besser dar als angenommen. Ein Pro-Forma-Zusammenschluss von Cap Cities und ABC hätte für 1985 folgendes Szenario ergeben:

219

DIE BUFFETT-METHODE

$ Millionen	
Umsatz	4089
betriebliche Aufwendungen	(3371)
Abschreibungen	(93)
Abschreibungen auf immaterielle Vermögenswerte	(55)
Betriebsergebnis	570
Zinsaufwendungen netto	(186)
Gewinn vor Steuern	384
Gewinn	175
Gewinn vor Abschreibungen	230

Das sind keine exakten Werte, da manche nach der Fusion erfolgten Veränderungen bei den Programmrechten bereits berücksichtigt wurden. Berkshire hatte einen Kaufpreis bezahlt, der die fusionierten Unternehmen mit $2,8 Milliarden bewertete bzw. allem Anschein nach mit einem KGV von nur 12: ausgesprochen ansehnlich für ein expandierendes Unternehmen, das in der Vergangenheit eine EKR von rund 20 Prozent aufgewiesen hatte.

Die Entwicklung nach der Fusion von Cap Cities und ABC verlief äußerst erfolgreich:

$ Millionen	1985	1994	Wachstumsrate auf Jahresbasis (%)
Umsatz	4089	6379	5,1
betriebliche Aufwendungen	(3371)	(4968)	4,4
Abschreibungen	(93)	(109)	1,8
Abschreibungen immaterieller Anlagegüter	(55)	(63)	1,5
Betriebsergebnis	570	1239	9,0
Zinsaufwendungen netto	(186)	(34)	(20,8)
Gewinn vor Steuern	384	1205	13,5
Gewinn	175	680	16,3
Gewinn je Aktie ($)	1,09	4,42	16,8

Die Umsatzsteigerung bei Cap Cities hatte sich allmählich vollzogen. Das Geheimnis lag weiter unten in der Gewinn- und Verlustrechnung. Eine ansehnliche Steigerung des Betriebsergebnisses mit einer jährlichen Rate von 9 Prozent wurde durch geringe Zinsaufwendungen in einen exzellenten Wert beim Gewinn je Aktie umgesetzt. Das Unternehmen hatte eindeutig Kapital generiert und Schulden abgebaut. Ebenfalls von Interesse ist die bescheidene Zunahme beim Abschreibungsaufwand, was für geringe Vermögensänderung spricht.

DISNEY 1995

Bei Disney hatten Michael Eisner und Frank Wells inzwischen ihre eigenen Methoden eingesetzt. Die jüngsten Zahlen lasen sich so:

$ Millionen	1989	1995	Wachstumsrate auf Jahresbasis (%)
Umsatz	4594	12112	17,5
Betriebsergebnis	1229	2446	12,2
Gewinn	703	1380	11,9
Gewinn je Aktie	1,27	2,60	12,7

Die Steigerung fällt hier nicht ganz so eindrucksvoll aus wie bei Cap Cities, doch das lag hauptsächlich am Eurodisney-Effekt. Seit Jahrzehnten hatte Disney in den Vereinigten Staaten und Japan mit großem Erfolg Themenparks betrieben. Das 1992 eröffnete Eurodisney ist Europas Gegenstück zu Disneyland. Es war eine organische Weiterentwicklung der bestehenden Strategie. Eurodisney wurde ohne Belastung der Bilanzstruktur finanziert: Disney hielt 49 Prozent und institutionelle und private Anleger teilten sich den Rest. Es mussten auch projektgebundene Darlehen aufgenommen werden. Disney rechnete neben der Aktienrendite mit interessanten Erträgen in Form von Lizenz- und Konsortialgebühren. Damit hatte man den goldenen Mittelweg eingeschlagen zwischen den hundertprozentig unternehmenseigenen und -betriebenen Parks in den Staaten und dem japanischen Modell, bei dem Disney ausschließlich Lizenzgebühren erhielt. Doch Eurodisney blieb hinter den Zielsetzungen zurück, insbesondere bei der Hotelbelegung, die einen der Schlüsselfaktoren beim Gewinn darstellte. 1994 erfolgte eine Umschuldung, die in den Augen der Beobachter für Disney günstig ausfiel. Die Banken zeigten

sich verständlicherweise verhandlungsbereit, da ohne die Unterstützung von Disney eine Erholung nicht zu erwarten war. Nichtsdestotrotz drückte diese Beteiligung das Gesamtergebnis und kostete 1993 $515 Millionen, 1994 $110 Millionen (in der Gewinn- und Verlustrechnung – effektiv war es mehr). Doch Eurodisney war im Aufwind. Es stellte eine sinnvolle Produkterweiterung dar und war mit möglichst geringen Risiken für Disney finanziert worden. Es schlug sich wacker auf dem europäischen Markt und die bereits hohen Besucherzahlen stiegen weiter.
Außerdem war es nicht diese eine Beteiligung allein, die Disney ausmachte.

> *Das 1992 eröffnete Eurodisney ist Europas Gegenstück zu Disneyland. Es war eine organische Weiterentwicklung der bestehenden Strategie. Eurodisney wurde ohne Belastung der Bilanzstruktur finanziert.*

Steigert das Unternehmen seinen Wert für seine Kunden?
American Express schmeichelt dem Selbstbewusstsein seiner Kunden. Die Cola-Flasche verkörpert die Ambitionen von Millionen. Disney geht noch einen Schritt weiter. Auch hier geht es um Träume, doch im Gegensatz zu anderen Firmen schafft Disney diese Träume. Vor siebzig Jahren hat Walt Disney eine sprechende Maus erfunden, und die Leute kamen in Scharen, um sie zu sehen. Sie wollten sie immer wieder sehen und kauften Mickey-Mouse-Artikel, und so entstand eine dauerhafte Bindung. Heute spielen die Kinder ihre „Aladin"- und „König der Löwen"-Kassetten immer und immer wieder. Disney ist nicht das einzige Unternehmen auf der Welt, das Unterhaltung verkauft. In einem globalen Markt, der von den USA beherrscht wird, auf dem die englische Sprache und amerikanische Wertvorstellungen eine ganz besondere Rolle spielen, haben sich die großen Filmstudios Hollywoods jahrzehntelang ihre Vormachtstellung bewahrt. Doch Disney ist seinen traditionellen Rivalen in dreifacher Hinsicht überlegen:

1 *Kinder* – Disneys Produkte haben eine Zielgruppe, die sofort zufrieden gestellt sein will. Eltern vertrauen auf Disneys Qualität und Werte. Wenn Sie nach einem Wertmaßstab für die Marke Disney suchen, stellen Sie sich einfach Folgendes vor: Als Vater oder Mutter gehen Sie mit Ihrer Familie ins Kino und haben die Wahl zwischen einem Disney-Film zum vollen oder einem anderen Film zum halben Preis. Wofür würden Sie

sich entscheiden? Das Hauptrisiko bei der Produktion von Filmen – deren Budgets für den künstlerischen und den betriebswirtschaftlichen Bereich $100 Millionen pro Projekt übersteigen können – ist die Schwierigkeit, im Voraus zu bestimmen, was sich verkaufen lässt. Disney hat dieses Risiko minimiert. Und da das Disney-Publikum in erster Linie aus Kindern besteht, kann das Studio seine Produkte mit geringem Kostenaufwand alle paar Jahre neu präsentieren.

2 *Lizenzverträge* – Disney war Pionier auf dem Gebiet der Lizenzvergabe für die Rechte an seinen Figuren zum Merchandising. Das ist ein faszinierendes Geschäft. Wo sonst zahlt der Kunde schon für das Recht, Werbung für ein Produkt zu betreiben? Auf diese Weise verdient Disney an jedem Federmäppchen und jedem Hamburger mit Schneewittchenbild. Und jedes solche Konterfei macht die Figur, den Film und die Marke noch populärer. In dieser Sparte – der Lizenzvergabe für seine Figuren – steht Disney weltweit an erster Stelle.

> *American Express schmeichelt dem Selbstbewusstsein seiner Kunden. Die Cola-Flasche verkörpert die Ambitionen von Millionen. Disney geht noch einen Schritt weiter. Auch hier geht es um Träume, doch im Gegensatz zu anderen Firmen schafft Disney diese Träume.*

3 *Talent* – Disney beschäftigt erstklassige Zeichner, Autoren, Komponisten und Schauspieler, von denen jeder einzelne ersetzbar ist. Wir haben bereits festgestellt, dass Filmproduktion ein riskantes Geschäft ist. Eine verbreitete Methode, um diese Risiken zu reduzieren, ist die Verpflichtung berühmter Schauspieler. Dadurch haben die Schauspieler bzw. ihre Agenten gegenüber den Produktionsfirmen eine günstige Verhandlungsposition. Wie viel Gewinn auch erzielt wird, ein immer größerer Teil davon fließt an die Stars. Bei einer Disney-Produktion sind die einzelnen Schauspieler oder Mitwirkenden zweitrangig – die Qualität stimmt, doch der Einzelne ist von untergeordneter Bedeutung. Und natürlich verlangt Mickey Mouse keine Umsatzbeteiligung...

In einer Hinsicht war Disney nicht so vielversprechend wie Coca-Cola, Gillette oder die *Washington Post:* Die Konkurrenz war zu groß. Die *Washington Post* war die einzige bedeutende Tageszeitung der Region. Die Produkte von Coca-Cola oder Gillette waren auf fast allen Märkten präsent und in puncto Kosten, Qualität und Bekanntheitsgrad für alte wie neue Konkurrenten unschlagbar. Disney verfügt über einen großen Namen und über ein Erbe, an das kein anderes Unternehmen der Unterhaltungsindustrie herankommt. (Warner etwa verfügt zwar über bekannte Figuren, doch es fehlt die Kontinuität). Es war aber nicht auszuschließen, dass ein anderes Studio ebenfalls hochwertige Kinderfilme produzierte – ob Trickfilme oder andere.

> *Wenn Sie nach einem Wertmaßstab für die Marke Disney suchen, stellen Sie sich einfach Folgendes vor: Als Vater oder Mutter gehen Sie mit Ihrer Familie ins Kino und haben die Wahl zwischen einem Disney-Film zum vollen oder einem anderen Film zum halben Preis. Wofür würden Sie sich entscheiden?*

Steigert das Management den Unternehmenswert?
Steigert das Unternehmen seinen Wert für die Aktionäre?

Eisner und sein Team hatten es geschafft, das Unternehmen neu auszurichten. Sie hatten seit den 60er Jahren im Trickfilmbereich Kinohits in Folge produziert wie kein anderes Studio. Im Videogeschäft wurde die Nachfrage künstlich angeheizt durch limitierte Abgabe. Damit wurde gleichzeitig der Erfolg zukünftiger Neuauflagen bei der nächsten Generation gesichert. Der Merchandising-Bereich wurde eine Stufe weiter entwickelt durch die erfolgreiche Einführung der Disney Store-Kette in den USA und anderen Ländern. Abgesehen vom – noch nicht erwiesenen – Misserfolg in Europa hatten sich die Themenparks und Vergnügungseinrichtungen nach Wunsch entwickelt: Jede verkaufte Kinokarte, jedes verkaufte Spielzeug schuf einen potenziellen Besucher. Eisner hatte Eintrittsgelder und Preise (für Karten, Hotelzimmer und Disney-Artikel) systematisch angehoben, denn er hatte erkannt, dass der Spielraum bei der Preisgestaltung angesichts der starken Nachfrage enorm war. Der Disney-Kabelkanal war ein cleverer Schachzug zur Rückeroberung des Fernsehsegments.
Zur Person Eisners blieben jedoch viele Fragen offen. Durch den Unfalltod von Wells Anfang 1994 war ihm die Führungsrolle zugefallen. Das Unternehmen hatte viel in die Produktion von Filmen und Tonträgern investiert. Die letztendlich erzielten Erfolge hatten jedoch keinen Bezug zur Marke Disney oder zum Kerngeschäft. Angesichts einer jährlichen Rendite von

28 Prozent über zehn Jahre konnten die Aktionäre mit dem neuen Management zufrieden sein. Und sie zeigten sich entsprechend dankbar. Eisner verfügte über 1,5 Prozent des Unternehmens in Form von Anteilen und Optionen. Die Optionen wurden auf $170 Millionen geschätzt. Damit gehörte er zu den bestbezahlten Angestellten der Welt.

Berkshire Hathaway hat in eine Reihe von börsennotierten Unternehmen investiert, die ebenfalls Optionsprogramme durchführen. Das gilt mehr oder weniger für alle börsennotierten Firmen, wobei Disney sich hier besonders großzügig zeigte. Buffett und Munger verknüpfen die Vergütung lieber mit Faktoren, die in der Hand des Managements liegen, in erster Linie mit Umsatz oder Spitzenkennzahl-Zielsetzungen. Der Aktienkurs sagt nichts aus über den zu Grunde liegenden Wert oder die Zukunftsaussichten eines Unternehmens, er bietet schlicht Gelegenheit, nach eigenem Eindruck vom inneren Wert einer Firma zu kaufen oder zu verkaufen. Mit der Ausgabe von Optionen verteilt man quasi Lose für eine Tombola, deren Preise die Aktionäre gestiftet haben.

INFORMATIONSQUELLEN

DIE PERSÖNLICHE VERBINDUNG

Die Buffett Partnership zahlte 1966 $4 Millionen für einen 5-Prozent-Anteil an Disney. Es war einer von Buffetts ersten Versuchen, Vermögenswerte zu schätzen, die nicht aus der Bilanz zu ersehen waren. Seine Nachforschungen führten ihn weg von den Büchern zu einem Besuch in Disneyland und einem Besuch bei Walt Disney persönlich. Buffett und Munger bewerteten das Filmarchiv höher als den gesamten Börsenwert des Unternehmens. Die Partnership machte bald Gewinn mit dieser Investition und verkaufte nach einem Jahr mit einem Plus von 50 Prozent.

Ungefähr zu dem Zeitpunkt, als bei Berkshire die Entscheidung anstand, ob es für seinen Anteil an Cap Cities Disney-Aktien oder Bargeld nehmen sollte, veröffentlichte Disney seine Jahresergebnisse bis September 1995.

Das Unternehmen war jetzt erheblich größer als in den 60er Jahren, doch die Geschäftsbereiche waren noch dieselben wie zu Walt Disneys Zeiten.

$ Millionen	Filmindustrie	Bereich	
		Vergnügungsparks	Konsumprodukte
Umsatz	6002	3960	2151
Betriebsergebnis	1074	861	511

Im Filmbereich, der noch immer das Herzstück des Unternehmens darstellte, wurden nicht nur Trickfilme, sondern auch Spielfilme und Fernsehsendungen produziert. Hier wurden Inhalte geschaffen – Figuren, Geschichten, Marken –, die in den Vergnügungsparks und im Merchandising-Bereich verwertet werden konnten. Inzwischen gab es sechs Themenparks und eine ganze Reihe von Hotels. Kreuzfahrtschiffe und die neue Stadt Celebration befanden sich im Entwicklungsstadium.
In der Unterhaltungsbranche gab es immer mehr und härtere Konkurrenz, doch Disney war unerreichbar. Seine Zeichentrickfilme und Familiensendungen wurden in großen Teilen der englischsprachigen Welt bevorzugt gesehen, und die Hotels und Themenparks waren ein Hauptanziehungspunkt für Touristen.

TESTFRAGEN ZUM VERSTÄNDNIS

Verstehen Sie, warum das Produkt gekauft wird?
Beobachten Sie ein Kind, das einen Disney-Film anschaut. Dann werden Sie schon sehen.

Wie würde sich die Branche in den kommenden zehn Jahren entwickeln?
Die von Disney repräsentierten Werte waren zeitlos und universell. Die Technik entwickelte sich weiter, doch seit Animatronics war Disney stets Trendsetter geblieben. Bei den Vertriebswegen gab es Herausforderungen durch Satelliten, Kabel, Computer und andere neue Medien. Doch gute Filme fanden immer ihr Publikum.

Haben Sie Vertrauen ins Management?

Disney war geprägt worden von Eisner, Wells und einer neuen Manager-Generation. Die Fortschritte im Bereich Videoproduktion, Disney Stores und einer verbreiterten Produktpalette wurden ergänzt durch aggressivere Preispolitik und cleveres Marketing. Eisner selbst war die ideale Kombination aus Führungspersönlichkeit, Controller und Künstler. Da war nur noch die Frage, ob er sein Gehalt auch wert war. Er hatte das Sagen in der Firma. Sein Einfluss war möglicherweise noch gewachsen durch die Berufung mehrerer „unabhängiger" Direktoren mit persönlichen oder geschäftlichen Beziehungen zu Eisner oder Disney.

FINANZANALYSE

Disney hatte ein Angebot abgegeben für Capital Cities/ABC, ein Unternehmen, das halb so groß war wie Disney selbst. Um Buffetts damaligen Standpunkt zu verstehen, müssen wir Disney zunächst für sich betrachten, und dann den Unternehmensverbund.

Konsolidierte Bilanzen 1994 und 1995

$ Millionen	1995	1994
Barmittel und Beteiligungen	1943	1510
Forderungen aus Lieferungen und Leistungen	1793	1671
Bestände	824	668
Film und TV[1]	2099	1596
Sachanlagen	6723	6445
Sonstige Vermögensgegenstände	1224	937
Aktiva	14606	12826
Verbindlichkeiten aus Lieferungen und Leistungen	2843	2475
Verbindlichkeiten gegenüber Kreditinstituten	2984	2937
Steuern[2]	1267	1206
trasitorische Passiva[3]	861	700
Passiva	7955	7318
Eigenkapital	6651	5508

Anmerkungen zu der Tabelle siehe Folgeseite

Anmerkungen
1. *Die Tage, als das Filmarchiv noch nicht in der Bilanz ausgewiesen wurde, sind passé, doch ihr Wert für das Unternehmen lässt sich erkennen, wenn man den Posten Film- und Fernsehprojekte den Sachanlagen gegenüberstellt. Letztere schlagen viel stärker zu Buche, doch es ließe sich darüber streiten, was davon wertvoller ist. Die Fähigkeit des Unternehmens, aus Filmen Kapital zu schlagen, wirft buchhalterisch Probleme auf. Im Grunde wurden die Produkte bis zur Premiere zu den Herstellungskosten geführt. Danach wurde ein Aufwandsposten proportional zum Verhältnis der effektiven Bruttoeinnahmen zu den kalkulierten Bruttoeinnahmen im Betrachtungszeitraum angesetzt. Das Risiko bestand dabei hauptsächlich darin, dass das Management die Bruttoeinnahmen überschätzen und der Aufwandsposten damit in die Verlustzone geraten würde. Es war beruhigend, dass die so errechnete Summe niedrig wirkte. Die Abschlusserläuterungen haben außerdem ergeben, dass 87 Prozent der nicht abgeschriebenen Produktionskosten innerhalb von drei Jahren als Periodenaufwand verbucht wurden. Die Regale des Archivs entwickelten darüber hinaus erstaunliches Potenzial.*
2. *Es standen aufgeschobene Steuerverbindlichkeiten in beträchtlicher Höhe aus den Themenpark-Beteiligungen an. Diese würden sich vermutlich fortsetzen oder sogar zunehmen, wenn das Geschäft mit Parks/Hotels/sonstigen Immobilien weiterhin expandierte.*
3. *Disney verdiente große Summen an Tokyo Disneyland und anderen Lizenznehmern, die jedoch nur für die Dauer der Lizenzverträge als Gewinn ausgewiesen wurden.*

Kapitalquellen

Mit einer Eigenkapitalbasis von $6,7 Milliarden erwirtschaftete das Unternehmen $12,1 Milliarden Umsatz und $1,4 Milliarden Gewinn. Die eben beschriebenen Faktoren – die verhältnismäßig geringen Investitionen ins Sortiment, die Bemessungsgrundlage für aufgeschobene Steuern, die transitorischen Passiva – stellten eindeutig wesentliche frei verfügbare Kapitalformen dar. Am meisten zählte hier aber der Name Disney. Der Firmenname Disney bedeutete, dass die Leute Filme, Videos, Kabelkanäle, Merchandising-Artikel und Vergnügungsparks bevorzugten und bereit waren, mehr dafür zu bezahlen.

Eigenkapitalrentabilität

$ Millionen	Gewinn	durchschnittliches Eigenkapital	EKR (%)	IP (%)
1992	817	4288	19,1	
1993	888	4868	18,2	12,2
1994	1110	5269	21,1	55,4
1995	1380	6080	22,7	33,3

Die Fusion

Es befanden sich 153,9 Millionen Cap Cities-Aktien in Umlauf. Disney bot eine eigene Aktie plus $65 in bar für jede Cap Cities Aktie. Vorbehaltlich bestimmter Einschränkungen konnten die Cap Cities-Aktionäre auch den gesamten Betrag in Disney-Aktien oder in bar erhalten. Die Disney-Aktie wurde ungefähr zu $58 gehandelt, so dass die gesamte Transaktion ein Volumen von $19 Milliarden hatte. Die Ergebnisse von Cap Cities für die neun Monate bis zum 1. Oktober 1995 wiesen einen um außerordentliche Aufwendungen und immaterielle Vermögenswerte bereinigten Gewinn von $573 Millionen aus. Für das ganze Jahr sind das – grob gerechnet – $764 Millionen. Der Kaufpreis von $19 Milliarden ergibt ein KGV von 24,9. Das IP von Cap Cities hatte früher bei rund 20 Prozent gelegen, wobei die laufende EKR auf 17 Prozent zurückgegangen war. Wie man es auch betrachtet, ein KGV beim Ausstieg von 24,9 war mehr als gut. Hätte sich Buffett entschlossen, sich seine Anteile auszahlen zu lassen, hätte er das Geschäft zu diesem Preis durchaus rechtfertigen können.

Er tat es aber nicht. Er entschied sich ausschließlich für Disney-Aktien und kaufte nach der Fusion noch mehr Disney-Aktien an der Börse. Warum? Nun, der ausschlaggebende Grund war strategischer Natur. Buffett, Eisner und Murphy hatten erkannt, dass Disney seine amerikanischen Kunden wie kein anderes Unternehmen zufrieden stellte. Cap Cities mit seinem Sendenetz und insbesondere den Kabelanteilen war ein führender Vertriebskanal. Eine solche Kombination war äußerst Gewinn versprechend. Buffett hatte sich hier – was ansonsten nicht seine Art ist – als Kuppler betätigt und den beiden anderen Managern seine Sichtweise nahe gebracht.

Doch das Geschäft musste auch finanziell tragfähig sein. Die Neuschöpfung konnte, was die Kapitalstruktur anbelangt, ein völlig anderes Aussehen erhalten, je nachdem, wie viele Cap Cities-Aktionäre sich für Aktien oder Barauszahlung entschieden. Es würden Kosteneinsparungen und nicht quantifizierbare Vorteile entstehen. Die simple Addition der Betriebsergebnisse beider Unternehmen vor Zinsen ergab insgesamt $3 543 Millionen für das Jahr 1995. Disney hatte vor der Fusion Verbindlichkeiten in Höhe von $1,04 Milliarden, Cap Cities Barmittel in Höhe von $700 Millionen. Zwei Szenarien sollte man hier gedanklich durchspielen. Bei beiden bleiben Abschreibungen auf immaterielle Vermögenswerte unberücksichtigt, bei beiden wird der Zinssatz mit konservativen 10 Prozent angesetzt. Der fiktive Steuersatz soll 35 Prozent betragen.

1. Was wäre, wenn alle Cap Cities-Aktionäre bar ausbezahlt werden wollten?

In diesem Fall hätten sich Verbindlichkeiten in Höhe von $19,3 Milliarden ergeben, wobei die Anzahl der in Umlauf befindlichen Disney-Aktien mit 524,8 Millionen gleich geblieben wäre. Die Gewinn- und Verlustrechnung hätte folgendermaßen ausgesehen:

	$ Millionen
Betriebsergebnis	3543
Zinsaufwendungen	(1930)
Gewinn vor Steuer	1613
Jahresüberschuss	1048
Gewinn je Aktie ($)	2,0

2. Was wäre, wenn alle Cap Cities-Aktionäre sich für die Option Disney-Aktie plus $65 Dollar entschieden hätten?

Es befanden sich 153,9 Millionen Cap Cities-Aktien in Umlauf. Die Zahl der Disney-Aktien wäre also auf 678,7 Millionen gestiegen, die Verschuldung hätte $10,3 Milliarden betragen:

	$ Millionen
Betriebsergebnis	3543
Zinsaufwendungen	(1030)
Gewinn vor Steuer	2513
Jahresüberschuss	1633
Gewinn je Aktie ($)	2,41

Berkshire verfügte über 20 Millionen Cap Cities-Aktien. Man wusste, dass man selber Aktien wählen würde, dass es für andere Anleger steuerliche Anreize gab, sich ebenfalls so zu entscheiden und dass das Geschäft Hand und Fuß hatte. Das zweite Szenario war also wahrscheinlicher. Berkshire bekäme 20 Millionen Disney-Aktien, 2,95 Prozent des fusionierten Unternehmens, und $1,3 Milliarden in bar.

Buffett sagt, dass der wichtigste finanzielle Gesichtspunkt bei einem Aktien-gegen-Aktien-Geschäft der ist, ob der Verkäufer auch den gleichen Wert zurückerhält. Berkshire gab 13 Prozent von Cap Cities auf (von den ursprünglich 19 Prozent war bereits ein Teil verkauft worden) und erhielt dafür einen 2,95-Prozent-Anteil von Disney zuzüglich einer Summe Bargeld. Wie wir festgestellt haben, verbuchte Cap Cities im Jahr $764 Millionen Gewinn bei einer IP/EKR-Spanne von 17 bis 20 Prozent. Eine großzügige Schätzung des inneren Wertes (IV) läge also bei $15,3 Milliarden. Berkshires 13 Prozent wären damit $2 Milliarden wert. Disneys jüngste EKR/IP-Werte lagen bei 23-33 Prozent. Wenn wir davon ausgehen, dass der Wert nach der Fusion am unteren Rand der Spanne läge und wir den für Szenario 2 ermittelten Gewinn zu Grunde legen, ergibt sich ein innerer Wert von $37,6 Milliarden. Berkshires 2,95-Prozent-Anteil wäre damit $1,1 Milliarden wert. Rechnet man die $1,3 Milliarden Bargeld hinzu, liegt der Gesamtwert der Transaktion für Berkshire bei $2,4 Milliarden, also höher als der bestehende Wert von $2 Milliarden, und das ohne Berücksichtigung der infolge der Fusion zu erwartenden Vorteile.

Anfang 1996 kaufte Berkshire weitere 4,6 Millionen Disney-Aktien an der Börse. Der genaue Kaufpreis ist nicht bekannt, wird jedoch irgendwo zwischen $50 und $60 gelegen haben. Dem Konglomerat wird damit ein Wert von $34–41 Milliarden beigemessen, was ungefähr dem ermittelten inneren Wert entspricht. Dass Buffett die Fusion vorangetrieben hat, steht außer Frage. Er hatte die positiven Synergieeffekte für beide Parteien klar erkannt. Die Sicherheitsmarge bestand in diesem Fall aus zu erwartenden, doch nicht quantifizierbaren finanziellen Vorteilen.

Buffett sagt, dass der wichtigste finanzielle Gesichtspunkt bei einem Aktien-gegen-Aktien-Geschäft der ist, ob der Verkäufer auch den gleichen Wert zurückerhält.

WAS DANACH GESCHAH

Die Anteilseigner von Cap Cities entschieden sich tatsächlich für Disney-Aktien und nach ein paar kleineren Emissionen und Rückkäufen liegt die Zahl der in Umlauf befindlichen Aktien bei 671 Millionen. Berücksichtigt man Sonderposten und Abschreibungen auf den Unternehmenswert, zeigt Disney folgendes Bild:

$Millionen	1997	1996	1995
Umsatz	22473	18739	12151
Betriebsergebnis	4384	3325	2227
Zinsaufwendungen	(693)	(438)	(110)
Gewinn vor Steuern	3691	2887	2117
Jahresüberschuss	2399	1877	1376
Gewinn je Aktie ($)	3,49	3,03	2,60

1997 war – wohlgemerkt – das erste richtige Fusionsjahr. Daraus erklärt sich das kombinierte Betriebsergebnis für 1996, das nicht den Erwartungen entspricht. Aufs ganze Jahr berechnet ist eine Steigerung von $3,5 Milliarden (aus obigen Werten abgeleitet) auf $4,4 Milliarden 1997 mehr als beachtlich. Das Pro-Forma-Betriebsergebnis fiel in allen Sparten um 15 bis 25 Prozent besser aus. Die größte (von uns) unerwartete Abweichung ergab sich bei den Zinsaufwendungen. Diese lagen mit 6 bis 7 Prozent wesentlich unter unserem Ausgangswert von 10 Prozent. Allein dadurch war der Gewinn je Aktie um 30 Cent höher.
Wie auch andere große Positionen stutzte Buffett seinen Anteil an Disney 1997 etwas zurecht und stieß etwas mehr als 3 Millionen Aktien ab. Die verbleibenden 21,6 Millionen hatten einen Wert von $2,1 Milliarden bzw. $99 je Aktie. Ohne Dividenden entsprach dies einer Zunahme des Marktwertes von rund 28 Prozent im Jahr. Berkshire hatte Anfang 1986 split-bereinigte $17 für seine Cap Cities-Aktien bezahlt. Jetzt waren sie $99 wert *und* hatten $65 in bar eingebracht. Der durchschnittliche Kapitalgewinn – wieder ohne Berücksichtigung der Dividenden – lag bei rund 21 Prozent im Jahr.

ÜBUNGEN

1 Wenn man nur bis 1995 denkt, hätte Buffett dann die Aktien nicht lieber behalten sollen, die er 1966 gekauft hatte? Beantworten Sie diese Frage ohne Berücksichtigung von Emissionen und Dividenden.

2 Wie viel hätten die Disney-Brüder bei gleicher Ausgangssituation 1923 investieren müssen, um 1995 die gleiche Jahresrendite zu erzielen?

Weitere Fragen zur Diskussion

3 Welche Gemeinsamkeiten zeichnen die Coca-Cola- und die Disney-Aktie aus? Worin unterscheiden sie sich?

4 Glauben Sie, dass Disney auch weiterhin Unterhaltung für Familien produzieren sollte? Welche Risiken sehen Sie dabei?

XVII

– DIE WASHINGTON POST COMPANY –

Berkshire Hathaway kaufte 1973 für $10,6 Millionen 467 250 Stammaktien der Klasse B von The Washington Post Company.

GESCHICHTE

Die Zeitung *The Washington Post* erschien erstmals 1877 in Washington, D.C.. Bekannt für geradlinigen Journalismus war sie von Anfang an ein Erfolg. In den folgenden 50 Jahren wechselte das Blatt mehrmals die Besitzer, meist Politiker. So kam die *Washington Post* bald in den Ruf der Parteilichkeit und wurde weiter geschädigt durch einen letzten fatalen Versuch, den Standard zu senken. 1933 machte das Blatt Bankrott. Der Bankier Eugene Meyer kaufte es für $825 000. Er investierte in hochkarätige Journalisten und Redakteure und baute den Ruf des Blattes systematisch wieder auf. Der Zeitungsmarkt in Washington war heiß umkämpft, doch die *Post* konnte sich nach und nach Leser, Werbekunden und Gewinne sichern. Meyer selbst ging in die Politik und wurde schließlich Chef des Federal Reserve. Die Leitung der Zeitung übertrug er 1948 seiner Tochter Kay und deren Ehemann Philip Graham, der ein Händchen für dieses Geschäft hatte.
Graham machte die *Post* zur führenden Tageszeitung Washingtons. Die Konkurrenten gaben einer nach dem anderen auf. Außerdem kaufte er einen Radiosender, mehrere lokale Fernsehsender und das wöchentlich erscheinende Nachrichtenmagazin *Newsweek*. Der manisch-depressive Graham nahm sich jedoch 1963 das Leben. Seine Frau Kay übernahm die Leitung der Zeitung und den Vorsitz im Board of Directors. Sie holte Ben Bradlee von *Newsweek* als Chefredakteur zur *Post* und betrieb mit ihrem Redaktionsteam knallharten, investigativen Journalismus, der die Rolle der *Post* als führende Tageszeitung Washingtons noch untermauerte. Der Name hatte im In- und Ausland einen guten Klang bekommen. 1971 ging das Unternehmen an die Börse.

> *Graham machte die Post zur führenden Tageszeitung Washingtons. Die Konkurrenten gaben einer nach dem anderen auf. Außerdem kaufte er einen Radiosender, mehrere lokale Fernsehsender und das wöchentlich erscheinende Nachrichtenmagazin Newsweek.*

TEIL IV FALLSTUDIEN

DIE WPC 1973

1973 verfügte das Unternehmen über drei Haupteinnahmequellen. Das Betriebsergebnis stammte immer noch zur Hälfte aus dem Tageszeitungsgeschäft und zu jeweils einem Viertel aus *Newsweek* und dem Radio- und Fernsehbereich, zu dem ein Radio- und drei Fernsehsender gehörten. Zwar hatte das Unternehmen diese Vermögensgegenstände teilweise zugekauft, doch sie waren bereits als eigenständige Unternehmen in einer guten Position gewesen. Die drei Wertfragen waren entsprechend leicht zu beantworten.

Steigert das Unternehmen seinen Wert für seine Kunden?
Die Tageszeitung einer Stadt hat eine enge Bindung zum Kunden. Sie ist Bezugsquelle für überregionale wie lokale Nachrichten, Zugang zur Geschichte und Pinnwand für Lokalereignisse. Die *Post* war international berühmt für erstklassigen politischen Journalismus, vernachlässigte darüber aber nicht die Lokalberichterstattung. Es gab zwar noch eine andere Tageszeitung sowie Radio und Fernsehen, doch die *Post* war für die meisten ihrer Leser unverzichtbar geworden.
Auch die Fernsehsender waren auf Erfolgskurs. Nach den FCC-Bestimmungen verfügten sie über die verbundenen Sender in deren Sendegebiet quasi über eine Monopolstellung (CBS in Washington, DC und Jacksonville, Florida, und ABC in Miami, Florida). Wer in diesem großen Bereich fernsah, hatte höchstwahrscheinlich einen WPC-Kanal eingeschaltet.

> *Die* Post *war international berühmt für erstklassigen politischen Journalismus, vernachlässigte darüber aber nicht die Lokalberichterstattung. Es gab zwar noch eine andere Tageszeitung sowie Radio und Fernsehen, doch die* Post *war für die meisten ihrer Leser unverzichtbar geworden.*

Für *Newsweek* war die Wettbewerbssituation schwieriger. Die Zeitschrift musste sich gegen Konkurrenten wie *Time* und *US News & World Report* und viele andere Wochenmagazine behaupten. Mit über 50 geographischen und demographischen Ausgaben sowie einem starken Abonnentenstamm zählte sie zu den führenden Nachrichtenmagazinen. Sie musste sich Wettbewerbsvorteile sichern, doch hatte eindeutig Erfolg beim Publikum auf der ganzen Welt.

Alle Unternehmensbereiche verfügten über einen starken Namen und eine hervorragende Marktposition sowie einen treuen Kundenstamm.

Steigert das Management den Unternehmenswert?
In ihren Memoiren beschreibt Kay sehr anschaulich, wie sie nach dem Tod ihres Mannes in die Rolle der Verlegerin und Geschäftsfrau hineinwuchs. Zunächst als Frau und Galionsfigur einer passiven Investorenfamilie nicht ganz ernst genommen, arbeitete sie sich allmählich ein. Sie hatte ein Team hochkarätiger Journalisten im Rücken, so dass das redaktionelle Niveau nie ein Problem darstellte. Das Unternehmen befand sich im Großen und Ganzen auf Erfolgskurs. Die *Post* dominierte die Washingtoner Zeitungslandschaft, die Fernsehsender waren ähnlich konkurrenzfähig und *Newsweek* hatte eine starke, lukrative Marktposition. Kay Graham und ihre Mannschaft verfügten über ein Attribut, das der *Washington Post* in den 30er Jahren gefehlt hatte: Integrität. Gegen massiven politischen Druck gab Kay Graham zunächst ihre Zustimmung zur Veröffentlichung der Pentagon-Papiere – zum Zeitpunkt, als die WPC an die Börse ging – und später zur Untersuchung der Watergate-Affäre. Die politischen Drohungen waren jedoch nicht nur so dahin gesagt. Auf Betreiben von Präsident Nixon drohte die zuständige Behörde (FCC) mit dem Widerruf von Sendelizenzen. Doch Kay Graham blieb hart. Es war der Präsident, der schließlich gehen mußte. Das Vertrauen der Leser wuchs angesichts von so viel redaktioneller Unabhängigkeit.

In anderer Hinsicht war das erste Jahrzehnt unter Kay Graham jedoch problematisch. Bei der *Post* (wie bei vielen anderen Zeitungen) war nicht klar, ob Management oder Gewerkschaften am längeren Hebel saßen. „Spanische Sitten", Personalüberhänge und Lohnspirale waren der Grund, dass die Zeitung ihr Gewinnpotenzial nicht ausschöpfen konnte. Die *Post* erwirtschaftete bei $112 Millionen Umsatz ein Betriebsergebnis von $10,5 Millionen. Ein strafferes organisiertes Unternehmen hätte 50 Prozent mehr herausholen können – wie auch die *Post* zehn Jahre zuvor. Außerdem stand die Frage des Börsenganges an. WPC hatte Schulden, und Grahams Familie musste hohe Erbschaftssteuern zahlen, so dass eine begrenzte Kapitalaufnahme durch Emission von Aktien sinnvoll erschien. Graham entschied sich für eine zweigeteilte Aktienstruktur. Sie verfügte über die Mehrheit der Aktien der Klasse „A", die die meisten Stimmrechtsanteile hatten. Aktien der Klasse „B" hatten nur begrenzte Stimmrechte, doch den gleichen wirtschaftlichen Wert. Ein solches Vorgehen war damals durchaus üblich und sollte bewirken, dass Familienunternehmen an die Börse gehen konnten, ohne dass die Kontrolle verloren ging. Doch das System wurde oft missbraucht. Inhaber von „A"-Aktien schanzten sich oft außergewöhnliche Nebenleistungen zu oder ließen die Zügel schleifen, ohne dass sie von den Aktionären zur Ordnung gerufen werden konnten. All das traf auf die WPC nicht zu, doch die Kostenpolitik wurde zu lasch gehandhabt.

Die politischen Drohungen waren jedoch nicht nur so dahin gesagt. Auf Betreiben von Präsident Nixon drohte die zuständige Behörde (FCC) mit dem Widerruf von Sendelizenzen. Doch Kay Graham blieb hart. Es war der Präsident, der schließlich gehen musste. Das Vertrauen der Leser wuchs angesichts von so viel redaktioneller Unabhängigkeit.

Steigert das Unternehmen seinen Wert für die Aktionäre?
Die WPC besaß erstklassige Medienunternehmen. Zwar hätte die Umsatzrendite größer sein können, doch der strategische Wert dieser Unternehmen war so groß, dass sogar ein durchschnittliches Management hier nur gute Erträge erwirtschaften konnte. Im Juni 1971 waren Aktien der Klasse „B" emittiert worden. Innerhalb von 18 Monaten hatte sich der Kurs bereits verdoppelt. Der WPC ging es gut. Sie wies eine EKR von rund 19 Prozent auf und Gewinnsteigerungen waren mehr als wahrscheinlich. 1973 sackte der Kurs ab auf die Hälfte. Betriebswirtschaftlich hatte sich in den drei Bereichen der WPC nichts geändert, doch der amerikanische Aktienmarkt brach zusammen.

INFORMATIONSQUELLEN

DIE PERSÖNLICHE VERBINDUNG

- Warren Buffett zog mit 13 Jahren nach Washington, weil sein Vater in den Kongress gewählt worden war. Er trug die *Washington Post* aus und auch ein Konkurrenzblatt. Nebenbei verkaufte er Abonnements. Nach vier Jahren betreute er parallel fünf Zustellbezirke und hatte über $5000 verdient. Das war der Grundstock für seinen Investmentfonds.

DIE BUFFETT-METHODE

- Das Zeitungsgeschäft lag ihm im Blut. Sein Vater hatte als Redakteur beim *Daily Nebraskan* angefangen und der Vater seiner Mutter hatte eine kleine Wochenzeitung besessen.

Warren Buffett wusste alles über die *Washington Post,* wie der Einschub zeigt. Wie bei American Express, GEICO und Coca-Cola kehrte er auf vertrautes Terrain zurück. Doch es ging ihm nicht nur um die WPC, er war schon immer fasziniert gewesen von den Möglichkeiten des Zeitungsgeschäfts. 1973 war er noch ganz im Bann der klassischen Prinzipien Ben Grahams, die den inneren Wert mit dem Buchwert verknüpften. 1972 hatte ihn Charlie Munger überzeugt, gemeinschaftlich See's Candy zu übernehmen, ein Unternehmen, das Süßwaren herstellte und über ein Filialnetz vertrieb. Der Preis betrug mehr als das Dreifache des Buchwertes und Buffett bekam einen Eindruck vom Potenzial des originären Firmenwerts. Ein Unternehmen mit geringem Kapitalbedarf bei guten Wachstumschancen konnte zum richtigen Preis einen hohen Wert darstellen. See's Zukunft stand und fiel mit der Qualität von Produkten und Service. Buffett erkannte, dass manche Unternehmen ihre Kunden noch fester im Griff hatten. Ideal wären Unternehmen mit einer unregulierten Monopolstellung, doch die waren rar gesät. Zweite Wahl war ein Franchise, ein Unternehmen, das bei Kunden und Lieferanten eine starke Position bei der Preisgestaltung hatte und dennoch die Konkurrenz aus dem Rennen warf.

Das Zeitungsgeschäft entsprach diesem Bild. Im Gegensatz zu Großbritannien mit seinen großen überregionalen Tageszeitungen war Amerikas Medienlandschaft eher durch regionale und lokale Blätter geprägt. In jeder Stadt gab es eine oder mehrere Zeitungen. Das wusste Buffett aus erster Hand. Eine der ersten Transaktionen von Berkshire war der Kauf der Lokalzeitung Omaha *Sun.* Sie war zwar qualitativ hochwertig, doch konnte sie den Verkaufspreis nicht erhöhen, ohne dass die Auflage litt. Buffett stellte folgende Berechnung an:

Datum	Städte mit Tageszeitungen	Städte mit >1 Zeitung
1910	1207	689
1971	1511	37

Die *Sun* war Omahas zweitgrößte Zeitung, was die betriebswirtschaftliche Situation kolossal beeinträchtigte. Daher wurde sie abgestoßen. Was Buffett wollte, war eine Zeitung, die den Markt beherrschte. Seine Recherchen hatten ergeben, dass ein solches Blatt die Konkurrenz bald ausschalten würde und damit den nötigen Einfluss auf die Preisgestaltung hätte. Die Leser wären von dieser Zeitung abhängig und würde sie auch zu erhöhten Preisen kaufen. Die Anzeigenkunden waren ihr ebenfalls sicher. Das Fernsehen erwies sich mehr als nationales Medium und das Radio als zu wenig homogen. Wer in der Lokalzeitung warb, konnte davon ausgehen, dass er einen hohen Prozentsatz der Haushalte erreichte. Kein anderes Medium konnte das garantieren.

Buffett entwickelte später Schlüsselfaktoren zur Beurteilung der Effizienz einer Zeitung: den *Marktanteil,* also den Prozentsatz der Haushalte im Einzugsbereich, die die Zeitung regelmäßig kauften, und den Nachrichtenraum – die der Nachrichtenberichterstattung gewidmete Fläche. Eine Zeitung mit umfangreichem *Nachrichtenraum* zieht mehr Leser an, wodurch der Marktanteil zunimmt. Das wiederum lockt Werbekunden auf den Plan. Aus der Distanz fehlen uns nähere Informationen über die Schlüsselfaktoren bei der *Post,* doch wir können sicher sein, dass Warren Buffett über alles im Bilde war. Doch auch der Jahresbericht enthielt Wissenswertes. Auf Tageszeitungsebene gab es keine Konkurrenz, doch es erschien ein Abendblatt mit einer Sonntagsausgabe, der *Washington Star.* Er erreichte rund 65 Prozent der Auflage der *Post.* Das Blatt befand sich in einer ähnlichen Situation wie die *Sun* – es hatte wenig Chancen bei den wichtigen Werbekunden und geringen Spielraum bei der Preisgestaltung. Die Auflage der *Post* nahm leicht zu, insbesondere am Sonntag, der bei den Werbekunden besonders beliebt war. Der Preisanstieg lag über der Inflationsrate. Auch die Zahl der Werbekunden stieg und der Umsatz pro Kunde nahm rasch zu.

Eine Zeitung mit umfangreichem Nachrichtenraum zieht mehr Leser an, wodurch der Marktanteil zunimmt. Das wiederum lockt Werbekunden auf den Plan.

Über die Fernsehsender der WPL wurde wenig bekannt, doch das Unternehmen konnte auch hier Umsätze aus Werbeeinnahmen in beträchtlicher Höhe verbuchen – landesweit etwa 70% des gesamten Werbeumsatzes. Für Firmen, die landesweit werben wollten, war das Fernsehen bald das Medium der Wahl, denn immer mehr Menschen verfügten über einen Fernseher und verbrachten immer mehr Zeit davor. Die Zahl der Haushalte, die mit einem Fernsehgerät ausgestattet waren, hatte sich im vergangenen Jahrzehnt verdoppelt. Es gab drei dominierende Sendernetze, die alle über angeschlossene Lokalsender verfügten. Diese hatten in ihrer Region fast eine Monopolstellung. Durch die wachsenden Zuschauerzahlen und die daraus resultierende Zunahme der Werbung in einem Medium, das quasi Monopolstellung genoss, bekam das Fernsehen die Franchise-Eigenschaften, auf die Buffett gewartet hatte.

Newsweek musste sich gegen Mitbewerber behaupten, insbesondere gegen *Time*, doch Buffett hätte trotzdem gefallen, was er sah. Die wöchentlich erscheinenden Nachrichtenmagazine wurden „gut gelesen", d.h., die Leser nahmen den Inhalt wirklich auf. Sie erschienen in nationalen und zunehmend auch internationalen Ausgaben und sie zeigten sich flexibel genug, um redaktionellen Inhalt und Werbung auf verschiedene geographische und demographische Märkte abzustellen. Das lag daran, dass 90 Prozent der Umsätze durch Abonnements erzielt wurden, durch klar definierte Leserkategorien also, was wiederum für die Werbekunden interessant war. Auflage und Werbefläche von *Newsweek* hatten von Jahr zu Jahr zugenommen. Wie bei dem Schwesterblatt waren Werbe- und Zeitschriftenumsatz rasch gestiegen – um rund 10 Prozent im Jahr. Außerdem war es *Newsweek* gelungen, seinen Marktanteil kontinuierlich zu vergrößern. Das Magazin hatte aber noch einen weiteren Vorteil gegenüber anderen Geschäftsbereichen der WPC – den „Float-Profit". Wenn man 90 Prozent der Auflage im Voraus verkauft hatte, genoß das Produktionsmanagement eine beneidenswerte Sicherheit. Außerdem war der Cashflow aus den Vorauszahlungen der Abonnenten beträchtlich. Kein anderes Unternehmen der WPC hatte einen derart hohen Kapitalbedarf. Trotzdem generierte *Newsweek* unterm Strich Mittel.

Möglicherweise ist nun der Eindruck entstanden, alle Medienunternehmen hätten goldene Eier gelegt. Das traf jedoch nur auf marktführende Unternehmen zu. Kleinere Konkurrenten hatten eine schlechte Position. Das galt auch für Radiosender. Die WPC besaß einen Radiosender, doch darüber gibt es wenig Informationen. Er erwirtschaftete allem Anschein nach weniger als 1 Prozent des Gesamtumsatzes. In der Radiolandschaft war die Konkurrenz groß, da die Anzahl der Anbieter nicht durch wirtschaftliche Faktoren ausgesiebt wurde (wie bei Zeitungen) oder durch regulative Maßnahmen (wie beim Fernsehen).

TEIL IV FALLSTUDIEN

TESTFRAGEN ZUM VERSTÄNDNIS

Verstehen Sie, warum das Produkt gekauft wird?
Die Zeitung wurde gekauft, weil sie für die Einwohner Washingtons *die* Quelle für Informationen über ihre Stadt und die Welt war. Die Werbefläche war begehrt, da es kaum eine andere Möglichkeit gab, so viele Einheimische zu erreichen. Die Fernsehsender konnten Werbeminuten verkaufen, da die Unternehmen wenig Alternativen hatten, wenn sie ganz Amerika abdecken wollten. Und im Nachrichtenmagazin wurden Anzeigen geschaltet, weil damit erfolgreich ganz bestimmte Lesergruppen angesprochen werden konnten, die die Werbekunden erreichen wollten. Und die Leser bekamen Nachrichten aus aller Welt bequem und zuverlässig aufbereitet.

> *Möglicherweise ist nun der Eindruck entstanden, alle Medienunternehmen hätten goldene Eier gelegt. Das traf jedoch nur auf marktführende Unternehmen zu.*

Wie würde sich die Branche in den kommenden zehn Jahren entwickeln?
Bei gleichbleibender Qualität würde die *Post* ihre dominante Position in Washington noch ausbauen, ihre Auflage erhöhen und die Werbeumsätze steigern können. Die Drohung Nixons, die Sendelizenzen zu widerrufen, hatte bereits 1973 ihren Schrecken verloren, und bei Verlängerung der Lizenzen – normalerweise reine Formalität – würden mit geringem Kapitalaufwand wachsende Anteile des nationalen Werbemarktes gesichert werden können. Die ersten Kabelkanäle erschienen auf der Bildfläche, doch sie waren mit hohen Entwicklungskosten verbunden und konnten nur geringe Marktanteile für sich beanspruchen. Sie stellten eine potenzielle Gefahr da, die beobachtet werden musste. *Newsweek* konnte sich auf einem wettbewerbsintensiven Markt gut behaupten. Die Konkurrenz würde auch weiterhin groß sein im Markt für Wochenmagazine, doch gut geführte Blätter hatten alle Chancen.

Haben Sie Vertrauen ins Management?
Kay Graham zeigte sich integer und hatte offensichtlich ein kompetentes Team um sich geschart. Sie hatte fragwürdige operative und finanzielle Entscheidungen getroffen, doch die Medienunternehmen, die sie

kontrollierte, hatten eine solide Position und befanden sich auf Expansionskurs.

Sind die Produkte leicht zu ersetzen?
Sicher konnten die Leute ihre Zeitung abbestellen und den Fernseher ausschalten, doch die Wahrscheinlichkeit war nicht sehr groß. Werbekunden konnten versuchen, ihre Zielgruppen anderweitig zu erreichen (Kabelfernsehen, Direktwerbung per Post, Himmelsschrift), doch eine marktführende Tageszeitung oder lokal vernetzte Fernsehsender waren vermutlich erste Wahl. *Newsweek* war durch verschiedene Konkurrenzmagazine zu ersetzen, doch die wachsende Zahl treuer Leser sprach dagegen – sie konnten andere Blätter kaufen, jedoch bevorzugten offensichtlich das gewohnte Magazin.

TEIL IV FALLSTUDIEN

FINANZANALYSE

Nach dem Verkauf von Aktien der Klasse „B" wies die WPC folgende Ergebnisse aus:

$ Millionen	1973	1972
Werbung	188,5	166,1
Auflage	54,6	47,4
Sonstige	3,9	4,3
Gesamtumsatz	246,9	217,8
betriebsbedingter Aufwand	(164,7)	(146,6)
Vertrieb und Verwaltung	(53,0)	(46,3)
Abschreibungen	(3,6)	(3,1)
Gesamtaufwand	(221,3)	(196,0)
Betriebsergebnis	25,7	21,8
Zinserträge/-aufwendungen	0,1	(1,7)
verbundene Unternehmen	1,0	0,5
Sonstige	(0,2)	(0,4)
Gewinn vor Steuern	26,6	20,2
fällige Steuerzahlungen	(10,6)	(7,5)
aufgeschobene Steuerzahlungen	(2,7)	(2,7)
Steuerrückstellungen insgesamt	(13,2)	(10,2)
Jahresüberschuss	13,3	10,0

Anmerkung: Für 1972 wurde ein kleinerer Sonderposten ausgeklammert.

Es ist schwer, nach 25 Jahren Bilanzzahlen zu bekommen, doch grob kann man die Bilanz für 1972 folgendermaßen rekonstruieren:

Rekonstruierte Bilanz für 1972

$ Millionen			
Barmittel und Beteiligungen	10	Verbindlichkeiten aus Lieferungen und Leistungen	20
Forderungen aus Lieferungen und Leistungen	23	Abonnements	15
Bestände	4		
Grundstücke, Gebäude, Betriebs- u. Geschäftsausstattung	60	aufgeschobene Steuerverbindlichkeiten	12
Firmenwert	67	langfristige Verbindlichkeiten	32
		Eigenkapital	85

Kapitalquellen

Der Firmenwert wurde nicht abgeschrieben, da dies damals noch nicht von den Bilanzierungsvorschriften verlangt wurde. Außer Maschinen und maschinellen Anlagen gab es kaum Sachanlagen. Das betriebsnotwendige Kapital war dank der im Voraus erfolgten Abonnementbezahlungen negativ. Unterm Strich war der Verschuldungsgrad gering. Doch der Geschäftswert von WPC konnte nicht nur der geringen Vermögensbasis oder den Abonnementeinnahmen zugeschrieben werden, obgleich beides unbestrittene Pluspunkte waren. Hauptquelle des originären Firmenwerts war die Bedeutung der Produkte für Leser, Zuschauer und Werbekunden. Dies schlug sich nieder in den Zahlen, im Potenzial und in der EKR.

> *Doch der Geschäftswert von WPC konnte nicht nur der geringen Vermögensbasis oder den Abonnementeinnahmen zugeschrieben werden, obgleich beides unbestrittene Pluspunkte waren. Hauptquelle des originären Firmenwerts war die Bedeutung der Produkte für Leser, Zuschauer und Werbekunden. Dies schlug sich nieder in den Zahlen, im Potential und in der EKR.*

Eigenkapitalrentabilität

Die EKR des Unternehmens können wir anhand der rekonstruierten Bilanz und des Gewinns von 1973 schätzen. Zwei Berichtigungen sind dabei allerdings zu berücksichtigen. Zum einen der Firmenwert, der zum Großteil derivativ mit dem Kauf der Fernsehsender und *Newsweek* erworben wurde. Das IP lässt sich nur aus den Bilanzen von mehreren Jahren in Folge ermitteln, so dass wir die normalen Schwierigkeiten im Umgang mit dem Firmenwert hier nicht umschiffen können. Konservativ geschätzt kann der Firmenwert als gleichbleibend angesehen werden. Da er aber nicht abgeschrieben wurde, sind keine weiteren Berichtigungen nötig. Der zweite Faktor sind die Steuern. Neben den fälligen Steuerverbindlichkeiten finden sich in der Gewinn- und Verlustrechnung der WPC auch Rückstellungen für aufgeschobene Steuerzahlungen. Die Erläuterungen zum Abschluss zeigen, dass die aufgeschobenen Posten, die hauptsächlich aus den steuerlich als Kosten ausgewiesenen Abonnementaktivitäten heraus entstanden sind, in der Gewinn- und Verlustrechnung für das entsprechende Jahr nicht auftauchen. Für den Fall, dass diese Kosten geringer ausfielen, würden die Rückstellungen für aufgeschobene Steuerzahlungen dann zu Verbindlichkeiten. Doch da die Abonnentenzahlen stiegen, war eher anzunehmen, dass der diesbezügliche Aufwand steigen würde. Wenn die Steuern für die Maßnahmen des Jahres 1973 in ferner Zukunft doch fällig würden, hätte die Inflation die Beträge längst aufgefressen. Die Cashflows bestätigten, dass die tatsächlich gezahlten Steuern die aktuellen Steuerrückstellungen in den zurückliegenden Jahren nie überstiegen haben. Daher ist es sinnvoll, einen Gewinn zu Grunde zu legen, der um fällige, doch nicht um aufgeschobene Steuerzahlungen bereinigt wurde. Für die EKR ergibt sich grob folgender Wert:

$$EKR = \frac{\$16 \text{ Millionen (Gewinn für 1973 nach fälligen Steuern)}}{\$83 \text{ Millionen (Eigenkapital 1972)}} = 19\%$$

Was war die WPC wert?

Auf Basis dieser Berechnungen stellte sich der innere Wert der WPC so dar:

$$\frac{\$16 \text{ Millionen}}{(10\%)^2} \times 19\% = \$304 \text{ Millionen}$$

Als Trostpflaster für die unvermeidliche Ungenauigkeit dieser Werte: Wir wissen, dass Buffett bei der Beteiligung 1973 nicht nach der EKR-Methode vorging. Es handelt sich dabei vielmehr um eines der wenigen Beispiele, wo er sich zur Bestätigung seiner Schätzungen auf die Meinung Dritter berief. Er hat diese Investmententscheidung als besonders leicht bezeichnet – jeder Banker, Analyst, Broker im Mediengeschäft und Investor wusste damals, dass die WPC mindestens $400 Millionen wert war. Für alle, die sich mit der Bewertung von Medienunternehmen nicht auskennen, ist dies keine große Hilfe, doch er hat seine Entscheidung im Nachhinein noch mathematisch untermauert.

Nach allgemein verbreiteter Ansicht konnte ein erstklassiges Medienunternehmen damals mit einer Gewinnsteigerung um 6 Prozent im Jahr rechnen – und zwar kontinuierlich, ohne zusätzlichen Kapitalbedarf. Das hieß, der gesamte Gewinn war frei verfügbarer Cashflow. Die Bewertung eines unbefristeten Stroms von Gewinnen mit einer jährlichen Steigerungsrate von 6 Prozent basiert auf einer handfesten Formel:

$$\text{Innerer Wert} = \frac{\text{Gewinn}}{\underset{\underset{\text{Diskontsatz}}{\swarrow} \quad \underset{\text{kontinuierliche Wachstumsrate}}{\searrow}}{10\% - 6\%}} = 25 \times \text{Gewinn}$$

Der WPC-Gewinn von $16 Millionen ergibt nach dieser Berechnung einen Unternehmenswert von $400 Millionen.

TEIL IV FALLSTUDIEN

WAS BUFFETT UNTERNAHM

1973 war in den USA ein schwaches Börsenjahr. Die Kurse brachen im Schnitt um 20 Prozent ein – in manchen Branchen wie etwa der Medienindustrie sogar noch stärker. Berkshire Hathaway ergriff die Gelegenheit und investierte $10,6 Millionen in 467150 Stammaktien der Klasse „B" – zu einem Kurs von $22,69 je Aktie. Wenn man die Stammaktien beider Klassen und die beträchtliche Anzahl von Optionen auf Aktien einrechnet, so waren insgesamt 4,8 Millionen stimm- und dividendenberechtigte Stammaktien in Umlauf. Berkshire besaß damit rund 10 Prozent des Unternehmens zu einem Preis von insgesamt $109 Millionen. Die Sicherheitsmarge auf Grundlage von Buffetts veröffentlichter Schätzung sah so aus:

$$\text{Sicherheitsmarge} = \frac{\$400 \text{ Millionen} - \$109 \text{ Millionen}}{\$ 400 \text{ Millionen}} = 73\,\%$$

Gemäß unserer niedrigeren Schätzung des Unternehmenswerts auf $304 Millionen ergibt sich eine Marge von 64%.

WAS DANACH GESCHAH

Sicher übte Buffett auch bei GEICO Einfluss aus und bekleidete Posten in Gremien verschiedener anderer Unternehmen, an denen er beteiligt war, doch nie hat er sich persönlich so engagiert wie bei der WPC. Buffett betrachtete Kay Graham als persönliche Freundin und verbrachte viel Zeit mit ihrem Sohn Don, der mittlerweile Chairman und CEO geworden ist. Buffetts Einfluss zeigte sich das erste Mal, als die WPC begann, eigene Aktien zurückzukaufen – was ernsthaft ab 1975 betrieben wurde.
Mit den Gewerkschaften arrangierte sich Kay Graham 1975. Nach einem Streik über viereinhalb Monate kam es zu einer Einigung. Die Zeitung war die ganze Zeit über als Notausgabe erschienen, hergestellt und gedruckt durch Aushilfen in fremden Druckereien. Die Werbeeinnahmen gingen vorübergehend nach unten, doch die Auflagenhöhe wurde kaum beeinträchtigt: eine Bestätigung der starken Position der Zeitung bei ihren Lesern. Der erneute Gewinnanstieg 1976 war spektakulär. Der Gewinn nach fälligen Steuern, jedoch ohne Abschreibungen auf den Firmenwert,

machte einen Satz auf $28 Millionen – gegenüber 1973 ein Plus von 73 Prozent. In den 25 Jahren nach Berkshires Investition hat die WPC weitere Zeitungen, Zeitschriften und TV-Sender übernommen und ebenso Kabelfernsehnetze, einen Online-Informationsdienst und ein paar andere Unternehmen. Dabei ist die WPC derjenige unter den Riesen der amerikanischen Medienbranche, der auch diszipliniert „nein" sagen kann zu Übernahmen und Diversifikation. Der Cashflow wurde hauptsächlich zur Schuldentilgung und zum Rückkauf eigener Aktien verwendet. Die *Washington Post* hat ihre Auflage an Wochentagen allmählich und an Sonntagen sprunghaft steigern können. Kauf- und Anzeigenpreise sind weiterhin im Aufwind, doch im Großen und Ganzen hat sich wenig verändert.

Der Unternehmensumsatz wird immer noch in erster Linie durchs Werbegeschäft und durch die Auflage erwirtschaftet. Seit 1973 ist der Werbeumsatz um 8 Prozent im Jahr gestiegen, die Einnahmen aus verkauften Exemplaren stiegen um 10 Prozent. Das Betriebsergebnis vor Abschreibungen auf den Firmenwert ist um 12 Prozent im Jahr gewachsen, was eine Verbesserung der Umsatzrendite belegt. Der Reingewinn stieg aufgrund des geringen Verschuldungsgrades um 13 Prozent im Jahr. Es befinden sich rund 11 Millionen stimm- und dividendenberechtigte Stammaktien in Umlauf gegenüber 4,8 Millionen im Jahr 1973, doch dieser scheinbare Zuwachs beruht auf Aktiensplits. Es wurden zwar auch neue Aktien emittiert, doch die Anzahl der Aktien ist im Verhältnis stark gesunken durch die Aktienrückkäufe. Es sind mehr als 40 Prozent weniger Aktien in Umlauf als noch 1973. Der Gewinn je Aktie ist dementsprechend im Schnitt um 16 Prozent im Jahr gestiegen.

Buffett und Munger betrachten das Mediengeschäft mittlerweile recht zuversichtlich – insbesondere die Zeitungsbranche. 1977 hatten sie für $33 Millionen eine eigene Zeitung erworben – die *Buffalo News.* Sie warf 1997 $33 Millionen Gewinn ab. Während derartige Unternehmen aufgrund des geringen Kapitalbedarfs und einer treuen Klientel noch immer betriebswirtschaftliche Vorteile genießen, hat das Ausmaß der Kundenbindung abgenommen. Heutzutage sehen die Menschen mehr fern, und dieser Markt ist geprägt von intensivem Wettbewerb. Buffett und Munger haben sich damit abgefunden und als loyale Investoren erwiesen. Sie haben erklärt, dass sie ihre Anteile an der WPC auf unabsehbare Zeit halten werden.

Die WPC konnte 1997 $315 Millionen Gewinn verbuchen. Damit hatte die Berkshire-Investition in Höhe von ursprünglich $10,6 Millionen einen Wert von $841 Millionen – ein Zuwachs von durchschnittlich 19 Prozent zuzüglich Dividenden.

TEIL IV FALLSTUDIEN

ÜBUNGEN

1 Das Eigenkapital betrug Ende 1997 $1184 Millionen. Wie hat das IP über den gesamten Betrachtungszeitraum ausgesehen? Ist die Antwort auf diese Frage von Interesse?

2 Wie würde sich der Unternehmenswert verändern, wenn das Unternehmen jetzt sechs Monate lang bestreikt würde – mit damit verbundenen Kosten von $100 Millionen, jedoch ohne langfristige Auswirkungen?

Weitere Fragen zur Diskussion

3 Buffett glaubt, dass sich die wirtschaftlichen Bedingungen fürs Zeitungsgeschäft in den letzten 20 Jahren verschlechtert haben. Woran könnte das Ihrer Ansicht nach liegen?

4 Wo gibt es heute in der Medienbranche Monopole?

XVIII

– Wells Fargo & Company –

1989 und 1990 kaufte Berkshire Hathaway für $289,4 Millionen 5 000 000 Stammaktien von Wells Fargo & Company. 1992 und 1993 folgten weitere 1 791 218 Aktien für $134,3 Millionen und 1996 noch einmal 500 200 für $74,1 Millionen.

Jahr	gekaufte Aktien	Gesamtzahl der gekauften Aktien	Kosten pro Jahr ($ Mio)	Gesamtkosten ($ Mio)	Kosten je Aktie ($)	durchschnittliche Kosten je Aktie ($)
1989/90	5000000	5000000	289,4	289,4	57,89	57,89
1991	0	5000000	0	289,4		57,89
1992	1358418	6358418	91,6	381,0	67,43	59,92
1993	432800	6791218	42,7	423,7	98,66	62,39
1994	0	6791218	0	423,7		62,39
1995	0	6791218	0	423,7		62,39
1996	500200	7291418	74,1	497,8	148,14	68,27

GESCHICHTE

Wells Fargo ist einer der berühmtesten Namen in der amerikanischen Wirtschaft, vor allem bekannt geworden durch den Postkutschenbetrieb in den 50er Jahren des 19. Jahrhunderts, der Anfang des 20. Jahrhunderts eingestellt wurde. Übrig blieb eine florierende Bank mit Hauptsitz in San Francisco. Hier gibt es eine interessante Querverbindung zu einer anderen Berkshire-Investition, denn die Gründer Henry Wells und William Fargo hatten sich beim gemeinsamen Arbeitgeber kennengelernt – dem neu gegründeten Unternehmen American Express.

Die amerikanische Bankenlandschaft ist vornehmlich regional strukturiert, die Zahl der Banken, Spar- und Darlehenskassen und Genossenschaftsbanken im internationalen Vergleich hoch. Wie viele andere Unternehmen dieser Branche wuchs Wells Fargo durch Fusionen mit und Übernahmen von Konkurrenzinstituten in ihrem Heimatstaat. Diese Entwicklung gipfelte im Zusammenschluss mit Crocker und Barclays California in den 80er Jahren.

Wells Fargo ist vor allem bekannt geworden durch den Postkutschenbetrieb in den 50er Jahren des 19. Jahrhunderts, der Anfang des 20. Jahrhunderts eingestellt wurde. Übrig blieb eine florierende Bank mit Hauptsitz in San Francisco. Hier gibt es eine interessante Querverbindung zu einer anderen Berkshire-Investition, denn die Gründer Henry Wells und William Fargo hatten sich beim gemeinsamen Arbeitgeber kennengelernt – dem neu gegründeten Unternehmen American Express.

WELLS FARGO 1989 UND 1990

1989 galt Wells Fargo als eine der bestgeführten Banken des Landes. Hier hatte man die seltene Kombination aus gutem, innovativem Service und niedrigen Kosten verwirklichen können. Wells Fargo hatte mit neuem, besserem Service und längeren kundenfreundlichen Öffnungszeiten Neuland erobert und sich bei der Einführung von Geldautomaten, Telefon- und Online-Banking in eine führende Position gebracht. Gleichzeitig wurde die Mitarbeiterzahl möglichst niedrig gehalten, so dass das Verhältnis von Aufwand zu Ertrag und die Rentabilitätskennzahlen branchenintern zu den besten zählten.

**Gesamtkapitalrentabilität (GKR) =
Kapitalgewinn/durchschnittliches Gesamtkapital**

1990 steuerte die kalifornische Wirtschaft auf eine Rezession zu. Besonders Südkalifornien litt unter der „Friedensdividende". Das Ende des Kalten Krieges hatte zu Kürzungen der Ausgaben für Verteidigung und Raumfahrt geführt, zwei der wichtigsten Industriezweige der Region. Zwar schlugen sich diese Entwicklungen noch nicht in den Büchern von Wells Fargo nieder, doch ein mehr oder weniger starker Rückgang der Industrie oder des Konsums im Heimatstaat würde die Ergebnisse langfristig beeinträchtigen. Der Aktienmarkt brach prompt um 30 bis 40 Prozent ein.

DIE BUFFETT-METHODE

1989 galt Wells Fargo als eine der bestgeführten Banken des Landes. Hier hatte man die seltene Kombination aus gutem, innovativem Service und niedrigen Kosten verwirklichen können. Wells Fargo hatte mit neuem, besserem Service und längeren kundenfreundlichen Öffnungszeiten Neuland erobert und sich bei der Einführung von Geldautomaten, Telefon- und Online-Banking in eine führende Position gebracht.

Steigert das Unternehmen seinen Wert für seine Kunden?
Zwar hatte Wells Fargo einige Übernahmen getätigt, doch auch das organische Wachstum war beträchtlich. Durch ein interessantes Dienstleistungsangebot hatte sich Wells Fargo im Verbrauchermarkt einen großen Marktanteil gesichert. Durch ein stärker auf Pensions- und Aktienfonds ausgerichtetes Angebot im Sparsektor wurden mehr Kunden angesprochen. Im Firmenkreditgeschäft hatte man sich auf Darlehen an Großunternehmen spezialisiert, zweckgebunden für Leveraged Buyouts, Übernahmen und Refinanzierungen sowie für Immobilien. Hier gab es den einen oder anderen Missgriff, doch im Großen und Ganzen konnte man von fachlicher Kompetenz und niedrigen Gemeinkosten profitieren.

Steigert das Management den Unternehmenswert?
Buffett hielt Carl Reichardt, Chairman und CEO, und Paul Hazen, President und COO, für das beste Managementteam der amerikanischen Bankwirtschaft. Er verglich sie mit Tom Murphy und Dan Burke bei Capital Cities – für ihn die Spitzenbesetzung schlechthin. Sie waren eindeutig fähig und arbeiteten gut zusammen. Darüber hinaus blieben sie bei ihren Leisten und engagierten sich nicht zur Diversifikation in Branchen, in denen ihnen die nötige Sachkenntnis fehlte. Und – wie es dem immer wiederkehrenden Motiv bei Buffett'schen Investitionen entsprach – sie achteten in allen Unternehmensbereichen auf eine vernünftige Kostenpolitik. Personalkosten sind bei den meisten Banken der größte Einzelposten bei den zinsneutralen Aufwendungen, so dass die Kostendämpfung in diesem Bereich besonders wichtig war. Durch den Ausbau neuartiger Vertriebswege wie Telefon-Banking erreichte man eine Steigerung des Umsatzes ohne Kostenanstieg in traditionellen – und kostenintensiven – Bereichen. In den sechs Jahren von 1984 bis 1989 waren die Zinserträge im Schnitt um 15 Prozent im Jahr gestiegen, die zinsneutralen Erträge um 24 Prozent p.a., die zinsneutralen Aufwendungen jedoch lediglich um 12 Prozent im

Jahr. Das Kostenmanagement hatte bei Wells Fargo einen noch höheren Stellenwert als bei Capital Cities. Fernsehsender verfügten über monopolistische Eigenschaften, wie sie im Bankgeschäft kaum vorkamen. Zinsen, Kreditpolitik und die meisten Dienstleistungen sind öffentlich und leicht zu kopieren. Wie bei GEICO waren auch hier möglichst große Kostenvorteile der beste Schutz gegen die Konkurrenz.

Besonders Südkalifornien litt unter der „Friedensdividende". Das Ende des Kalten Krieges hatte zu Kürzungen der Ausgaben für Verteidigung und Raumfahrt geführt, zwei der wichtigsten Industriezweige der Region.

Steigert das Unternehmen seinen Wert für die Aktionäre?
Das Bankgeschäft hat zyklischen Charakter. Das Geschäftsergebnis richtet sich manchmal nach den konjunkturellen Schwankungen im Land oder im Bundesstaat, doch ebenso häufig geraten Banken auch ohne äußere Einflüsse in die Krise. Wells Fargo hatte die Fallstricke der Branche stets geschickt vermieden, meist, indem sich die Bank auf wenige vertraute Märkte konzentrierte. 1987 kam es zu einem deutlichen Schnitt im Auslandsengagement, doch dafür hatte man nie mit den Problemen der Kreditvergabe an weniger entwickelte Länder zu kämpfen, die den New Yorker Banken so zu schaffen machten. Wells Fargo zeigte in allen Kernbereichen bessere Ergebnisse als die Konkurrenz: die Kapitalrentabilität war hoch, weil die Kosten niedrig und die Akzeptanz der breiten Palette an gebührenpflichtigen Dienstleistungen hoch waren. Die Eigenkapitalrentabilität war ausgezeichnet. Die Gefahren, die die Börse gewittert hatte, waren jedoch real, denn mit der kalifornischen Wirtschaft ging es tatsächlich bergab. Die Frage war nur, ob der Markt womöglich überreagiert hatte.

INFORMATIONSQUELLEN

Buffett stand Bankwerten an sich skeptisch gegenüber. Das lag nicht nur an der starken Konkurrenz, die diese Branche auszeichnete, oder an den besonderen Risiken. Er betrachtete das Bankgeschäft als solches als riskant. Um das zu verstehen, müssen Sie die Erträge aus dem Bankgeschäft den drei Bereichen zuordnen, in denen sie erwirtschaftet werden. Banken machen Gewinn, in dem sie Einlagen zu einem bestimmten Zinssatz annehmen, dasselbe Geld zu höheren Preisen verleihen und für ihre Finanzdienstleistungen Gebühren verlangen. Von der Sache her sind das drei völlig verschiedene Sparten, doch in der Praxis sind sie miteinander verflochten. Ein Kunde wird sein Geld nur dann bei einer Bank einzahlen, wenn diese ihm bei Bedarf auch Kredit geben kann, und die Bank kann nur dann Gebühren einnehmen, wenn sie beides tut. (Es gibt findige Banker, die ihr Geld verdienen, indem sie nur Ratschläge erteilen oder andere Dienstleistungen anbieten, doch das ist wieder eine andere Branche, die lediglich die gleichen Wurzeln hat.) Die Differenz zwischen den auf Einlagen gezahlten Zinsen und den Zinserträgen aus dem Kreditgeschäft ist der Netto-Zinsertrag einer Bank, der oft den Löwenanteil des Gewinns darstellt. Ein wichtiger Aspekt dieses Szenarios ist, dass Kundenguthaben, insbesondere private Spareinlagen, im Grunde nichts anderes sind als Darlehen, die der Bank unter einem anderen Namen zur Verfügung gestellt werden. Eine durchschnittliche Bank nimmt solche Darlehen in Höhe vom Zehn- bis Zwanzigfachen ihres Eigenkapitals in Anspruch. Die Inhaber der Konten sind im Normalfall durch eine staatliche Garantie vor dem Verlust ihrer Einlagen geschützt und interessieren sich daher nicht für die Risiken solcher Transaktionen. Für die Aktionäre der Bank ist es ein lohnendes Geschäft, denn die Bank bekommt das Geld von ihren Sparkunden zu einem niedrigeren Zinssatz als anderswo. Dennoch ist da ein Risiko, das manchmal Auswirkungen hat. Ein Beispiel:

$ Millionen	1996	1997
Forderungen aus dem Kreditgeschäft	100	95
Spareinlagen	95	95
Eigenkapital	5	0

Banken machen Gewinn, in dem sie Einlagen zu einem bestimmten Zinssatz annehmen, dasselbe Geld zu höheren Preisen verleihen und für ihre Finanzdienstleistungen Gebühren verlangen. Von der Sache hier sind das drei völlig verschiedene Sparten, doch in der Praxis sind sie miteinander verflochten.

> *Wells Fargo hatte die Fallstricke der Branche stets geschickt vermieden, meist, indem man sich auf wenige vertraute Märkte konzentrierte. 1987 kam es zu einem deutlichen Schnitt im Auslandsengagement, doch dafür hatte man nie mit den Problemen der Kreditvergabe an weniger entwickelte Länder zu kämpfen, die den New Yorker Banken so zu schaffen machten.*

Wenn nur 5 Prozent der Forderungen eines Kreditinstituts sich als uneinbringlich erweisen, ist es zahlungsunfähig. Davor schützen sich die Banken durch Bildung von Konsortien und Streuung von Risiken, doch wir werden gleich sehen, dass auch eine noch so gut geführte Bank durch verhältnismäßig geringe Veränderungen bei den Forderungen an den Rand des Ruins getrieben werden kann.
Berkshire Hathaway hatte sich bereits vorher in geringerem Umfang in diesem Bereich engagiert (man hatte sogar einmal eine ganze Bank aufgekauft, jedoch auf Anordnung der Regulierungsbehörde wieder abgestoßen), doch für eine erneute Investition ins Bankgeschäft kamen nur die erlesensten Kandidaten in Betracht.

> *Eine durchschnittliche Bank nimmt solche Darlehen in Höhe vom Zehn- bis Zwanzigfachen ihres Eigenkapitals in Anspruch. Die Inhaber der Konten sind im Normalfall durch eine staatliche Garantie vor dem Verlust ihrer Einlagen geschützt und interessieren sich daher nicht für die Risiken solcher Transaktionen. Für die Aktionäre der Bank ist es ein lohnendes Geschäft, denn die Bank bekommt das Geld von ihren Sparkunden zu einem niedrigeren Zinssatz als anderswo.*

TESTFRAGEN ZUM VERSTÄNDNIS

Verstehen Sie, warum das Produkt gekauft wird?
Die Wirtschaft brauchte Banken, doch betrachtete sie gleichzeitig als notwendiges Übel. Banker hatten in den USA seit über hundert Jahren einen schlechten Ruf. Sie seien in schlechten Zeiten zu restriktiv, in guten zu großzügig, warf man ihnen vor. Großunternehmen und Regierungen hat-

ten die Banken an Größe und Kreditwürdigkeit längst in den Schatten gestellt, doch sie waren immer noch die Hauptakteure im Geldkreislauf – für Privatpersonen wie Firmen.

Wie würde sich die Branche in den kommenden zehn Jahren entwickeln?
Die Branche stand von allen Seiten unter Druck. Selbst Unternehmen mittlerer Größe hatten Zugang zum Kapitalmarkt über Geldmarktpapiere oder privatplatzierte Anleihen. Wer sich aus Gewohnheit und praktischen Gründen dafür entschied, von einer Bank Geld zu leihen, konnte günstige Zinsen aushandeln. Bei den Einlagen war der Wettbewerb sogar noch härter. Quasi aus dem Nichts waren Geldmarktfonds entstanden, die in gerade mal zehn Jahren etwa $500 Milliarden aus dem Spargeschäft abgezogen hatten. Es handelte sich dabei um offene Investmentfonds, die von ihrem niedrigen Betriebsaufwand profitierten und davon, dass sie keiner Versicherungspflicht unterlagen. Schließlich war das Bankgeschäft mit der gleichen Wettbewerbssituation konfrontiert wie jeder Einzelhändler und stand vor der Herausforderung, sich auf neue Vertriebswege einzustellen – genauso wie Versandhäuser, Discounter und Einkaufszentren den Einzelhandel verändert hatten.

Haben Sie Vertrauen ins Management?
Wer in dieses Geschäft investieren wollte, brauchte dafür fähige, ehrliche Manager als Partner, die sich auf vertrautem Terrain bewegten. Reichardt und Hazen entsprachen diesem Profil. Dann kam es bei der Wettbewerbsfähigkeit noch auf möglichst große Kostenvorteile an. Bei Wells Fargo war Kostendämpfung Routine. Mit einem Verhältnis von Aufwand zu Ertrag von 61 Prozent und einer Gesamtkapitalrentabilität von 1,26 Prozent lag Wells Fargo 1989 an der Weltspitze.

Ist das Produkt leicht zu ersetzen?
Privatkunden und kleinere Firmen wechseln nur selten und ungern ihre Hausbank. Dabei konnte man in Kalifornien – wie bereits festgestellt – für private oder geschäftliche Transaktionen normalerweise zwischen verschiedenen Banken, offenen Investment-Fonds und Kapitalmärkten wählen.

FINANZANALYSE

Bilanzen 1988 und 1989

$ Milliarden

Kassenbestand und Guthaben	2,9	Verbindlichkeiten gegenüber Kunden und Kreditinstituten	43,2
Wertpapiere	1,7	Sonstige	0,8
Forderungen aus dem Kreditgeschäft	41,0	nachrangige Verbindlichkeiten	1,8
Sonstige	3,1	Vorzugsaktien	0,4
		Eigenkapital	2,5

Die Bücher von Wells Fargo machten einen soliden Eindruck. Ein einfacher Maßstab für die Finanzkraft einer Bank ist die Angemessenheit der Kapitalausstattung, bei der das Kapital in Bezug gesetzt wird zu den Aktiva, bereinigt um die damit verbundenen Risiken. Nach den Vorgaben des Federal Reserve Board müssen 4 Prozent der risikobereinigten Aktiva vom Eigenkapital gedeckt sein und 8 Prozent durch Eigenkapital plus bestimmte andere langfristige Verbindlichkeiten, einschließlich nachrangige Verbindlichkeiten und Vorzugsaktien, wie in der Tabelle oben ausgewiesen. Diese Werte lagen bei Wells Fargo bei 5 Prozent bzw. 10 Prozent, also weit über dem erforderlichen Minimum. Es hat sich jedoch gezeigt, dass 5 oder sogar 10 Prozent wenig ist, wenn es wirklich zu Ausfällen im Kreditgeschäft kommt. Die $2,5 Milliarden Stammkapital würden von einem nur 6-prozentigen Rückgang bei den Forderungen aus dem Kreditgeschäft aufgefressen werden. Welche Auswirkungen würde die bevorstehende Rezession in Kalifornien auf die Bank haben? Das Kredit-Portfolio stellte sich wie folgt dar:

$ Milliarden	1989	1988
Firmenkredite	14,5	13,1
Baufinanzierung	4,1	4,4
erstrangige Wohnbau-Hypothekendarlehen	7,6	5,1
sonstige Hypothekendarlehen	6,0	5,5
Immobilienfinanzierung gesamt	13,6	10,6
Kreditkarten	2,5	2,1
sonstige revolvierende Kredite	0,6	0,6
monatl. Zins- und Tilgungsleistungen	1,3	1,4
nachrangige Hypothekendarlehen	3,9	3,4
Konsumentenkredite gesamt	8,4	7,5
Leasing-Finanzierungen	1,1	1,4
Auslandskredite	0,1	0,6
Summe	41,7	37,7

Die von den $41,7 Milliarden auf Immobilienfinanzierung entfallenden $13,6 Milliarden (33 Prozent) sind an sich kein beunruhigend hoher Anteil, da viele Banken hier proportional gesehen übermäßig engagiert sind. Manche beschränken sich sogar *ausschließlich* auf diesen Bereich. Die „nachrangigen Hypothekendarlehen" – Privatkundenkredite, die nachrangig mit Immobilien abgesichert sind – sollten jedoch eingerechnet werden. Außerdem ist auch in der Sparte „Firmenkredite" eine Summe von $1,7 Milliarden versteckt, die an Immobiliengesellschaften vergeben wurde. Damit machen die Hypothekendarlehen insgesamt 46 Prozent aus. Noch interessanter ist womöglich der Anteil an Hypothekendarlehen zur Baufinanzierung (30 Prozent). Dieser Wert ist im Vergleich zu anderen Kreditinstituten hoch. Zwar sank der Gesamtbetrag hier von 1988 bis 1989, doch nur durch buchhalterische Tricks und Kniffe. Baufinanzierungen können höchst spekulativ sein und würden bei einer Konjunkturschwäche die größten Löcher reißen.

Diese Zahlen belegen zwar die hohe Gesamtkapitalrentabilität durch die Gegenüberstellung des Gewinns und der Aktiva, doch sie zeigen nicht die potenzielle Volatilität einer Schlüsselzahl. Wenn alles normal läuft, wird die Gewinn- und Verlustrechnung einer Bank ungefähr so aussehen. Doch wenn die Zeiten besonders schlecht oder besonders gut sind, erhalten die „Rückstellungen für Kreditausfälle" eine besondere Bedeutung. Hierbei handelt es sich um die von der Bank selbst angestellten Schätzungen der Verluste, die das Kreditgeschäft letztendlich mit sich bringen wird. Wie viel das wirklich ist oder wie viel davon abgeschrieben wird, ist eine ganz andere Frage.

Gewinn- und Verlustrechnungen 1988 und 1989

$ Millionen	1989	1988
Zinserträge	4870	4178
Zinsaufwendungen	(2712)	(2205)
Nettozinsertrag	2159	1972
Rückstellungen für Kreditausfälle	(362)	(300)
zinsneutraler Ertrag	779	682
zinsneutraler Aufwand	(1575)	(1519)
Gewinn vor Steuer	1001	835
Steuern	(400)	(323)
Gewinn nach Steuern und Vorzugsdividenden	574	487

Diese Zahlen bekräftigen das Gewicht des Nettozinsertrages – selbst bei einer Bank wie dieser, die auch eine Vielzahl an Gebühren und Einnahmen aus anderen Investment-Dienstleistungen bezieht. Sie belegen zwar die hohe Gesamtkapitalrentabilität durch die Gegenüberstellung des Gewinns und der Aktiva, doch sie zeigen nicht die potenzielle Volatilität einer Schlüsselzahl. Wenn alles normal läuft, wird die Gewinn- und Verlustrechnung einer Bank ungefähr so aussehen. Doch wenn die Zeiten besonders schlecht oder besonders gut sind, erhalten die „Rückstellungen für Kreditausfälle" eine besondere Bedeutung. Hierbei handelt es sich um die von der Bank selbst angestellten Schätzungen der Verluste, die das Kreditgeschäft letztendlich mit sich bringen wird. Wie viel das wirklich ist oder wie viel davon abgeschrieben wird, ist eine ganz andere Frage. Diese Rückstellung soll einfach einen ungefähren Maßstab davon vermitteln, was innerhalb eines Zyklus passieren wird. In der Praxis sind die Banken hier meist entweder zu optimistisch oder zu pessimistisch, so dass diese Rückstellungen stark variieren. Die für 1988 und 1989 ausgewiesenen Rückstellungen in Höhe von jeweils 0,8 bzw. 0,9 Prozent des Kreditvolumens waren branchenübliche, akzeptable Werte. 1987 machte dieser Posten jedoch 2,4 Prozent aus, und die Bank gelangte nur knapp in die Gewinnzone. Dieser Sprung wurde verursacht durch die abschließende Abwicklung von Problemkrediten an unterentwickelte Länder und sollte sich nicht wiederholen (Auslandskredite verschwanden praktisch aus dem Portfolio). Es konnte aber auch anderswo zu Problemen kommen. Manche konzentrierten sich auf Transaktionen mit einem hohen Finanzierungsanteil oder auf Leveraged Buyouts, die insgesamt $4,2 Milliarden ausmachten. Das größte Sorgenkind waren die Immobilien.

Kapitalquellen

Banken zogen viel billiges Kapital an in Form von Einlagen von Kunden. Bei Wells Fargo waren es $6,9 Milliarden, für die überhaupt keine Zinsen gezahlt wurden, der Rest wurde mit 0 bis 5 Prozent unter dem Satz verzinst, der im Interbankgeschäft gezahlt wurde. Die durchschnittlichen Geldbeschaffungskosten lagen 1989 bei 5,7 Prozent. Dasselbe Geld wurde gleichzeitig zu einem Durchschnittszinssatz von 11,4 Prozent weiter verliehen. Verluste würden die Gesamt- und Eigenkapitalrentabilität drücken, doch sie konnten auch das Vertrauen der Kunden erschüttern, die dann ihr Geld abheben würden.

Eigenkapitalrentabilität

Eine Gesamtkapitalrentabilität von 1,26 Prozent, die für jede andere Branche tödlich wäre, war für eine Bank hoch. Wie immer sind wir aber mehr an der Eigenkapitalrentabilität interessiert. Eine niedrige GKR kann durch den Leverage-Effekt eine hohe EKR bewirken. 1989 hatte Wells Fargo 18mal so viel Verbindlichkeiten wie Eigenkapital. Die EKR sah so aus:

$$EKR = \frac{\$574 \text{ Millionen (Gewinn 1989 nach Vorzugsdividenden)}}{\$2315 \text{ (durchschnittliches Eigenkapital 1988/89)}} = 25\%$$

Das IP war noch etwas höher:

$$IP = \frac{\$574 \text{ Millionen (Gewinn 1989)} - \$487 \text{ Millionen (Gewinn 1988)}}{\$2456 \text{ Millionen (Stammkapital 1989)} - \$2174 \text{ Millionen (Stammkapital 1988)}} = 31\,\%$$

Was war Wells Fargo wert?

Auf Basis der so errechneten Werte lässt sich für Wells Fargo nach dem IP folgender innerer Wert ermitteln:

$$\frac{\$574 \text{ Millionen}}{(10\%)^2} \times 31\% = \$17{,}8 \text{ Milliarden}$$

Alternativ ergibt sich auf EKR-Basis:

$$\frac{\$574 \text{ Millionen}}{(10\%)^2} \times 25\% = \$14{,}4 \text{ Milliarden}$$

Die wenigsten Banken konnten auch nur annähernd mit einer solchen EKR aufwarten. Eine durchschnittliche Bank erreichte wie ein durchschnittliches anderes Unternehmen langfristig 10 bis 12 Prozent Rendite auf reinvestiertes Kapital. Damit ließe sich ein innerer Wert in Höhe vom zehnfachen Gewinn rechtfertigen. Wer in eine Bank investierte, ging jedoch leverage-bedingt erhebliche Verlustrisiken ein.

Als Buffett die ersten Wells Fargo-Aktien kaufte, erwähnte er insbesondere drei Risiken: Kaliforniens Wirtschaft könnte durch ein schweres Erdbeben so geschädigt werden, dass dabei Banken in den Ruin getrieben würden. Der bevorstehende Konjunkturrückgang konnte zu einer Massenflucht der Anleger aus allen Finanzinstituten des Staates Kalifornien führen, wovon gute wie schlechte Banken gleich getroffen würden. Beide Möglichkeiten erachtete er als eher unwahrscheinlich. Als dritten Punkt führte er an, dass Wells Fargo im Bereich Immobilienfinanzierung eine Spitzenposition einnahm und daher von fallenden Grundstückspreisen oder sinkender Nachfrage besonders beeinträchtigt würde. Buffett betrachtete diese Risiken nüchtern und sachlich. 1989 hatte die Bank $1 Milliarde Gewinn vor Steuern verbucht und $1,4 Milliarden vor Steuern und Rückstellungen für Kreditausfälle. Was nun, wenn es zu Kreditausfällen in Höhe von 10 Prozent (vom Gesamtvolumen von $4,2 Milliarden) käme? Um das Unternehmen in den Bankrott zu treiben, müsste jeder einzelne Kredit Ausfälle in Höhe von 30 Prozent der Auszahlungssumme ($1,3 Milliarden) aufweisen. Wie hoch war die Wahrscheinlichkeit eines solchen Szenarios? $4,2 Milliarden wären 31 Prozent aller Hypothekendarlehen, und wenn die Bank bei der Kreditvergabe nicht leichtsinnig war oder Kalifornien in die Katastrophe steuerte, war das eher unwahrscheinlich. Außerdem ist es wirklich nicht leicht, Ausfälle in Höhe von 30 Prozent der Auszahlungssummen zu erreichen, wenn die Kredite gesichert sind und nicht auf purer Spekulation beruhen. Wells Fargo hatte sich zwar bei den Hypothekendarlehen weit aus dem Fenster gelehnt, doch die Bank galt weder als besonders risikofreudig noch als spekulativ orientiert. Buffett war überzeugt, dass Wells Fargo auch nach einem gewinnneutralen Jahr wieder eine gute EKR erzielen könnte, wenn sich die Rahmenbedingungen verbesserten – ebenso, wie es auch nach den Abschreibungen der Kredite an Entwicklungsländer geschehen war.

Als Buffett die ersten Wells Fargo-Aktien kaufte, erwähnte er insbesondere drei Risiken: Kaliforniens Wirtschaft könnte durch ein schweres Erdbeben so geschädigt werden, dass dabei Banken in den Ruin getrieben würden. Der bevorstehende Konjunkturrückgang konnte zu einer Massenflucht der Anleger aus allen Finanzinstituten des Staates Kalifornien führen, wovon gute wie schlechte Banken gleich getroffen würden. Beide Möglichkeiten erachtete er als eher unwahrscheinlich.

WAS BUFFETT UNTERNAHM

1990 war ein schwarzes Jahr für Bankaktien und daher ideal für Käufer von Bankwerten. Wells Fargo wies kontinuierlich gute Quartalsergebnisse aus, doch immer mehr Banken berichteten von Verlusten, was alle Aktien der Branche beeinträchtigte. Eigenartig war, dass Wells Fargo-Aktien bereits vor diesen Geschehnissen niedrige Kurse gezeigt hatten. Die $574 Millionen Gewinn des Jahres 1989 entsprachen $11 je Aktie. Auf Basis der durchschnittlichen Quartalsergebnisse von 1989 ließ sich ein solches Ergebnis unschwer vorhersagen. Dennoch schwankte der Kurs zwischen $59 und $87, was einem KGV von 5,4 bzw. 7,9 entsprach. Berkshire kaufte 1989 und 1990 zu einem Durchschnittskurs von $58. Die meisten Aktien wurden 1990 gekauft, nachdem an der Börse die Nervosität um sich griff. Zu diesem Zeitpunkt waren die Ergebnisse für 1990 bereits mehr oder weniger absehbar – immer unter der oben erläuterten Voraussetzung, dass die Rückstellungen für Kreditausfälle im Immobilienbereich zwar hoch ausfallen, doch nicht die Zahlungsfähigkeit gefährden würden, und dass die Rückstellungen danach wieder auf ein durchschnittliches Niveau fielen. Gegenüber 1989 verfügte die Bank 1990 über mehr Aktiva, der Buchwert war höher und es wurden kontinuierlich höhere Gewinne ausgewiesen. Die Hochrechnungen für das Jahresergebnis ergaben $13,4 je Aktie. Der von Buffett gezahlte Durchschnittskurs von $58 repräsentierte also ein KGV von 4,3. Die gesamte Kapitalausstattung lag zu diesem Kurs bei $3 Milliarden. Auf Basis der konservativeren Erträge von 1989 und des niedrigeren der beiden auf Grundlage von EKR bzw. IP ermittelten Wertes ergibt sich folgendes Bild:

$$\text{Sicherheitsmarge} = \frac{\$14{,}4 \text{ Milliarden} - \$3 \text{ Milliarden}}{\$14{,}4 \text{ Milliarden}} = 79\%$$

Insgesamt gesehen war Wells Fargo ein Kreditinstitut, bei dem das Risiko eines Totalverlustes gering und kalkulierbar war. Im positiven Fall – wenn die Bank überlebte und durchschnittliche Ergebnisse zeigte – war auszugehen von einem inneren Wert von, sagen wir, dem Zehnfachen der Kernerträge von rund $600 Millionen bis $700 Millionen und damit von $6 Milliarden bis $7 Milliarden Daraus ergab sich eine beruhigende Sicherheitsmarge von ca. 50 Prozent. Sollte Wells Fargo erwartungsgemäß die Konkurrenz langfristig überflügeln, läge die Sicherheitsmarge bei exzellenten 79 Prozent – aus jedem investierten Dollar würden fünf.

Insgesamt gesehen war Wells Fargo ein Kreditinstitut, bei dem das Risiko eines Totalverlustes gering und kalkulierbar war.

WAS DANACH GESCHAH

$ Milliarden	1990	1991	1992	1993
Forderungen aus dem Kreditgeschäft	47	43	36	32
Grundstücke, Gebäude, Betriebs- und Geschäftsausstattung	54	52	51	51
Nettozinsertrag	2,3	2,5	2,7	2,7
Rückstellungen für Kreditausfälle	(0,3)	(1,3)	(1,2)	(0,6)
Sonstige Erträge	0,9	0,9	1,1	1,1
Sonstige Aufwendungen	(1,7)	(2,0)	(2,0)	(2,2)
Gewinn	0,7	0	0,2	0,6
Aktien in Umlauf (Millionen)	53	52	53	56
Gewinn je Aktie ($)	13,4	0	4,4	9,9
GKR (%)	1,4	0	0,5	1,2
EKR (%)	26,3	0	7,9	16,7

Die gefürchtete kalifornische Rezession kam tatsächlich und trieb Firmen und Haushalte in den Ruin. Im Kreditgeschäft machte sich das überall bemerkbar, von Kreditkartenbetrug bis hin zu Zwangsvollstreckungen bei Immobilien. Wie erwartet traf es Immobiliengesellschaften am härtesten, die Wohnungen, Häuser und Büros bauten oder gebaut hatten, für die es keine Käufer gab. Die Zahlen von Wells Fargo zeigten, dass große Unternehmen mit einem hohen Fremdfinanzierungsanteil besonders stark betroffen waren. Auch hier war die Bank überproportional vertreten. Die erforderlichen Rückstellungen fielen höher aus, als Buffett kalkuliert hatte, wohl doppelt so hoch. Ende 1993 machten die gesamten aufgelaufenen unverrechneten Rückstellungen für Verluste 6,4 Prozent des gesamten Kreditvolumens aus. 1990 waren es 1,8 Prozent gewesen.

Dennoch stockte Berkshire seine Anteile 1992 und 1993 weiter auf, sogar zu einem höheren Kurs als 1989 und 1990. Erstens und vor allem sah Buffett, dass die Bank nicht Bankrott ging. Obwohl das Management in angemessener Weise für 1992 deutlich höhere Rückstellungen anordnete, waren sie (a) im Rahmen des Verkraftbaren, (b) wurden sie von höheren Gewinnen gestützt und (c) waren sie in diesem Maße nicht noch einmal erforderlich, denn unterm Strich hatten sich nach der Katastrophe die Rahmenbedingungen fürs Geschäft verbessert. Die vorgeschriebene Eigenkapitalquote war nun deutlich höher. Die Tabelle zeigt einen leichten

Rückgang bei den Aktiva, doch proportional dazu einen drastischen Abfall des Kreditvolumens. Das Management hatte auf die Krise prompt reagiert und das Kreditengagement im Bereich Immobilien und Großunternehmen reduziert. Die frei werdenden Mittel waren kurzfristig in erstklassige Wertpapiere investiert worden. Zum Glück sanken die Zinsen, was einer Erholung und auch dem Anleihe-Portfolio entgegenkam. Das Management wollte dieses Kapital später, wenn der Aufschwung kleine und mittlere Unternehmen sowie Privathaushalte erreichte, allmählich wieder zur Expansion zur Verfügung stellen. Die zinsneutralen Erträge stiegen, nicht zuletzt dank der dauerhaften Bemühungen des Managements um eine möglichst kostengünstige Verbreiterung des Kundenstamms (durch Geldautomaten, Zweigstellen in Einzelhandelsgeschäften und Electronic Banking), dank höherer Gebühren für Privatkundenkonten und dank des guten Wachstums im Wertpapiergeschäft im Privatkundenbereich. Der Wert der von der Bank verwalteten oder beratend betreuten Vermögenswerte überstieg mittlerweile deutlich die Aktivseite der Bilanz. Ebenso wichtig war die kontinuierliche Kostenkontrolle. Betrachtet man die Einzelposten der Gemeinkosten, so fällt auf, dass die Gehälter mit der Inflation stiegen, alle übrigen Posten jedoch nicht.

Das alles wies auf die Möglichkeit hin, dass Wells Fargo nach der Rezession eine noch viel *gewinnträchtigere* Investition darstellte. Ein Blick auf die Kreditausfälle ist hier sehr aufschlussreich. Mit Ausnahme der „Abwicklungsjahre" hatten die Rückstellungen für Verluste aus dem Kreditgeschäft selten mehr als 0,7 Prozent im Jahr betragen. Überträgt man das auf die Gewinn- und Verlustrechnung von 1993, ergibt sich ein potenzieller Gewinn von rund $800 Millionen (die Zahlen für 1992 zeigen ein ähnliches Ergebnis). Die EKR läge entsprechend bei 23 Prozent, der innere Wert bei $18,4 Millionen bzw. $330 je Aktie. Berkshires 1992 und 1993 zu $67 bzw. $99 erworbene Anteile waren also 70 bis 80 Prozent unter Wert gekauft worden. Wie so oft hätte man auch hier – selbst als skeptischer Beobachter von Wells Fargo mit Zweifeln an den Überlebenschancen der Bank – zu einem günstigen Preis kaufen können, lange nachdem die Gefahr vorüber war. Auch nach konventionellen Berechnungen ergab der 1993 bezahlte Preis von $99 ein KGV von nicht mehr als 10.

DIE BUFFETT-METHODE

$ Milliarden	1994	1995	1996	1997
Forderungen aus dem Kreditgeschäft	36	35	64	64
Grundstücke, Gebäude, Betriebs- und Geschäftsausstattung	52	49	109	97
Netto-Zinsertrag	2,6	2,7	5,5	4,6
Rückstellungen für Kreditausfälle	(0,2)	–	(0,1)	(0,6)
Sonstige Erträge	1,2	1,2	2,2	2,7
Sonstige Aufwendungen	(2,2)	(2,1)	(4,0)	(3,6)
Gewinn	0,8	1,0	1,7	2,0
Aktien in Umlauf (Millionen)	54	49	83	89
Gewinn je Aktie ($)	14,8	20,0	20,0	21,9
GKR (%)	1,5	2,0	1,8	1,9
EKR (%)	22,5	24,9	15,1	14,5

Unterm Strich war 1994 und 1995 erwartungsgemäß Wachstum zu verzeichnen, was unter anderem auf gelungene Expansion, kontinuierliche Kostenkontrolle und geringe Rückstellungen für Kreditausfälle zurückzuführen war. Der Gewinn je Aktie stieg ungleich schneller, unterstützt durch ein neues, aggressives Aktienrückkaufsprogramm, das wiederum von den dauerhaft niedrigen Aktienkursen profitierte.

Anfang 1996 übernahm Wells Fargo durch einen kompletten Aktientausch mit einem Volumen von rund $11 Milliarden die kalifornische Bank First Interstate, die kaum kleiner war als Wells Fargo selbst. Die Chancen zu einer Konsolidierung auf dem kalifornischen Markt durch Zusammenlegung und Schließung von Zweigstellen wurden vom Wells-Management nicht ausgeschöpft. Die errechneten Einsparungen von $800 Millionen wurden nicht ganz erreicht. Schwerwiegender waren Computerpannen und menschliches Versagen, durch die es zu Fehlern kam wie der Fehlleitung von Einzahlungen. Die Konkurrenz schlachtete diese Schwächen aus und rationalisierte im Zweigstellenbereich, was sich bei Wells Fargo nach der Fusion durch rückläufige Kundenzahlen bemerkbar machte. Mittlerweile sprechen die Anzeichen dafür, dass sich die Kundenzahlen wieder stabilisieren.

Trotz der jüngsten Pannen hat sich der Kurs der Wells Fargo-Aktie seit den schwarzen Tagen von 1990–1992 prächtig entwickelt. Zum Jahresende 1997 notierte die Aktie bei $339.

Gegenüber den durchschnittlich von Berkshire gezahlten $68 beträgt der durchschnittliche jährliche Kapitalzuwachs damit rund 28 Prozent – ohne Dividenden.

1997 hat Berkshire einige seiner Beteiligungen zurechtgestutzt. Unter anderem wurden 8 Prozent der Wells Fargo-Aktien abgestoßen. Diese Transaktion brachte mehr als 40 Prozent der insgesamt gezahlten Kosten wieder herein.

> *Trotz der jüngsten Pannen hat sich der Kurs der Wells Fargo-Aktie seit den schwarzen Tagen von 1990-1992 prächtig entwickelt.*

ÜBUNGEN

1 Wenn die Anleger 1989 ihr Vertrauen in die Bank verloren hätten, hätte Wells Fargo eventuell seine Kapitalbasis erhöhen müssen. Nehmen wir an, es wären $500 Millionen zu $58 je Aktie beschafft worden – welchen Effekt hätte das auf den inneren Wert gehabt?

2 Welche finanziellen Nachteile hätten sich für die bisherigen Aktionäre ergeben?

Weitere Fragen zur Diskussion

3 Warum ist der Verlust des Anlegervertrauens für eine Bank so prekär? Warum hat die staatliche Versicherung zum Schutz vor Verlusten dieses Problem nicht entschärft?

4 Berechnen Sie GKR und EKR Ihrer Hausbank.

SCHLÜSSEL ZU DEN ÜBUNGEN

Kapitel 12: American Express

1 Der Float-Profit aus dem Scheckgeschäft betrug $4,8 Milliarden. Ohne diese Verbindlichkeiten würde das Eigenkapital um diese Summe auf $11,1 Milliarden steigen.

2 Der kontinuierliche Ertrag wird davon nicht berührt, so dass die EKR folgendermaßen aussähe:

$$\frac{1,2}{11,1} = 10,8\%$$

3

$$\$1,2 \text{ Milliarden} \times \frac{10,8}{(10\%)^2} = \$13 \text{ Milliarden}$$

4 Angesichts einer Kapitalausstattung von rund $15,8 Milliarden 1994 ist ein stärkeres Engagement eher unwahrscheinlich.

Kapitel 13: Coca-Cola

1

$ Milliarden	Gewinn	Eigenkapital	durchschnittliche Eigenkapital- rentabilität
1985	943		5958
1986	1149	7030	17,7
1987	1336	6448	19,8

2 Das IP für 1985–86 entspricht in etwa der EKR von 1987. Der innere Wert beträgt schätzungsweise

$$\$1336 \text{ Millionen} \times \frac{19,8\%}{(10\%)^2} = \$26 \text{ Milliarden}$$

275

3 Durch Einbezug des Abfüllgeschäfts wird die EKR eindeutig (per definitionem) gedrückt. Der geschätzte innere Wert von $26 Milliarden entspricht einem KGV von 19,8. Anfang 1988 wurde Coca-Cola mit einem KGV von ca. 17 gehandelt. Die Sicherheitsmarge ist also dürftig. Um eine Marge von 50 Prozent zu erreichen, müsste der Kurs etwa um 40 Prozent nachgeben.

Kapitel 14: GEICO

1 Die einfachste Antwort ist hier: je kleiner die Kennzahl, desto größer der Gewinn bei unverändertem Prämienaufkommen.

2 Eine niedrige kombinierte Kennzahl bedeutet, dass der Versicherer weiterhin Verträge abschließen kann, die für die Konkurrenz nicht rentabel sind. In einer zyklischen Sparte wie dem Versicherungsgeschäft ist das ein besonderer Vorteil. Geht das Prämienaufkommen zurück oder kommt es vorübergehend zu größeren Verlusten, kann ein Unternehmen mit einer niedrigen Kennzahl immer noch Geschäfte machen, was sich bei Gewinn und Marktanteil positiv auswirkt.

3 Wie am Fallbeispiel erläutert bedeutet eine kombinierte Kennzahl unter 100, dass der Float-Profit zur freien Verfügung steht. Das wiederum heißt, dass das Unternehmen kaum je Kapital beanspruchen muss – im Geschäftsleben ein seltener Vorzug.

Kapitel 15: Gillette

1 Buchhalterische Entscheidungen haben keinen Einfluss auf den inneren Wert, da sie keinen Einfluss auf Geld haben. Gillette wäre auch bei anderen unternehmenspolitischen Vorgaben nicht mehr oder weniger wert. Die Auswirkungen einer solchen Veränderung in der Praxis wären Steigerungen bei Gewinn und Eigenkapital, so dass auch das IP unverändert bliebe.

2 Durch effektive Einsparungen in Höhe von 5 Prozent des Umsatzes hätte sich der Gewinn vor Steuer 1988 um $179 Millionen gesteigert, was beim üblichen Steuersatz rund $107 Millionen netto gebracht hätte. Der Jahresüberschuss hätte damit insgesamt bei $376 Millionen gelegen. In diesem Fall wurde ein IP von 24 Prozent zu Grunde gelegt. Eine Steigerung des Reingewinns um 40 Prozent hätte im Verhältnis ein IP von 34 Prozent ergeben.

SCHLÜSSEL ZU DEN ÜBUNGEN

Kapitel 16: Walt Disney

1 Wenn man für $4 Millionen 5 Prozent des Unternehmens kaufen konnte, so lag der (Markt-)Wert des ganzen Unternehmens 1966 bei $80 Millionen. 1995 wurden 525 Millionen Aktien zu $58 gehandelt, was einer Kapitalausstattung von $30,5 Milliarden entspricht. Das wiederum ergibt eine durchschnittliche Jahresrendite von ca. 22 Prozent. Das ist eine erstklassige Rendite, doch die Beteiligung an Berkshire hat weit mehr Ertrag gebracht.

2 Bei einer Jahresrendite von 22 Prozent über einen Zeitraum von 72 Jahren wurde das ursprünglich investierte Kapital aufs 1 651 611fache vermehrt. Teilt man diese Zahl durch die erhaltenen $30,5 Milliarden, liegt unser Ausgangswert bei $18 467. In der Praxis wird dieses Ergebnis aber durch Dividendenausschüttung ganz anders aussehen.

Kapitel 17: Washington Post

1 Das langfristige IP beträgt

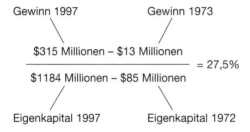

Die Antwort ist irrelevant, da die Zahlen von 1972 zu klein sind, um viel Unterschied zu machen. Hier wäre vielmehr die aktuelle EKR interessant. Das IP ist am aussagekräftigsten, wenn es auf wenige Jahre berechnet wird.

2 Buffett hat diese kurzfristigen Probleme gern mit der Auszahlung einer Dividende verglichen, die nie beim Aktionär ankommt. Der Aktionär verliert zwar die Dividende, doch das Unternehmen ist ansonsten das gleiche geblieben. In diesem Fall würde sich der Unternehmenswert folglich um $100 Millionen reduzieren.

Kapitel 18: Wells Fargo

1 Die durchschnittliche Eigenkapitalrendite lag bei 25 Prozent. Grundannahme ist, dass Wells Fargo für neues Eigenkapital anteilmäßig die gleiche Rendite erwirtschaften konnte. Unter dieser Voraussetzung hätten $500 Millionen zu einem Ertragszuwachs von $125 Millionen geführt, wodurch sich der Jahresgewinn für 1989 auf $699 Millionen gesteigert hätte. Ermittelt man folgerichtig auf Grundlage dieser EKR den inneren Wert, so liegt der bei $17,5 Milliarden.

2 Die bestehende Kapitalausstattung lag etwa bei $3,1 Milliarden (53 Millionen Aktien in Umlauf zu einem Kurs von $58 je Aktie). Zur Beschaffung von $500 Millionen hätten also 16,3 Prozent des vergrößerten Unternehmens verkauft werden müssen. Der innere Wert dieses Anteils betrüge rund $2,8 Milliarden (16,3 Prozent von $17,5 Milliarden). Die „alten" Aktionäre hätten also unterm Strich $2,3 Milliarden verschenkt – die Differenz zwischen Kaufpreis und Wert.

Index

A

American Broadcasting Companies (ABC) 9, 216
American Express 7, 22, 31–32, 56, 68, 95, 105, 117– 122, 124, 127–128, 132–133, 168–169, 193, 206, 222, 240, 254–255, 275
Anlagen in Stammaktien 5, 31
Anwendung der Methoden 5, 16
Auflösung 28

B

Banken 67–68, 79, 98, 119–120, 134–135, 172, 175, 221, 254–260, 262–266
Bargeld 28, 35, 40, 89, 119, 124–126, 216, 225, 231
Baumwollspinnereien 28
Bearbeitung 4
Beispiel 34, 40, 44, 64, 80, 88, 91, 98, 103, 110, 123, 146, 185, 201, 207, 258
Beobachtung 6, 64
Berechnung 7, 96, 108, 132, 156, 173, 180, 185, 212, 240, 248
Berkshire Hathaway 5, 11, 15, 23, 27–33, 37, 43, 64, 79, 88–89, 98, 113, 130, 140, 158, 166, 176–177, 181, 190, 205, 216, 225, 236, 249, 254, 259
Bilanz 7–10, 28, 78–81, 104–105, 128–129, 149–150, 153–154, 173–175, 182–183, 195, 198, 202, 225, 228, 245–247, 269
Branchenumfeld 59, 78
Buffett Partnership Ltd 5, 23
Buffett, Warren 11, 15, 21, 30, 48, 56, 72, 88, 119, 141, 143, 192, 194, 239–241
Buffetts Schlüsselfaktoren 6, 66
Burke, Dan 216, 219, 256
Byrne, Jack 168, 183–184

C

Capital Cities 9, 31, 113, 216, 219, 227, 256–257
Capital Cities/ABC 31, 113, 216, 227
Cashflow 8–9, 45–46, 50, 56, 73, 91, 97, 109, 111, 119, 142–143, 152–153, 156, 158, 195, 198–199, 201, 204, 242, 247–248, 250
Chance 47, 64, 95–96, 111, 207
Chart-Analysten 48
Coca-Cola 8, 22, 30–32, 45, 58, 64, 73, 95, 113, 139, 140–147, 149–150, 152–154, 156, 158, 161–162, 169, 193, 223, 233, 240, 275–276
Cola Light 146

D

Davidson, Lorimer, 167
Diners Card 118
Diskontsatz 7, 108–110, 112, 157, 161, 170, 185

INDEX

Disney 9, 22, 30–31, 68–69, 72, 74, 113, 169, 215–218, 221–233, 277
Disney World 218
Disneyland 221–222, 225, 228
Diversifikation 7, 45, 88, 119, 250, 256
Dividenden 7, 24–25, 30, 34, 40, 61, 75, 80–81, 83–84, 88–91, 95, 97–98, 130, 134, 142, 146, 152, 158, 182, 184, 199, 201, 207–208, 211, 219, 232– 233, 250, 271
drei Wertfragen 6, 55–57, 141, 168, 237
Duracell 210–211

E

Economic Value Added (EVA) 49
Eigenkapitalrentabilität (EKR) 7–10, 49, 60, 82, 84, 91, 93–96, 98, 102-104, 132, 155–156, 159, 161, 174, 229, 247, 257, 264
Einsatz 5, 15, 60
Einzelhandel 58, 66–67, 125, 154, 172, 260
Eisner, Michael 218, 221
Ermittlung 104–105, 133, 169, 177
ESPN 216
Eurodisney 221–222
EVA 49

F

Fallstudien 5, 7, 15, 24, 112, 115
Fargo, William 118–119, 254–254
Finanzanalyse 7–10, 128, 143, 147, 173, 197, 227, 245, 261
Firmenwert 6, 77–78, 85, 96–98, 102–103, 108, 153, 156, 159, 198, 201, 246–247, 249–250
 – derivativer 78, 97
 – originärer 78
First Interstate 270
Fisher, Philip 5, 43–44, 68
Float-Profit 29–31, 34–36, 131, 135, 70, 174–176, 179, 181––182, 185, 242, 275––276
Fragen 16–17, 59, 68, 74, 136, 163, 186, 198, 212, 224, 233, 251, 272
Freddie Mac 31

G

GEICO 8, 29, 32–33, 47, 90, 105, 113, 120, 127, 131, 165–176, 178–179, 181–186, 240, 249, 257, 276
Geldwechsel 118
General Re 5, 32, 36
Gesamtkapitalrentabilität 68, 255, 260, 262–264

281

INDEX

Geschichte 3, 7–10, 15, 28, 50, 103, 118, 125, 130, 132, 140–141, 145, 156, 166, 190, 216– 217, 226, 236, 237, 254
Gewerkschaften 238, 249
Gewinn- und Verlustrechnung 7, 9, 130, 136, 152, 184, 200, 222, 230, 247, 262, 269
Gillette 9, 30–33, 47, 58, 72, 95, 123, 127, 169, 189, 190–199, 201, 204–212, 223, 276
„gläserne" Erträge 96
Goizueta, Roberto 140
Golub, Harvey 123, 134
Goodwin, Leo 166
Graham, Ben 5, 11, 40, 166–167
Graham, Philip 236
„grüne" und „weiße Ritter" 195

H
Hazen, Paul 256
Heavy Holdings 79
Hedge Fund Manager 42, 48
Hintergrund 5, 19, 78, 209

I
Illinois National Bank & Trust 30
Incremental Principle 7, 101–102
Inflation 6, 36, 61, 83–85, 94, 108, 247, 270
Informationsquellen 8–10, 63
Innerer Wert 15, 36, 42, 110, 231, 265
Integrität 6, 60, 65, 69, 75, 192, 238
Investitionen 25, 28, 48, 56, 58, 65, 67, 69, 74, 83, 89, 95, 97, 102, 104, 153
Investoren 33, 45, 48–49, 50, 60, 72, 90, 175, 177, 238, 250
IP 7, 101–105, 109–110, 132, 163, 176–177, 204–205, 209, 229, 231, 247, 251, 265, 267, 275–277

J
Jahresberichte 46, 60, 65, 69

K
kalifornische Rezession 268
Kapital 17, 23, 33, 46, 57–58, 60–61, 82, 88, 94, 96–97, 99, 102, 105, 108–109, 122–123, 126, 131–132, 154–155, 166–167, 169, 173, 176–177, 184, 190, 195, 197–199, 204–206, 209
Kapitalertrag 170, 176, 179, 184, 204
Kapitalmarkttheorie 6, 49

Kapitalquellen 8–10, 246
Keough, Don 140,143
Kombinierte Kennzahl 170–172, 174, 176, 178, 182–184, 186, 276
Kompetenz 59–61, 65, 75, 132, 256
Konkurrenz 32, 47, 57–59, 66–68, 83, 119, 121, 126, 146, 147, 168, 172, 190, 192, 219, 223, 240–243, 267, 270, 276
Kreditkarten 118–119, 121, 262
Kunden 6, 29, 44, 47, 57–58, 65, 67–68, 78–79, 105, 108, 119, 121, 124–125, 127–128, 131, 133, 135, 141, 150, 166, 158, 171–172, 178, 191–192, 210, 219, 222–223, 229, 237, 240, 250, 256, 261, 264

L
Leitsätze 5, 42, 44
Leverage-Effekt 130, 264
Light Holdings 81
Liquidität 5, 28–29, 33, 56, 83, 90
Lynch, Peter 72

M
Management 4, 13, 31, 40, 46, 59, 60–61, 64, 74–75, 78, 89–90, 108, 122, 132, 140, 142–143, 149, 153–154, 166, 168, 171, 173, 177, 183–184, 192, 194–195, 205–206, 219, 224–225, 228, 238–239, 242, 256–257, 268–270
Marktanteil 121–122, 196, 202, 241–242, 256, 276
Marktposition 56, 78, 108, 238
Marktwert 31, 36–37, 89, 110, 123, 181, 209–210
Mastercard 119, 121, 125–126
Meyer, Eugene 236
Mickey Mouse 146, 217, 223
Microsoft 72
Minderheitsbeteiligungen 31–32, 97, 142, 152–154, 159
Mockler, Colman 192, 197
Mr. Market 42–43, 49, 196
Munger, Charlie 5, 23, 45, 240
Murphy, Tom 216, 219, 256

N
Nachrichtenraum 241
National Indemnity Co 29–30, 174
Nebraska Furniture Mart 46, 48, 66
New Coke 141–142
Newsweek 236–238, 242–244, 247
Nixon, Präsident 238–239
Noble, Edward 216

283

O
öffentlich zugängliche Informationen 6, 65
Omaha Sun 240
Oral-B 191, 208, 209
„owner earnings" 8–9, 96–97, 153, 156–157, 201

P
Parker 210
Pemberton, Dr John 140
Pepsi 58, 140–143
Porter Michael 6, 46

Q
Quellen 11, 78

R
Reichardt, Carl 256
Reingewinn 33, 96–98, 121, 124, 132, 145, 152, 155–156, 175, 209, 250
Reinvestition 28, 82, 84, 88, 95–97, 122, 142, 185
Reiseschecks 68, 118, 121, 125–126, 128–129, 131, 135
Rentenpapiere 6, 64, 94
Risiko 85, 91, 166, 176, 207, 223, 228, 258, 267
Robinson, James 119, 122
Roy E. 217–218
Rückkauf von Aktien 90

S
Salatölskandal 168
Schlüssel 10, 16, 123, 131, 172, 221, 275
Schlüsselfaktoren für den Wert 6, 65
Schlüsselfrage 6, 73–74
Schneewittchen und die sieben Zwerge 217
See's Candies 46, 66
SensorExcel 210
Shareholder Value 41, 90, 122, 204
Shearson Lehman Brothers 120
Shearson Loeb Rhoades 119
Sicherheitsmarge 7, 15, 28, 33–34, 40, 42–43, 45, 48–49, 64, 95, 109–113, 133, 161, 177–178, 180–181, 185, 205–210, 231, 249, 267, 276
Simpson, Lou 183–184
Spekulanten 42, 48
Stammaktien 4, 31, 33, 40, 97, 118, 120, 122–123, 133, 140, 142, 166, 175, 178, 180–181, 190, 206–209, 236, 249–250, 254

INDEX

Stärken 6, 68, 127, 149, 218
Steuern 6, 34–36, 79, 81–85, 96, 102, 108, 130, 140, 145–146, 174–177, 179, 181, 183–184, 200–201, 204, 209–210, 220, 228, 232, 245, 247, 249, 263, 266
Strategien 47

T
Trader 6, 48
Triebkräfte 46
TRS 124–126, 134

U
Übungen 5, 7–10, 16, 275
United Paramount Theaters 216
Unternehmensgeschichte 5, 28, 145, 156
Unwert 80

V
Verschuldung 7, 33, 88, 91, 97, 131, 153, 155, 183, 230
Versicherung 111, 130, 170–171, 182, 274
Versicherungsunternehmen 29–30, 169–172, 176
Verwendung 88
Visa 119, 121, 125–126, 134

W
Wachstum 35, 44, 65, 83, 97, 110, 134, 142, 145, 152–153, 156, 160–161, 182, 185, 197, 201, 204, 208–210, 256, 270
Washington Post 10, 22, 31–32, 73, 113, 219, 223, 235–236, 238–240, 250, 277
Watergate 238
Wells Fargo 10, 31–32, 67, 98, 118, 120, 169, 253–258, 260–261, 264–272, 278
Wells, Frank 218, 221
Wells, Henry 118–119, 254–255
Wertsteigerung 111, 134, 154, 181, 192, 207–208
Wettbewerb 78, 121, 172, 250, 260
Wettbewerbsvorteile 108, 166–167, 172, 237
Wrigley 64, 193

Z
Zeitpunkt zum Verkauf 7, 112
Zuwachsprinzip 7, 101–102, 104, 204

Eine Adresse, die Sie sich merken sollten!
www.boersenverlag.de

Für Einsteiger und Profis: Immer aktuell, nützlich und garantiert unabhängig!

Der BÖRSENVERLAG im Internet. Schauen Sie einfach rein.
www.boersenverlag.de
Börsenbriefe + Börsensignale + Börsenbücher + Kurse + Charts + Grundlagen + Accessoires + Lernsysteme + Nachrichten +